高职高专院校"十二五"规划教材

大学生创业与就业

University Students'
innovative undertaking
and employment

- 主　编　曲秀琴　郭捍华
- 副主编　茹　玉　徐　颖
- 主　审　李洪亮

下册

哈尔滨工业大学出版社
HARBIN INSTITUTE OF TECHNOLOGY PRESS

内 容 简 介

"大学生创业与就业"是普及职业生涯发展理论和增强大学生创业就业竞争力的重要课程。本书是为这门课程编写的教材。本教材视角独特、难度适中,相关理论与实战演练相结合,将创业者创业案例有机地融入教材中的各相应章节。

本书既可作为各类本、专科院校的职业生涯规划、创业就业指导课程的必修课与选修课教材,也可作为职场新人学习职业生涯规划与创业就业理论和方法的参考用书。

图书在版编目(CIP)数据

大学生创业与就业.下册/曲秀琴,郭捍华主编.—哈尔滨:哈尔滨工业大学出版社,2015.7(2022.1重印)
ISBN 978-7-5603-4971-8

Ⅰ.①大⋯ Ⅱ.①曲⋯②郭⋯ Ⅲ.①大学生-职业选择-高等学校-教材 Ⅳ.①G647.38

中国版本图书馆 CIP 数据核字(2014)第 251174 号

策划编辑	杜 燕
责任编辑	杜 燕
封面设计	高永利
出版发行	哈尔滨工业大学出版社
社　　址	哈尔滨市南岗区复华四道街 10 号 邮编 150006
传　　真	0451-86414749
网　　址	http://hitpress.hit.edu.cn
印　　刷	哈尔滨市工大节能印刷厂
开　　本	787mm×1092mm 1/16 印张 12.75 字数 300 千字
版　　次	2015 年 7 月第 1 版　2022 年 1 月第 6 次印刷
书　　号	ISBN 978-7-5603-4971-8
定　　价	26.00 元

(如因印装质量问题影响阅读,我社负责调换)

前　言

"大学生创业与就业"是面向大学生开设的一门公共基础课。课程从培养面向生产、经营、管理一线的高端技能型专门人才的具体要求出发，服务于专业教育，使学生树立正确的职业理想与择业观，学会根据社会需求和个人特点进行职业生涯规划设计，培养学生在就业形势严峻的情况下增强学生主动就业意识，培养大学生创新精神和创业能力，激发创业热情，了解创业准备，掌握求职方法与技巧，树立自主创业观，为实现就业倍增效应提供保障。通过本课程的学习，使学生学习有目标、创业有本领、就业有优势、升学有门路、发展有保障，为未来职业发展奠定良好的基础。

根据各专业人才培养目标及企业对不同岗位人才的需求，本课程注重在理论教学的基础上融合创业就业实践，同时兼容或灵活对接各类实战演练。课程以学生从"校园人"到"企业人"转变为主线，将学生的生涯规划与管理、创业实务、就业指导与学业目标相结合，生涯发展教育与专业教育相结合，使学生能够掌握基本的创业就业观念，具备创业就业技能，以此促进学生高水平地完成学业，推动学生职业能力培养和职业素养的提升。

本书在编写中突出高职教育教学改革创新理念，并结合贯彻落实国务院办公厅日前印发《关于深化高等学校创新创业教育改革的实施意见》文件精神（国发[2015]36号）、《国务院关于大力推进大众创业万众创新若干政策措施的意见》（国发[2015]32号）、黑龙江省人民政府印发《黑龙江省人民政府关于促进大学生创新创业的若干意见》黑政发[2015]16号文件精神要求，充分考虑大学生成长发展、自我教育和高校创业就业指导课程的需要，针对即将走向社会的大学生的实际需求，由点到面、由浅入深。从知识的读解、工具的运用、形势的认识、观念的转变到实践的引导，循序渐进地阐述了大学生职业发展历程的原理，详细分析了大学生创业与求职就业的必备技能。

本书既可作为各类本、专科院校的职业生涯规划、创业就业指导课程教材，也可作为职场新人学习职业生涯规划与创业就业的理论和方法的参考用书。

全书分为上、下两册，共四个模块（篇），上册为生涯启蒙篇、生涯决策与管理篇，下册为创业实务篇及就业指导篇。各篇下设"案例及解读"、"测试工具"栏目及各种实训。各模块编写分工为：模块一、二由郭捍华、茹玉编写，模块三、四由曲秀琴、徐颖编写，参加编写并提出建议的有戈娇、于海涛。曲秀琴、郭捍华任主编，黑龙江农垦职业学院李洪亮副院长任主审。全书由曲秀琴统稿。黑龙江农垦职业学院教学副院长李洪亮、教务处处长聂爱林全面地审阅了本书初稿，并提出了许多有价值的修改意见。本书编写过程中，参阅、引用了有关著作和教材，在此，一并致谢。

由于编者水平有限，加之本书对高职高专教材编写模式作了大胆的改革尝试，缺点和不足之处在所难免，敬请各位同仁及读者批评指正，以期后续的改进完善。

编　者
2015年6月

目　录

模块三　创业实务篇 ·· 1
　　任务一　走进企业 ·· 3
　　任务二　了解创业 ··· 15
　　任务三　创业准备 ··· 27
　　任务四　新创企业管理 ··· 47
　　任务五　创业计划书的撰写 ··· 59

模块四　就业指导篇 ·· 73
　　任务一　就业认知 ··· 75
　　任务二　就业观念心理调试 ·· 119
　　任务三　求职信息材料准备 ·· 140
　　任务四　面试技巧 ··· 157

附录 ··· 180
　　附录 E　创业计划书范例 ··· 180

参考文献 ·· 195

模 块 三

创业实务篇

本模块学习目标

通过本模块的学习,使学生能够达到:

1. 知识目标

了解企业和创业的基本概念与新创企业的管理;掌握新创企业有关市场营销管理、创业财务管理、风险管理的相关理论知识;掌握创业计划书的框架结构。

2. 能力目标

能够结合自己情况理性判断自己是否具有创业者的潜质;能够选择自己适合的创业项目,撰写自己的创业计划书,并且向投资者有效进行推销。

3. 素质目标

认识到创业是自己发展的一种提升,唤醒学生的自主创业意识。

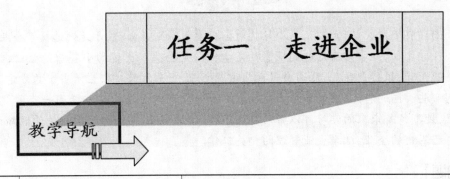

任务一　走进企业

教	知识重点	了解企业的基本概念和相关理论
	知识难点	能够掌握企业的基本周期
	推荐教学方式	课堂案例与讲解
	教学场所	多媒体教室或实训室
	建议学时	4学时
学	必须掌握的理论知识	企业的概念、类型；企业家精神的内涵
	必须掌握的工作技能	能够绘制企业的基本周期
	能力训练	能够掌握创办微小企业成功的要素，通过绘制企业生命周期来理解企业的有关知识
	考核方式	考核采用过程考核与终结性考核相结合的方式。最终成绩＝平时成绩×30%＋创业计划书×40%＋市场调研报告×30%

【单元寄语】

什么是企业？看起来很抽象，但是企业却深入我们生活的方方面面。我们的生活所需全部都是由不同企业提供的，我们学习的所有物资都是由不同企业来满足的，请同学们思考一下究竟什么是企业，企业又有怎样的特点，这将有助于我们充分地去了解企业，在认知企业的同时，充分感知每个企业家们创业的艰辛。

●小南即将迈入大学的校门,从小她就对企业管理特别感兴趣,于是她选择了企业管理这个专业。入学之初,她常常有这样的疑惑?究竟什么是企业?街边的小餐馆是企业,雅虎、谷歌也是企业,工商银行是企业,联通公司也应该是企业,企业涉及我们生活当中的方方面面,那么企业有哪些共同的特点,它的本质又是什么?如何管理好企业?这些疑问一直萦绕在小南的脑海里,她期待着未来的学习可以帮助自己了解、认识企业,学会企业的相关管理知识,日后能进入自己喜欢的企业,从事企业管理的相关工作。

【问题】

你是否也和小南一样有这样的问题呢?那么请思考一下,看是否能回答小南一系列的疑问?

 练习:请同学们写下自己熟悉的企业名称和其主要的业务。

_____

_____

一、企业认知

1. 企业的概念与特征

(1)企业的概念

"企业"一词并非我国古文化所固有,它是从西方语汇中引入的。其英文意思为"enterprise",它由"enter-"和"prise"组成,前者是"获得,开始享有"的含义,可以引申为"盈利、收益";后者有"撬起、撑起"的意思,引申为"杠杆、工具"。两个部分结合在一起,表示"获取盈利的工具"。

而我们将企业定义为直接组合和运用各种生产要素(如土地和自然资源、劳动者、非人力形态的资本、技术、管理、信息等),从事商品生产、流通或服务等经营活动,为社会提供产品或服务,以盈利为目的的经济组织。

通过以上企业的概念可以得出它有三层含义。

①企业是在社会化大生产条件下存在的,是商品生产与商品交换的产物。

②企业是从事生产、流通与服务等基本经济活动的经济组织。

③虽然企业的基本职能是为社会提供产品与服务,但实质上是为了获取利润而经营的盈利性组织。

(2)企业的特征

企业是适应市场经济要求,依法自主经营、自负盈亏、自我发展、自我约束的商品生产经营者,是独立享有民事权利和承担民事义务的法人。如图 3.1 所示,在市场经济条件下企业应具备以下基本特征。

1)经济性

经济性是指企业必须通过商品生产流通或相关的服务,为商品消费者提供使用价值,借以

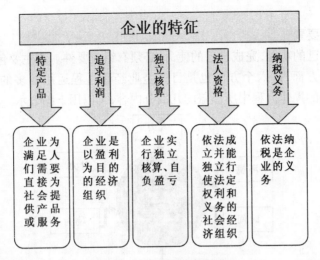

图3.1　企业特征示意图

实现自己的价值的活动。而产品是指为了满足人们的某种需要,在一定的时间和一定的生产技术条件下,通过有目的的生产劳动而创造出来的物质资料。服务是一种可供销售的活动,是以等价交换的形式满足社会需要而提供的劳务活动。作为企业,必须是某类新产品或服务的直接提供者。如工业企业提供的工业品,商业企业提供的是流通服务,金融企业提供的是金融服务;旅游企业提供的是旅游服务项目。

2)盈利性

企业必须是以盈利为目的进行经济活动。企业必然要以追求最大利润及最大经济效益为经营之本,其存在和发展的前提是能够赚钱,即能够创造利润。

3)独立性

企业作为具有法人资格的经济实体,是依法设立和经营的经济实体。企业必须严格依照法律程序,经由工商行政管理机关(省、市、区工商局或所)核准登记才能设立,并要在规定的经营范围和期限内进行生产经营活动。它具有民事权利能力和民事行为能力、是独立享有民事权利和承担民事义务的组织,它拥有自己能够独立支配和管理的财产,并达到法定界线。这是企业的人格特征(企业是实行独立核算的社会经济组织,不实行独立核算的社会经济组织不能称其为企业,如办事处、分支机构)。

4)法人性

法人是相对于或区别于自然人而言的,是指具有一定组织机构和独立财产,能以自己的名义享有民事权利和承担民事义务,依照法定程序成立的组织。企业必须依法履行注册登记、批准手续,以自己的名义进行活动,享受权利和承担相应的义务,能独立地同其他组织签订有法律效力的合同、协议、契约,并受到国家法律的保护和制约。企业经理(厂长)是企业的法人代表。一般情况下,把个体企业、独资企业和合伙企业等自然人企业称为传统企业,而把具有法人资格的公司制企业称为现代企业。

5)依法纳税性

企业作为经济社会的组成部分,有缴纳税收的义务,必须照章向国家纳税。这是市场经济中企业与国家的唯一关系。企业是微观经济活动的主体,是一个国家的国民经济的细胞,它直接向社会提供产品和服务,满足人们的需要。企业存在的价值在于通过追求利润来提高社会生活水平。

2. 企业的构成要素

企业要实现自己的功能，完成自己的使命，必须有组成要件。它主要包括人、财、物、信息、时间及环境等六个方面，这六个方面也是目前企业经营过程运用较多的一门实训课程——ERP企业资源计划的操作流程中所涵盖的几部分内容，可以用下图表示。

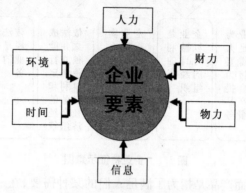

图3.2　企业构成示意图

（1）人

企业所指的人包括各种人才，如工人、技术员、管理者、决策者等。人是企业的灵魂。从企业的"企"字字面来理解，我们可以看出，离开人的企业是不存在的，人是企业的核心，只有通过人才能将企业的各类资源加以整合，最终实现企业的目标。

（2）财

一个企业，资金是企业的血，一个企业能否长期生存与发展，关键在于资金的控制与管理，其中包括流动资金和固定资金，任何一个企业在经营中如果出现了资金断流的问题，就会导致企业经营亏损或破产。

（3）物

企业中的物包括机器、仪表、厂房、建筑设施、原材料、能源、半成品和成品等，是企业的骨骼和肌肉，是企业将资源转化为产品所必备的条件，它能够帮助企业实现预期经营目标。

（4）信息

包括各种情报、资料、统计材料、文件计划、图纸、工艺、规章、方针政策等，是企业的神经系统、感觉器官，能够使企业确定方向，不断适应变化，协调各种资源实现目标。

（5）时间

任何组织活动都是要在一定的时间里完成的。时间是组织最稀有和最特殊的资源，其他组织要素都是在一定时间上的分配和安排，时间是组织要素的坐标。由于时间具有流动性，因此在企业运营中起着至关重要的作用。

（6）环境

任何组织都生存在一定的空间里，在特定的环境条件下，受到环境的影响和制约；任何组织的内部因素，即人、财、物、信息等都与环境发生着这样那样的联系，进行各种交换。为此，管理者必须关注组织的生存环境。一个企业，必须要根据特定的条件和环境来完成自己的目标，完成目标过程中要依靠企业的构成要素来实现其价值。

3. 企业的类型

在现代社会里,具有共同属性的企业,其具体形态是多种多样的,在管理方式、方法等方面要有所区别。按照不同标准,企业划分为多种类型。

①根据企业所属的经济部门不同,划分为农业企业、工业企业、建筑安装企业、运输企业、商业企业、物资企业、邮电企业、旅游企业、金融企业和服务企业等。

②按企业规模分类,企业可以分为大型企业、中型企业、小型企业三类。

③按企业生产力要素所占比例不同,可以分为劳动密集型企业、资金密集型企业及技术密集型企业三类(见表3.1)。

表3.1 三类企业的主要内容对比

特点	技术装备程度	劳动力投入所占产品成本比重	产品开发及科研费用	产品先进性	举例
劳动密集型	低	高	低	低	纺织业、食品企业、日用百货等轻工企业以及服务性企业等
技术密集型	高	低	较高	较高	钢铁、机械制造、汽车、石油化工、电力等
资金密集型	较高	较高(高级人才投入比重大)	高	高	电子计算机、飞机和宇宙航天工业、大规模和超大规模集成电路工业、原子能工业等,也有人把从事电子计算机软件设计、技术和管理的咨询服务业也归入其中

④按企业生产资料所有制性质不同,可以划分为国有企业、集体企业、私营企业、外商投资企业等类型(见图3.3)。

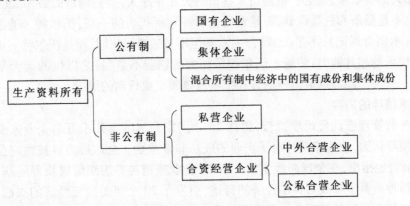

图3.3 企业类型图

⑤按资产的构成和所承担的法律责任不同划分,可以将企业分为个体工商户、个人独资企业、合伙制企业和公司制企业等几种常见类型,这部分内容将在后面章节详细介绍。

【案例解析】

速度决策的秘密

哈尔滨的哈利德新疆烤肉店在紫薇田园都市分店的门面房二楼没有派上用场,老板觉得应该把它利用起来,自己一合计,开个咖啡厅不错,于是立即把二楼装修成小咖啡厅。可是小咖啡厅和烤肉基本属于两种性质和层次的店铺,但只是因为业主自己决策,因此快而简单。不需要可行性分析报告、上会讨论、董事会研究等一系列的决策过程。所以,微小企业选择合适的法律形态是成功创业前的必备条件。

通过上述案例可以看出,对于大学生而言,常见的企业类型主要是从企业资产构成和法律责任方面来划分为个体工商户、个人独资企业、合伙企业、有限责任公司、股份有限公司、股份合作制企业、中外合作企业及中外合资企业等,通过了解这些企业类型来掌握所创企业所属的法律形态。为此,你要了解中国企业的法律形态,研究比较每一种法律形态的特点,这将有助于你为自己的新企业选择一种最恰当的法律形态,也为你将来步入社会认识企业打下良好的基础。不同的企业法律形态都有各自的特点,了解它们,有助于你更好地了解企业和管理企业。具体内容将在以后章节中详细介绍。

二、企业家精神

"企业家"这一概念由法国经济学家让·巴蒂斯特在1800年首次提出,即企业家使经济资源的效率由低转高;"企业家精神"则是企业家特殊技能(包括精神和技巧)的集合。或者说,"企业家精神"指企业家组织建立和经营管理企业的综合才能的表述方式,它是一种重要而特殊的无形生产要素。

企业家的概念通常是从商业、管理及个人特征等方面进行定义。进入20世纪后,企业家概念的抽象——企业家精神的定义就已拓展到了行为学、心理学和社会学分析的领域。而在当今西方发达国家,企业家转到政府或社会组织工作非常普遍,也不断提出和实施用企业家精神来改造政府服务工作和社会管理工作。

例如,伟大的企业家、索尼公司创始人盛田昭夫和井深大,他们创造的最伟大的"产品"不是收录机,也不是栅条彩色显像管,而是索尼公司和它所代表的一切;沃尔特·迪斯尼最伟大的创造不是《木偶奇遇记》,不是《白雪公主》,甚至不是迪斯尼乐园,而是沃尔特·迪斯尼公司及其使观众快乐的超凡能力;萨姆·沃尔顿最伟大的创造不是"持之以恒的天天平价",而是沃尔玛公司——一个能够以最出色的方式把零售要领变成行动的组织。

1. 企业家精神的内容

世界著名的管理咨询公司埃森哲,曾在26个国家和地区与几十万名企业家交谈。其中79%的企业领导认为,企业家精神对于企业的成功非常重要。全球最大科技顾问公司Accenture的研究报告也指出,在全球高级主管心目中,企业家精神是组织健康长寿的基因和要穴。正是企业家精神造就了二战后日本经济的奇迹,引发了20余年美国新经济的兴起。那么,到底什么是真正的企业家精神呢?它是由哪几个方面构成的呢?

(1)创新——企业家精神的灵魂

创新,是企业家的灵魂。与一般的经营者相比,创新是企业家的主要特征。企业家的创新精神体现为一个成熟的企业家能够发现一般人所无法发现的机会,能够运用一般人所不能运用的资源、能够找到一般人所无法想象的办法。

企业家创新精神的体现:引入一种新的产品;提供一种产品的新质量;实行一种新的管理模式;采用一种新的生产方法;开辟一个新的市场。

(2) 冒险——企业家精神的天性

一个企业经营者,要想获得成功,成为一名杰出的企业家,必须要有冒险精神。对一个企业和企业家来说,不敢冒险才是最大的风险。

企业家的冒险精神主要表现在:企业战略的制订与实施上;企业生产能力的扩张和缩小上;新技术的开发与运用上;新市场的开辟和占领上;生产品种的增加和淘汰上;产品价格的提高或降低上。

(3) 合作——企业家精神的精华

正如艾伯特·赫希曼所言:企业家在重大决策中实行集体行为而非个人行为。尽管伟大的企业家表面上常常是一个人的表演,但真正的企业家其实是擅长合作的,而且这种合作精神需要扩展到企业的每个员工。企业家既不可能也没有必要成为一个超人,但企业家应努力成为蜘蛛人,要有非常强的"结网"能力和意识。西门子是一个例证,这家公司秉承员工为"企业内部的企业家"的理念,开发员工的潜质。在这个过程中,经理人充当教练角色,让员工进行合作,并为其合理的目标定位实施引导,同时给予足够的施展空间,并及时予以鼓励。西门子公司因此获得令人羡慕的产品创新纪录和成长记录。

(4) 敬业——企业家精神的动力

马克斯·韦伯在《新教伦理与资本主义精神》中写到:"这种需要人们不停地工作的事业,成为他们生活中不可或缺的组成部分。事实上,这是唯一可能的动机。但与此同时,从个人幸福的观点来看,它表述了这类生活是如此的不合理:在生活中,一个人为了他的事业才生存,而不是为了他的生存才经营事业。"货币只是成功的标志之一,对事业的忠诚和责任,才是企业家的"顶峰体验"和不竭动力。

(5) 学习——企业家精神的关键

荀子曰:"学不可以已"。彼得·圣吉在其名著《第五项修炼》中说到:"真正的学习,涉及人之所以为人此一意义的核心"。学习与智商相辅相成,从系统思考的角度来看,从企业家到整个企业必须是持续学习、全员学习、团队学习和终生学习。日本企业的学习精神尤为可贵,他们向爱德华兹·戴明学习质量和品牌管理;向约琴夫·M·朱兰学习组织生产;向彼得·德鲁克学习市场营销及管理。同样,美国企业也在虚心学习,企业流程再造和扁平化组织,正是学习日本的团队精神结出的硕果。

(6) 执着——企业家精神的本色

英特尔总裁葛洛夫有句名言:"只有偏执狂才能生存。"这意味着在遵循摩尔定律的信息时代,只有坚持不懈持续不断地创新,以夸父追日般的执着,"咬定青山不放松",才可能稳操胜券。在发生经济危机时,资本家可以用脚投票,变卖股票退出企业,劳动者亦可以退出企业,然而企业家却是唯一不能退出企业的人。正所谓"锲而不舍,金石可镂;锲而舍之,朽木不折"。在20世纪80年代诺基亚人涉足移动通讯,但到90年代初芬兰出现严重经济危机,诺基亚未能幸免遭到重创,公司股票市值缩水了50%。在此生死存亡关头,公司非但没有退却,反而毅然决定变卖其他产业,集中公司全部的资源专攻移动通讯。坚韧执着的诺基亚成功了,如今诺基亚手机在世界市场占有率已达到35%。

(7) 诚信——企业家精神的基石

诚信是企业家的立身之本,企业家在修炼领导艺术的所有原则中,诚信是绝对不能摒弃的原则。市场经济是法制经济,更是信用经济、诚信经济。没有诚信的商业社会,将充满极大的道德风险,会显著抬高交易成本,造成社会资源的巨大浪费。其实,凡勃伦在其名著《企业论》中早就指出:"有远见的企业家非常重视包括诚信在内的商誉。"诺贝尔经济学奖得主弗利曼更是明确指出:"企业家只有一个责任,就是在符合游戏规则下,运用生产资源从事利润的活动。亦即须从事公开和自由的竞争,不能有欺瞒和欺诈。"

(8)做一个服务者——一个企业家应有的精神

我们每个人都是服务者,长松咨询的贾长松曾说过:"头顶着天,脸贴着地"这就是真真切切地告诉我们每个人,都要服务好你的每一个客户。"如果你不好好服务你的客户,别人会愿意代劳"。

企业家精神表明了企业家这个特殊群体所具有的共同特征和独特的个人素质、价值取向以及思维模式的抽象表达,它是对企业家理性和非理性逻辑结构的一种超越、升华。企业家群体独有的显著的精神特征就和其他群体特征区别开来,人们通常也把它看作是成功的企业家个人内在的经营意识、理念、胆魄和魅力,并以此为标尺来识别、挑选和任用企业家。

2. 企业家精神与企业核心竞争力

(1)企业家精神是企业核心竞争力的重要来源

企业家在企业中的独特地位,决定了企业的核心价值观必然受其重要影响,决定了企业的组织创新、管理创新、价值创新等冒险活动只能由企业家自身承担。它同时也决定了企业的经营发展的兴衰成败,从而也就决定了企业核心竞争力能否形成。因此可以说,企业家在其精神的鼓励下对企业核心竞争力起着关键性保障作用,企业家精神通过企业家自身保障了企业核心竞争力的培育与提升。

(2)保护企业家精神对企业竞争力提升的作用

企业家精神是企业核心竞争力的唯一真实来源。一个活跃的市场,土地、劳动者、资本等要素只有在具有企业家精神的人手中,才能在复杂多变的竞争环境中发展壮大,才会真正成为财富的源泉。企业家精神产生巨大作用在我们身上随处可见:一个企业带动了一个城市的发展,一个经理人员的更换使得企业避免倒闭的命运。在我国,浙商的成功就是一个典型例子。著名经济学家吴敬琏称道:浙江是一个具有炽烈企业家精神的地方。浙商的创业欲望和创业能力,就是一种资源和竞争力。他们每到一地,带去的是实干聪明的企业家精神,留下的是为当地创造的就业和税收,更重要的是他们的观念和思路,是一颗启蒙的种子,这是浙商对全国人民的贡献。

因此保护企业家精神从小处说保护的是企业的竞争力,从大处说保护的也是国家经济的活力。

三、微小企业成功的要素

当你决定要创办一个企业时,你会发现,要选择一个更合适的项目或一个行当来做,十分困难。因为可以做的行当太多,让你无从下手。其实企业有很多种类型,但是根据其主营业务的不同,主要可以分为贸易企业、制造企业、服务企业、农林牧渔企业四种类型,而企业的类型不同,其创办企业成功要素也不同。

1. 贸易企业

贸易企业从事商品的买卖活动,它们从制造商或批发商处购买商品,再把商品卖给顾客或其他企业。其中,零售商从批发商或制造商处购买商品,直接销售给顾客,是直接为最终消费者服务的。所有把商品卖给最终消费者的商店都是零售商,如百货商店、专业商店、超级市场、便利商店等。批发商则是从制造企业购买商品,然后再卖给零售商,不直接服务于个人消费者的商业机构。如蔬菜、水产、瓜果、文具、日用批发中心等都是批发商。

对于贸易企业来讲以下几个要素至关重要。

(1)地段及外观好

(2)销售方法好

(3)商品选择面宽

(4)商品价格合理

(5)库存可靠

(6)尊重顾客

2. 制造企业

制造企业是最早出现的企业,它是指为满足社会需要并获得盈利从事工业性生产经营活动或工业性劳务活动、自主经营、自负盈亏、独立核算并且有法人资格的经济组织。简单来说,制造企业就是生产实物产品的企业。例如一家企业生产并销售砖瓦、家具、化妆品或野菜罐头,那么你拥有的就是一家制造企业。

中国是制造业的大国,现有的2 400万家中小企业,其中70%以上都是制造业,而在3 000多万个体工商户老板中,也有越来越多的人准备进入制造业。因此了解制造企业成功的要素就十分重要。制造企业成功的要素有以下几项。

(1)生产组织有效

(2)工厂布局合理

(3)原料供应有效

(4)生产效率高

(5)产品质量好

3. 服务企业

服务企业是指从事通信服务和信息服务、金融、物流、批发、电子商务、农业技术服务、中介和咨询、基础教育、公共卫生、医疗、公益性信息服务的企业,对于服务企业来讲,它不出售任何产品,也不制造产品。服务企业提供服务或提供劳务。如我们日常看到的房屋装修、邮件快递、搬家公司、家庭服务、法律咨询等企业都是服务企业。

对于服务企业来讲,以下要素是企业成功创立的重要因素。

(1)服务及时

(2)服务质量好

(3)服务收费合理

(4)售后服务可靠

4. 农林牧渔企业

所谓农林牧渔企业指的是以农业、林业、粮食及饲料加工以及畜牧业、渔业为主营业务的企业。这类企业利用土地或水域进行生产、种植或养殖产品多种多样,可能是种果树,也可能是养殖珍珠。近些年来农林牧渔业也成为广大的中小企业家发家致富的新领域。

成功创办农林牧渔企业需要注意以下因素。

(1)有效利用土地和水源

(2)降低种植养殖成本
(3)新鲜产品的运输
(4)不过度使用地力和水源,保护土地和水资源

无论是贸易企业,制造企业,服务企业,农、林、牧、渔业企业,要想使企业成功,你必须对企业的每个方面进行分析,以求在每一方面你所提供的产品或服务都是最好的。无论是什么样的企业类型,作为微小企业来讲,其创办都要遵循三条原则,即志向要大,计算要精,规模要小,与此同时还应该做到:真诚服务顾客,真诚关爱员工。

四、创业指导实训

(1)实训项目

微小企业经营模拟实训——企业基本周期认知。

(2)实训目的

通过模拟企业经营使学生能够了解创办和经营一家成功企业的真实场景,并使学员了解基本企业周期。该企业是一种场景模拟,是对未来创业者开办小企业的一个热身过程。

实训结束时学员可以实现以下学习目标。

①体验基本企业周期。
②实践财务决策。
③管理现金流。
④应对风险策略。

(3)实训内容

实训模拟的是一个江南小镇,此地为旅游景点,每年来这里的游客众多,因此旅游的特色产品为标准帽,在上部分内容中,已经成立相应的企业,本部分,以每个成立的企业为生产经营单位,模拟制造业进行企业生产经营。模拟中每个小组初始资金260元,生产经营周期为一个月,即四周的时间。具体见企业周期示意图,月初1号贷款160元,利率25%,自有资金100元,月末29日还款200元,厂房租金100元,27日交租金,每周六支付工资50元。按企业周期图教师控制每一天的运行,并指导学生做好月初计划,填写利润计划表中的计划部分内容。

产品:标准帽

道具:货币(教师自行准备)

储蓄盒一个:教师自备或模拟企业自制

相关人物模拟:材料供应商、银行、生产商及收购商。学生作为企业生产商,企业数量可根据班级人数而定,一般建议为三组。

帽子制作方法:见图3.4。

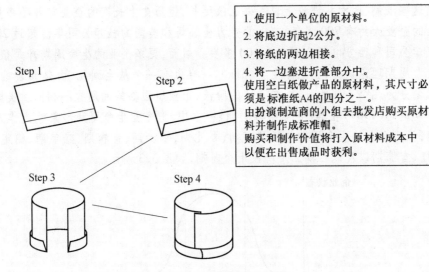

图3.4 帽子制作方法图

企业周期活动:周一:采购原材料;周二:生产制造;周三:销售;周四:借款/还款;周五:企业计划;周六:支付工资;周日休息。其中,当月1号为星期四,工资支付从第一周的周六开始,第二周的星期二开始有情景卡出现,情景卡由教师自己设定,如可以设定为企业因水灾导致厂房受损而需维修费30元等类似问题。

表3.2 实训规则表

道具1	道具2	道具3	角色一	角色二	角色三	角色四
货币金额	现金盒	骰子	原材料供应商	银行	销售渠道	生产性企业三家
5元、10元、20元、50元、100元、500元不等	自制	(供赊销时,决定是否还款时使用)	原材料:A4纸的1/4每张40元	功能:借、贷、存等业务 贷:月利25% 存:月利10%	渠道1:李玉的收购店,80元/顶(质量合格的帽子); 渠道2:赊销市场90元/顶	红组 蓝组 黄组 每组自有资金100元,银行贷款160元

资料来源:SIYB游戏教师指导手册

要求:每个小组选出自己企业的人员并进行合理分工,按设定的规则开始实训。

(4)实训场地

创业实训室。

(5)考核方式

经营结束后完成利润计划表,并写出企业经营分析报告,要求报告内容包括理解企业的基本周期是什么,本企业是如何做出各项财务决策的,在管理现金流中出现哪些失误,企业是否有记账,企业应该如何控制风险,并分析本企业经营中的优缺点。

【知识导读】

企业生命周期

在成长与老化的共同作用下,每一个企业都存在着自身的生命周期。企业的生命周期是指企业从诞生到死亡的时间过程。人的寿命由于受到自然生理因素的限制是有限的;而企业组织却不受这些限制,因而从理论上说可以无限延长,但历史上长寿的企业却并不多见。世界上年龄最长的企业大约有 700 多年,瑞士的劳力士公司和美国的杜邦公司年龄超过 200 岁,美国的通用汽车公司和西方电气公司也有 100 多岁。然而,更多企业的生命周期却是很短的。

企业生命周期理论认为,企业像生物有机体一样也有一个从生到死、由盛到衰的过程,这一过程可以划分为几个不同的阶段,在不同的阶段,企业所面临的问题也不相同。美国管理学家伊查克·爱迪思(1989)在其《企业生命周期》一书中,把企业生命周期形象地比作人的成长与老化过程,认为企业的生命周期包括孕育期、婴儿期、学步期、青春期、盛年期、稳定期、贵族期、官僚初期、官僚期以及死亡期三个阶段十个时期,如图 3.3 所示。

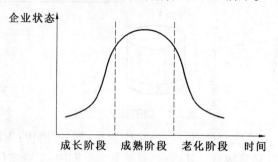

图 3.5　企业生命周期各阶段示意图

成长阶段:包括孕育期、婴儿期、学步期、青春期。
成熟阶段:包括盛年期、稳定期。
老化阶段:包括贵族期、官僚化早期、官僚期、死亡期。

思考

1. 了解企业生命周期,对于创业有怎样的意义?
2. 为了使企业进一步生存发展,在不同的生命周期内,应该采取怎样的营销策略?

请结合自己绘制的企业生命周期图,对不同周期的经营策略进行阐述,并且说明原因。

【任务小结】

通过本部分的学习,使学生了解企业的基本概念、相关理论、企业的基本问题,掌握企业的类型及企业家精神等内容,熟悉创办微小企业成功的要素,通过绘制企业生命周期图来理解企业的有关知识,从而为成功创业打下良好的基础。

模块三　创业实务篇

任务二　了解创业

教	知识重点	了解创业的内涵和意义、创业者需要具备的素质
	知识难点	能够掌握创业过程中对于创业者素质的要求
	推荐教学方式	课堂案例与生涯训练为主,双线并行
	教学场所	多媒体教室或实训室
	建议学时	4学时
学	必须掌握的理论知识	创业的内涵、意义、创业者的品质和必备的素养
	必须掌握的工作技能	掌握创业过程对于创业者素质的要求
	能力训练	通过成功创业者的案例能理解创业过程中对创业者素质的要求,并结合自身实际情况分析自己作为一个创业者的优势与不足
	考核方式	考核采用过程考核与终结性考核相结合的方式。最终成绩=平时成绩×30%+创业计划书×40%+市场调研报告×30%

【单元寄语】

人人都有梦想,而且也应该有梦想,因为梦想是成功的动力,但是创业并不是一条简单的道路,并不是可以凭借创业者的主观愿望或者兴趣就能决定的,也并非自己想干什么,就一定能干得了的。一个企业的成功与否很大程度上取决于创业者个人的性格特点、知识水平和技能及相应的经济状况等诸多因素的影响。因此,当你决定要创业之前,就应该认认真真地分析自己,从各方面去确认自己是否适合创办企业,并且是否已经具备了创办企业的基本条件。这样才能真正地认识自己,准确选择自己合适的道路。

 案例导入

> ●小林是某大学大四的学生,大学四年,小林对自己所学的计算机专业很感兴趣,马上要毕业了,正当小林的同学们都在积极的投简历,准备面试的时候,小林却突发奇想,觉得现在互联网发展这么快,为什么不成立一家自己的互联网公司呢?另一方面小林又很疑惑,因为同学都觉得小林适合搞技术,且他并不喜欢管理,对管理更是一窍不通,对创业更是了解甚少。
> ●王静在大二的时候选修了《创业辅导》这门课程,最初想法很简单,只是为了修得毕业学分,但是课程结束的时候,王静却觉得受益良多,原来王静的想法就是好好学习,毕业之后找个好工作,但是通过这门课程学习,王静真正了解了创业,了解了创业者,她更是发现自己的道路不只是给别人打工,原来她也可以当老板,于是王静在生活中开始仔细观察,发现可以利用网络社区开办一个旧书买卖部,从高年级的同学那里买来不用的旧书,然后再卖给低年级的同学。就这样当她毕业时当许多同学都在找工作的时候,王静的旧书买卖已经具有一定规模,成了真正的小老板。

【问题】

你是否也像上面例子中的同学一样,有创业的想法和热情,那么,你对创业了解多少?你觉得一个创业成功的人需要具备什么样的才能?怎样培养自己才能具备这些能力,成为一个真正的创业者?

 练习:请你写出创业者需要具备的能力,以及如何培养自己这些能力?

_____

_____

一、创业的内涵与意义

1. 创业的内涵

"创业"是近几年的热门话题,人们对什么是创业这一问题,也是仁者见仁,智者见智。在前几部分中我们已经有所认知,在此,我们不做学术上的考究,只简单谈一谈什么叫"创业",什么样的人可称之为"创业者"。

"创业"有广义狭义之分。广义地说,人们在下列3种情况下都可称为创业。

①强调开端和初创的艰辛与困难。

②突出过程的开拓和创新的意义。

③侧重于在前人的基础上有新的成就和贡献。

狭义地说,就是对"创业"最直接、最普遍的理解,即"创办自己的企业"、"自己当老板"。也就是说,创业首先是与为别人打工相对的,是自我雇用。

关于"创业",一个常用的定义是:创业是一个发现和捕获机会并由此创造出新颖的产品、服务或实现其潜在价值的过程。创业必须要贡献出时间和付出努力(心理与生理),承担相应的财务、精神和社会的风险,并获得金钱的回报、个人的满足和独立自主。

上述定义主要强调了以下几个方面。

①创业创造出某种有价值的新事物。这是一个创造的过程,创造的是社会需要的某种产品或服务,以及承载、运作它们必须的组织实体——企业。

②创业活动最显著的特点为机会导向。创业活动的开展往往是因为创业者发现了有价值的机会。简单地说,创业活动实质上就是识别机会、开发和利用机会,实现机会价值的过程。

③创业需要贡献出必要的时间,付出极大的努力。要完成整个创业过程,要创造新的有价值的事物,就需要大量的时间,而要获得成功,没有极大的努力是不可能的。

④承担必然存在的风险。创业的风险可能有多种形式,依赖于创业的领域,通常的风险是指财务、精神及社会方面等。

⑤给予创业者以创业报酬(收获)。作为一个创业者,最重要的回报可能是其由此获得的独立自主,以及随之而来的个人满足。对于追求利润的创业者,金钱的回报无疑是最重要的,对很多创业者乃至旁观者,其实都把金钱的回报视为成功与否的一种尺度。

2. 创业的意义

(1)创业对中国社会发展的重要意义

就业是民生之本,是人们改善生活的基本前提和基本途径。我国是世界上人口最多的国家,就业压力在世界首屈一指。

仅从大学毕业生待就业的人数上看,2000年,全国高校毕业生只有107万人,2010年,全国高校毕业生为630万人。截至2009年年底,累计往年未就业大学生,总共需要安排就业岗位超过800万个。

创业是就业之基。如果我国每年能有200万家新创企业诞生,以每家新公司提供10个工作岗位计算,就能在10年内为中国创造2亿个就业机会,全社会的就业压力就会大为缓解。

从全世界范围看,凡是经济能够持续、稳定、快速发展的地区,无不得益于成千上万个中小企业经久不息的创业活动。从美国的硅谷、中国台湾的新竹、日本的筑波,到中国北京的中关村,之所以在短时间内发生了天翻地覆的变化,其根本原因就是在那里发生了一次接着一次的创业浪潮,或者说在那里发生了持续的"创业革命"。

可见创业无论对于中国解决自身庞大的劳动力就业问题还是维持高速稳定的发展都有重要的意义。

(2)创业对于大学生的意义

1)大学生创业有助于解决劳动力供需矛盾

我国劳动力总量供大于求,大学生就业压力巨大,大学生不仅是现有岗位的竞争者,还应是岗位的创造者。大学生在国家、地方有关政策的支持下,利用专利技术争取风险投资或政府小额贷款,创办民营公司,承包国有中小企业,或进军高科技、农业和第三产业,为社会创造更多的就业岗位,有利于解决目前劳动力供需矛盾。

2)大学生创业是适应时代发展的需要

在知识经济发展的浪潮中,美国许多大学生利用高科技自主创业,成为美国硅谷的中坚力量。我国北京的中关村也活跃着一大批自主创业的大学生,许多成了名副其实的"资本家",如丁磊、王江民、求伯君等。知识经济的发展为当代大学生创业提供了千载难逢的机遇,你拥有技术,拥有专利,就可能找到风险投资,而你以技术入股,还可能申请到扶持高新技术的银行贷款,大学生自主创业将逐渐成为时代的主流。

3）大学生创业能为社会创造巨大的财富

大学生创业为社会创造巨大财富和价值的例子不胜枚举。远大中央空调有限公司生产的中央空调已成为国际知名品牌，产品远销欧美各地，每年上缴税金1亿多元，它的创办者张剑、张跃两兄弟就是毕业不久即自主创业的大学生。比尔·盖茨从哈佛大学退学创立微软公司成为世界首富的故事更是众所皆知。

4）大学生创业能为社会培养一大批中坚力量

提倡、鼓励大学生创业，是提高大学生能力素质和心理素质的一条有效途径。中国缺乏创新型人才，中国亟须一支高素质的企业家队伍。不论大学生创业成败与否，其中必定会为社会培育出一大批精英人才，并造就一批未来社会的中坚力量。而且，大学生创业者的精神将感染其他大学生，这对整个大学生群体能力与素质的培养将起到难以估量的推动作用。

5）大学生创业挑战传统教育，并促使全新成才观形成

新世纪大学生的创业浪潮涌起，对中国传统教育提出了挑战。挑战来自两个方面：一是大学生在创业中出现的问题暴露了传统教育存在的弊端；二是社会和大学生对创业的需求，要求教育进行及时的改革。为此，我们要转变观念，对学生开展以创新和创业为中心的素质教育，大力培养学生的创新能力和实践能力，拓宽学生的知识面，特别要加强市场经济方面的知识，把学生培养成复合型人才，并要注意加强学生心理素质教育。

二、创业与创业者

如今，谈创业的人越来越多，然而真正去创业或创业成功的人却很少。一部分人也只是将创业一词挂在嘴边，缺少付诸实施的勇气与决心，而还有部分人则是雄心勃勃地投身于创业，结果却因缺少管理经验惨败而归，更有一些人压根就不知道什么是创业。

1. 创业者的品质

对创业者应当具备的品质可谓是"仁者见仁，智者见智"。

比较权威的观点是中国内地富豪榜的开创者胡润在北京大学光华管理学院举办的"2003年中国财富品质论坛"上，向全球首次发布的"2003中国财富品质榜"分析报告：作为成功的创业者，100位中国内地最大的富豪们共同的品质有十项，诚信列于十大品质排行榜之首，其次分别是把握机遇、创新、务实、终身学习、勤奋、领导才能、执着、直觉和冒险。尽管每个富豪获取财富的经历不同，对十大财富品质排行序列也有不同看法，但对这十项品质的认可却是基本相同的。

（1）诚信

诚信是企业家的立命之本，是企业家最看重的财富品质。做事情首先是做人，诚信是做人的第一品质，做人必须诚信，无诚信不能创造财富。

中华民族的传统美德是诚信和谦虚，在这样一个国度里，诚信能带给创业者以信任。一些新创企业为了获得眼前利益有时会违背商业道德，其实这是一种最短视的行为。只有卓越的产品质量、良好的客户服务，再加上诚实无欺、信守承诺等可靠的社会信誉，那么这个企业才能赢得众多客户的信任，它的前途才会一片光明。

（2）把握机遇

机遇时刻就在你我身边，关键是看谁能首先看到机遇；更关键的是，看谁能够及时抓住机遇。中国的市场很大且处于起步阶段，机会很多，能否赢得财富关键在于能否把握机遇。

微软公司迅速崛起的关键并不是什么科学可行的商业计划书,而是公司创始人捕捉到了一个不期而遇的机会——为 IBM 公司开发了人机操作系统软件 MS-DOS 1.0(1981),MS-DOS 曾用在数以亿计的 IBM-PC 机及其兼容机上。

【案例解析】

8 亿现金融资的电话

机遇的时效性极强,很多绝佳的机遇往往发生在极短的时间段中,有时甚至只在几分钟的时间内,比如你听了一场报告、接到一个电话等。

1992 年,潘石屹还在海南万通集团任财务部经理。万通成立的头两年,通过在海南炒楼赚了不少钱。1992 年,随着海南楼市泡沫的破灭,冯仑等人决定将万通移师北京,派潘石屹打前锋。潘石屹奉冯仑的将令,带着 5 万元差旅费来到了北京。一天,他在怀柔县政府食堂吃饭,听旁边吃饭的人说北京市给了怀柔四个定向募集资金的股份制公司指标,但没人愿意做。在深圳待过的潘石屹知道指标就是钱,他不动声色地跟怀柔县体改办主任边吃边聊:"我们来做一个行不行?"体改办主任说:"好哇,可是现在来不及了,要准备 6 份材料,下星期就报上去。"

潘石屹立即将这个信息告诉了冯仑,冯仑马上让他找北京市体改委的一位负责人。这位领导说:"这是件好事,你们愿意做就是积极支持改革,可以给你们宽限几天"。做定向募集资金的股份制公司,按要求需要找两个"中"字头的发起单位。通过各种关系,潘石屹最后找到中国工程学会联合会和中国煤炭科学研究院作为发起单位。

万事俱备,潘石屹用刚刚买的手机在电话那边催促冯仑快做决定,"这边还等着上报材料呢。"冯仑就在电话那头告诉潘石屹:"8 最吉利,就注册 8 个亿吧。"北京万通就这样在什么资金都没出的情况下,抓住了机遇,拿到了 8 个亿的现金融资。

(3)创新

具有创新精神,才能让创业者不断发挥自己的潜能,开创新的局面。

美国《财富》杂志 2002 年下半年连续刊载了 11 位白手起家的百万富翁自述的发家史,这些富翁分布在金融、IT、传媒、零售、快递、体育等各个行业,他们亲手创下的企业如今都已成为世界上赫赫有名的大公司。细读他们的故事可以发现,这些了不起的创业者都有一个共同的特点,即都是靠点子起家,凭着自己的奇思妙想,敢想敢做别人认为不可能的事,并且执着于自己的信念,才创下了百万、亿万的财富,甚至对某些行业和领域的发展产生了至关重要的影响。

有关专家指出:新经济的本质就是创新,就是促使个人的潜能得到充分利用,要鼓励所有人在一切可能的方向上创新,创新与速度是新经济的真正内涵,是市场竞争的不败法则。

(4)务实

创业是一种需全身心投入的事业,积极的态度和务实精神才能使创业成功。马云"语录"中就有这么一句话:这世界上没有优秀的理念,只有脚踏实地的结果。

不可否认,在社会转型期,由于体制不完善存在大量漏洞,在某种情况下抓住偶然的机会,通过灵活的手段,是可以在短时间内取得较高的利润,甚至可能是一本万利,一夜暴富。但把企业的发展完全寄托在投机取巧、钻空子上,风险是极大的,也不可能实现企业持续稳定发展。而务实永远是企业发展的主题,创业者必须建立自己的实业,建立自己过硬的"拳头"产品,取得市场和消费者实实在在的信赖和认可,这才是企业长盛不衰的重要保证。

【案例解析】

王永庆和他的米店

在 2008 年 5 月 12 日汶川大地震中,作为我国台湾工业界的龙头老大、台湾第一家向灾区捐款 1 亿元的台塑集团创始人王永庆备受瞩目与好评。与其传奇的从商经历一样,其实王永庆不仅是一个有社会责任感的著名企业家、慈善家,而且还是一个脚踏实地的创业者。

王永庆小学毕业后家里再也供不起他继续上学,15 岁那年到嘉义一家米店做学徒。第二年王永庆带着家里凑的 200 元钱和两个弟弟到嘉义开米店。

那个年代里,米商掺杂使假的很多,而王永庆则是每天晚上把明天要销售的大米,认真地筛过,把小石子沙子拣干净,这样他的产品就比竞争对手在质量上高出了一截;针对很多老人、妇女、孩子买米,背米很困难,王永庆就自备运输工具,送货上门;到了客户家,王永庆将装米的米缸用自己带来的干净的抹布,仔细地为客户把米缸擦得干干净净,再把新米放在下层,旧米放在上面。然后再和客户做沟通,了解客户家的人口有多少,一天要吃掉多少米,家里几号发工资等,都用小本子记得详详细细;到了客户大概要吃完了,他就送货上门了,到了家里发工资的日子了,他就会再把大米送上门。就这样,王永庆积累了众多的忠诚客户,米铺也发展了,销量到了可以开一家碾米厂的时候,他就自营了一家碾米厂,自己加工大米了,王永庆一下子就成为当地大米行业的名人。

(5) 终身学习

人类已步入知识经济新时代,终身学习,将越来越成为人们生存和发展的第一需要,学习将无处不在、无时不有,成为一种重要的生存方式和生活方式,同时也必将成为人们追求幸福与财富品质的主要诱发因子及原动力。

我国是一个历史悠久的国度,有着"活到老学到老"、"学无止境"等传统美德。当今时代,就业结构已发生显著变化,人们的职业和岗位变动愈加频繁,一次性学校"充电"、一辈子工作中"放电"的时代已成为历史。终身学习的价值就在于培养一种学习习惯,使得人生各阶段都能获得相应的学习机会,不断提升学习者自身能力和素质,才能应对知识经济和信息高新技术的挑战,这对于创业者在社会中找到生存位置并不断发展创新企业有着重要的意义。

世界最大的微波炉生产企业格兰仕的总裁梁庆德 42 岁才开始创业,只有小学文化,但 27 年来,梁庆德坚持学习,不断超越自我,员工们亲切地称梁庆德是"交通大学"毕业生,因为梁庆德无论在飞机、火车还是汽车上都始终坚持学习,可谓手不离书,正是有了这种坚持不懈的学习精神,带动了整个企业的学习热情,才使格兰仕一步步走向强大。

(6) 勤奋

勤奋几乎是所有成功企业家的普遍特征,企业家在巨大热情或美好愿景的鼓舞下,身先士卒,勤奋不辍,恰如为你的事业引擎源源不断地加满汽油,无论雨雪风霜,都将赋予你不断前进的无穷能量。

李嘉诚说过:"事业成功虽然有运气在其中,主要还是靠勤奋,勤劳苦干可以提高自己的能力,就会有很多机会降临在你面前。"看一看,那些具有勤奋品质的人,面对任何工作总是全力以赴、追求卓越,不断以高标准激励自己,力求每次都交出一份最佳的成绩单。他们持之以恒的勤奋努力,终将带领他们驶向成功的目的地。

(7) 领导才能

无数中外企业创业成长的实践也反复证明,"先有卓越领导后有卓越企业"的内在规律性。比如,杰克·韦尔奇、伊梅尔特之于通用电气(GE),松下幸之助之于松下,比尔·盖茨之于微软、张瑞敏之于海尔等。

成功的创业者应当具备决策能力、理财能力、预见能力、经营能力、创新能力、交际能力和聚合能力等领导才能,并拥有一批坚定的追随者和拥护者,使组织群体取得良好绩效。领导才能已日渐成为衡量创业成功的重要标识,正直、公正、信念、恒心、毅力、进取精神等优秀的人格品质无疑会大幅度提升领导者的影响力和个人魅力,从而扩大其追随者队伍;领导者的个人价值观会吸引具有同类价值取向的人凝聚于组织;良好的沟通和聚合能力则是领导能力的桥梁和翅膀,沟通使领导者能够更加准确地了解信息,防止盲目,沟通和聚合还使领导行为具有良好的合作氛围和渠道,在准确传达领导者意见、要求、决策的同时,也广泛传播了领导者的影响力。

(8) 执着

执着是企业家精神的本色。正所谓:"锲而不舍,金石可镂;锲而舍之,朽木不折。"执着意味着锲而不舍,意志坚强,勇往直前,努力不懈地向目标前进。执着的创业者个性坚定,做任何事都非常有毅力,坚忍不拔,有无比的耐性和持久性,执着能够产生创办企业的激情。

坚韧执着的诺基亚人在20世纪80年代开始涉足移动通讯。90年代初,芬兰出现严重经济危机,诺基亚遭到重创,公司股票市值缩水了50%。生死存亡关头,公司不但没有退却,反而毅然决定变卖其他产业,集中公司全部的资源,专攻移动通讯。诺基亚成功了,它的成功靠的是执着精神、创新意识和科学的判断。

(9) 直觉

直觉是运用已有的经验和知识,对问题从总体上直接加以认识和把握,以一种高度简练、浓缩的方式洞察问题的实质,并迅速解决问题或对问题作出某种猜测的思维形式。直觉在寻求商机和科学发现等创新行为中具有极为重要的作用,直觉是一种内在本能,但本能不是天生的,它来自于经验的积累。通过以往的工作经历,善于总结各种经验,对宏观、微观经济形势以及各种商业运营的态势,做到心中有数,善于把握做生意的基本技术和技巧。这样,对商机和市场的判断,创业者就可以在很大程度上靠自己丰富的想象力、直觉和灵感,且应是正确的时候多于错误的时候。

实际上,所谓的直觉往往是经验和水平的一种厚积薄发的表现。

(10) 冒险

《赢道:成功创业者的28条戒律》中写道:生命最伟大的意义在于冒险、不断地冒险,在于不断进取,在一波接一波的创业与投资浪潮中,傲立潮头者永远属于那些跳入大浪之中的勇敢搏击者!

当一个机会突然出现的时候,风险肯定也随之而来,机遇和敢于冒险首当其冲,只有敢于冒险才能果断地抓住机会,而胆子大则是其中的关键、胆子大就是有勇气承担风险,这种特质在转折时至关重要。

竞争是最残酷的冒险,经济领域的竞争,几乎全部符合竞争法则,两个人的商品在市场竞争中必定淘汰一个。企业家没有"竞争"的天性就不可能成功。

2. 创业者必备的素养

创业者是创业活动的组织者,也是创业风险的直接承担者。要顺利闯关夺隘,必须具备或培育基本的创业素养。创业素养是创业者进行创业所必需的素质和修养,包括创业知识素养、创业人格品质素养和创业技能素养。

(1)创业知识素养

创业知识是进行创业的基本要素。创业需要专业技术知识、经营管理知识和综合性知识。创业实践证明,良好的知识结构对于成功创业具有决定性的作用,创业者不仅要具备必要的专业知识,更要掌握必备的现代科学、文学、哲学、伦理学、经济学、社会学、心理学、法学等综合性知识和管理科学知识。

(2)创业人格品质素养

创业人格品质是创业行为的原动力和精神内核。在创业人格品质中,使命责任、创新冒险、坚韧执着、正直诚信等这些意志品质与创业成败息息相关。创业是开创性的事业,尤其在困难和不利的情况下,人格品质魅力在关键时刻往往具有决定性的作用。

(3)创业技能素养

成功创业者不仅具备良好的知识结构,优良的人格品质,还必须掌握应对和处理创业现实问题的基本技能。一般来说,成功的创业者应具备以下基本能力。

1)决策能力——驾驭全局,修正错误

正确决策是保证创业活动顺利进行的前提。尤其是有关创业机会的识别和选择,创业团队的组建,创业资金的融通,企业发展战略及商业模式的设计等重大决策,直接关系着对创业全局的驾驭和创业的成败。要决策正确,要求创业者具有较强的信息获取和处理能力,能敏锐地洞察环境变动中所产生的商机和挑战,形成有价值的创意并付诸创业行动。特别是要随时了解同行业的经营状况及市场的变化,了解竞争对手的情况,做到"知己知彼",以便适时调整创业中的竞争策略,使所创之业拥有并保持竞争优势。同时,通过不断进行创新思维和创新实践,进行反思学习,总结创新经验,吸取失败教训,及时修正偏差和错误,进一步提高决策能力,促进企业健康成长。

2)沟通协调能力——建立信任,化解冲突

创业团队成员之间及创业者与其他利益相关者建立信任是进行有效合作的基础,有效沟通是产生信任,凝聚共识,消除误解的重要手段。尤其对企业内部的有效协调,能及时化解冲突,明确责任,协调行动。良好的沟通协调能力及说服影响力是形成共同愿景,集中意志,步调一致的重要保证。

3)组织执行能力——整合资源,实现目标

组织执行能力是指创业者为了有效地实现企业目标整合各种资源,把企业生产经营活动的各个要素、各个环节,从纵横交错的相互关系上,从时间和空间的相互衔接上,高效地、科学地组织起来并使之开动运行的能力。创业需要有策划创意,创意的实施和战略意图的实现更需要行动力。创业者这种组织执行能力的发挥,可以使企业围绕总体目标的实现形成一个有机整体,并保证其高效率地运转。

4)组建团队的能力——形成协同优势

正在出现的创业时代是一个人类开始合作共存的时代。一项针对创业者能力的研究报告指出,组成团队与管理团队是成功创业者需要具备的主要能力之一。一个企业需要细致的

"内管家"、活跃的"外交家"、战略的"设计师"、执行的"工程师"、发散思维的"开拓者"、内敛倾向的"保守派";需要技术研发、市场开拓和财务管理等方方面面的人才。工作分工不同,需要不同个性的人。创业者既要能够把不同专长、不同个性的人凝聚到一起,更要能够让他们在一起融洽地、愉快地工作,组成优势互补的创业团队,形成协同优势。

(4)创业者素养提升的方法

要全面提高个人的创业知识、素质和能力,潜在创业者可以采用以下几种方法。

①多与创业人士交流或请教,多阅读成功创业者的故事和经历,向成功的创业者学习。

②做一个成功企业人士的助手或学徒,可以尝试加入一两个创业团队,这是一个宝贵的学习锻炼机会。

③参加一个创业培训班或学习班,接受培训(如国家劳动与社会保障部主办的"SYB创办并改善你的企业"培训)。大学生可选修有关创业的课程。

④阅读一些可以帮助你提高经营技巧的书籍,尤其是营销、励志类的读物。

⑤制订未来的创业计划,增强你的创业动机。大学生可以通过积极参加创业计划竞赛来锻炼自己的能力。

⑥提高思考问题、评价问题及应对风险的能力;积极参加创业团队的集体讨论,如"头脑风暴"产生创意的过程。

⑦对别人的观点和新的想法要多多接受。正所谓"兼听则明、偏信则暗",一味固执己见,是难以产生创意和获得团队的支持的。

⑧遇到问题时,要分析问题的前因后果,并提高自己从错误中吸取教训的能力。创业的道路不会总是一帆风顺,吃一堑长一智,在哪里跌倒从哪里站起来,才是创业者思考问题的方法。

【案例解析】

大学生如何提高创业素质与能力

学生期间的创业实践是提高创业素质与创业能力的重要途径。实践能力是创业者创业的最重要的能力,特别是准备创业的大学生,在学习到一定知识的同时,进行创业实践能力的锻炼对走向社会进行创业活动具有重要意义。

①参与创业计划竞赛。创业计划竞赛是由参赛者组成优势互补的竞赛小组,提出一项具有市场前景的技术产品或者服务。围绕这一产品或服务,以描述公司的创业机会,阐述创立公司、把握这一机会的进程,说明所需要的资源,揭示风险和预期回报,并提出行动建议,以获得风险投资家的投资为目的,完成一项具体、深入的商业计划,并通过书面和口头答辩,接受来自银行、风险投资咨询公司以及会计师、律师等专业人士的严格评估,从中选出具有市场前景的项目,由投资家进行投资的比赛。

积极组织学生参加校园创业构思及校内外创业计划大赛活动,这是创业构思和创业项目的重要来源,也是争取项目投资的重要机会。现阶段许多机构都在举行创业计划大赛,这不但有利于激发他们的创业意识,培养他们的创新能力,还会促进一些创业构思的诞生,而且有利于创业计划的实施。

②校园练摊,为自主创业积累核心能力。良好的专业技术能力和较高的人文素质,往往构成所创办企业的核心能力。在校学习期间,当你掌握了一定的专业技术知识之后,可以小试锋芒,在校园进行创业的实践锻炼。这样既可以锻炼专业技术能力,同时又可以发现不足,促进

和改进自己的学习。例如,学习经营管理,可以开一个服务性的贸易公司,广告、传媒专业的学生,可以开网络广告公司,只要有了经验,毕业后很快就会打开局面。

③有偿性和见习性的创业实践。大学生可以利用假期时间和家人、朋友或同学合伙创业,也可以独立投入一点小资本进行经营活动,参与家庭或他人的创业活动,到小企业从事有偿性创业实践等。这是丰富大学生创业经验和提高创业能力的重要途径。

④模拟性创业实践。在校生由于时间、精力、资本的有限性,为了培养创业意识和创业能力,可以参加创业实践情景模拟,进行有关创业活动的情境体验。如应聘雇员的面试、产品推销等实践活动。参加ERP企业经营沙盘模拟竞赛,通过在模拟企业中担任角色,体验企业经营与团队合作。

⑤参与大学生科技比赛。大学生可以参与大学生科技比赛等创新实践活动,这是大学生创业实践活动的重要组成部分。参与此类活动有利于学生增强科研创新意识、提高科研创新能力,为大学生创业奠定良好的技术基础,并且通过参加竞赛的系列培训和相关活动环节,有利于学生深化创新认识,挖掘创新潜能,培养创新能力,提高创新素质。

⑥勤工俭学创业实践。在校生可以结合个人特长和专业特点,开展勤工俭学活动,这是大学生创业实践的重要形式。缺乏资金和经验的学生,通过参与勤工俭学可以获得一定的经济收入,弥补学习费用的不足,既减轻家庭的经济负担,又增加了对社会的了解,培养艰苦创业的精神,锻炼自己的组织交往能力,增强创业体验,为以后创业积累经验。

三、创业指导实训

(1)实训项目

通过走访创业者或走近一位管理者完成下列实践活动。

(2)实训目的

通过与成功的管理者接触、交谈以及观察,学习这位成功的管理者的领导艺术,处理事情的艺术,懂得怎样才能成为一位成功的管理者。

(3)实训内容

①直接访谈:要求学生与成功创业者进行接触、交谈并进入其工作环境中,观察和学习这位管理者的用人之道,处理事情的方法和艺术。

②要求学生通过和管理者的交谈,了解其创业史与成长史,从中体会管理艺术在其成长与创业中的作用。

(4)实训场地

要求全班同学一并参加,并分组完成实践项目。

(5)考核方式

上交走访报告并进行小组交流。

【知识导读】

一个小女孩的成功

钟慧琴,浙江财经学院金融系2003届毕业生。大四时和两位志同道合的朋友一起注册了杭州天齐计算机网络有限公司。公司2003年2月开张营业,主营业务包括小型数码产品、网络工程和针对直接客户的办公耗材销售,她主要负责的是小型数码产品的销售。

创办:一波三折

其实大学的时候,钟慧琴想得最多的并不是毕业后自己出来开公司。大一的她决心考研;大二、大三,她一心想出国,连目的地都找好了——澳大利亚;真正说到要创办公司,还得从她大四时的一次实习说起。

当时她在杭州颐高数码城的一家IT公司实习。除了老本行财务外,她的工作还涉及计算机产品的销售。从那个时候起,她对IT行业的兴趣与日俱增。后来她又在一家金融单位实习,和之前在IT业的经历相比,这里的工作每天重复单调,闷头工作显然不是钟慧琴想要的,她想趁年轻出去闯一闯。就这样她下定决心和朋友一起把公司注册了下来。

评析:创业必须要有明确的目标和坚定的信念,以及对行业产品的一些了解。钟慧琴通过金融单位实习和销售工作的对比,明确了自己的职业道路,坚定了创业的信念,而且通过实习也了解计算机产品的销售,具备了创业的基本条件。

开局:四面出击

公司办起来了,麻烦也接踵而来。第一个难关就是缺少客户,刚开始只能靠亲戚和熟人介绍,没有客户,公司就成了无源之水。钟慧琴意识到不能坐在家里干等业务上门,她开始主动出击,到省内的金华、丽水、宁波等地的电脑城推销自己的产品,也推销自己的公司。

万事开头难。人家第一眼看到她都以为来的是总经理秘书,没想到这么秀气、这么年轻的女孩居然会是公司的一把手,这让客户心里多少有些疑问。而钟慧琴始终觉得诚信总可以打动客户。每到一地,她都认真地去走访客户,和他们聊天;回来后时常给他们发E-mail,发传真。对于本地的客户,她会时常打个电话或是亲自上门去问候一下,顺带了解一下客户近期的需求。

公司实行送货上门。就在记者采访的时候,她还刚刚给中河中路上的客户送去两个墨盒:"东西再小,天气再热,只要客户需要,我们都会送货上门。"

评析:销售产品必须了解顾客的需求,并且不断提升自己的服务质量,树立公司良好的商业信誉,这样才能在如此竞争的市场上赢得一席之地。

发展:赢利来得比预想的早

客户有了,但"天齐网络"扮演的仍是一个中间商的角色,能够分得的利润可以说是微乎其微。钟慧琴开始想着如何向代理商发展,并积极寻找这样的机会。成功总是青睐有准备的人,现在的钟慧琴已经是好几个产品的浙江省总代理了。随着业务铺开,4月份公司开始实现赢利:跟他们最初定下的第一年不亏本、第二年在第一年基础上有发展相比,他们已经成功了。

但成功的同时也有失意。在经营上打诚信牌、允许客户赊账有时并不能得到回报,上个月公司就遇到了客户欠款卷货逃跑的情况。货不见了,钱也没了,钟慧琴除了生气,别无他法,或许这是创业过程必须交的一笔学费吧。

回忆创业之初,她觉得最困难的就是自己的精神压力,毕竟这么大的投资,虽然爸妈很支持自己的事业,可就算到了现在,老妈还时常在她耳边唠叨:找个稳定的工作,安安稳稳的多好!万一不成功的话……其实钟慧琴自己也早想过失败,可转念一想年轻就是最大的资本。一旦失败,大不了从头再来。年轻没有失败!

点评:走创业之路的大学生毕竟不多,取得创业成功的大学生更是少之又少,虽然可以说他们是市场经济的幸运儿,但又有谁知道他们经历了多少艰难坎坷,挥洒了多少汗水辛酸?创业不仅需要智慧和实力,也需要勇气和毅力,毕竟不是每个人都能承受创业失败的压力。因此，专家表示，创业有风险，毕业生一定要慎重选择。

视频材料：　　　　　　一个在读特困生的财富传奇

李海洋出生于一个特别贫困的家庭，2008年9月他考入河北体育学院后，就在摆地摊中发现了一个商机，不到两个月就获得了他人生当中的第一桶金50万元，随后他一发而不可收，一边上学一边做生意，年赚财富100多万元，到2012年他大学还没毕业，就成了一家公司的董事长，更让人佩服的是李海洋还是学校的高材生，连续两年获得国家奖学金，他是如何做到这一切的？

http://v.youku.com/v_show/id_XNDE3Njc2NjI4.html

阅读案例和观看相关视频后，请思考！

1. 在钟慧琴和李海洋的身上你看到哪些作为创业者的优秀品质？
2. 作为创业者，他们身上有何共同点？
3. 了解了相关的案例，你对创业有哪些体会？

请结合自身情况，分析自己作为创业者的优势和不足以及准备如何提高自己的素质？

【任务小结】

通过本任务学习，使学员了解创业的内涵与意义，明确创业与创业者的概念及创业者应该具备的素质，通过创业指导实训加强学生创业素质和能力，为未来创业做好充分的准备。

任务三　创业准备

教	知识重点	了解创业机会、创业资源、创业资金的基本概念和相关理论
	知识难点	能够完成创业项目市场调研和创业项目调研评估报告
	推荐教学方式	课堂案例与综合训练为主
	教学场所	多媒体教室或实训室
	建议学时	8学时
学	必须掌握的理论知识	创业机会的识别与评价、创业资金的来源、企业的法律组织形式的选择、企业工商注册登记
	必须掌握的工作技能	能独立进行创业项目市场调研,完成创业项目调研评估报告
	能力训练	通过选择创业项目、实施市场调研理解相关的知识理论,能够运用相关理论完成创业项目调研评估报告
	考核方式	采用过程考核与终结性考核相结合的方式。最终成绩=平时成绩×30%+创业计划书×40%+市场调研报告×30%

【单元寄语】

《孙子兵法》中说:"故用兵之法,无恃其不来,恃吾有以待之。"意思是用兵的原则不要抱着敌人不会来的侥幸心理而要依靠自己有充分准备,严阵以待。创业也是一样的道理,不管是开酒店、开商店、还是卖服装、卖电脑,也不论是单枪匹马挑战市场还是合伙经营打拼天下,都必须做好创业前的必要准备。充足的准备直接关系到创业的成败与兴衰,因为有备而来才能保证战无不胜。

●胡强大四毕业,准备和两个朋友创办一个公司,自己当老板。但是他们很困惑,不知道到底要从事什么行业,胡强想开办一家开发防盗系统的企业,而他的一个朋友想开办一家零售企业,于是他们开始通过各种途径进行考察,看看到底哪个项目更具有市场潜力,能赚到钱。最后终于决定开办一家开发防盗系统的合伙企业,但是他们又遇到了新的问题,如何筹措资金,如何完成自己企业的注册,三个人商讨了几个晚上还是没有结果。繁琐的注册程序,使三个人同时产生了畏难情绪。

【问题】

如果胡强准备创业开公司,那么第一步应做什么呢?采取什么样的组织形式比较合适?如何完成自己公司的登记手续?你是否也有同样的困惑?

 练习:请同学们写下自己创立企业中的困惑?

_____

_____

一、创业项目选择

一份创业调查报告显示:80%的创业者在创业前期都感到确定创业项目"十分头疼""很难抉择";在创业失败的案例中,有60%的人觉得是因为"创业项目不对"或"创业项目选择失误";而在成功创业人群中,70%的人都认为是"良好的创业项目成就了自己的事业"。选择项目既然如此重要,那么究竟该如何选择项目呢?创业项目选择的正确与否直接关系到创业的成败。如何选择创业项目,是所有创业者面临的一个难题。实际上,世界上没有最好的创业项目,只有最适合的创业项目。对于创业者而言,不仅要寻找创业项目,还要判定创业项目的好坏和是否适合自己,并应遵循以下原则。

1. 要选择国家政策鼓励和支持,并有发展前景的行业

想开创自己的事业,就要知道哪些行业是国家政策鼓励和支持的,哪些是允许的,哪些是限制的,等等。我们要选择国家政策鼓励和支持,并有发展前景的行业。

据有关专家指出,21世纪巨大发展潜力的行业主要有:网络信息咨询与服务业、房地产开发业、社会保险业、家用汽车制造业、邮政与电讯业、老年医疗保健品业、妇女儿童用品业、旅游休闲及相关产业、建筑与装潢业、餐饮、娱乐与服务业。

2. 要认真进行市场调研,适应社会需求

有的创业者认为,办企业是为了赚钱,什么行当赚钱、热门,就搞什么行当,这种想法是不正确的。创业者必须树立这样一个观点,即"企业是为解决顾客的问题而存在的"。没有满意的顾客就没有公司的存在。项目的选择必须以市场为导向。就是说搞什么项目不能凭自己的想象和愿望,而要从社会需要出发。要知道社会需求,就要作调查,特别是第一次创业,创业者更是要作详细的了解,例如:一个人在某小区附近购买了一个店面,想开一个餐饮店。他一到小区深入考察后发现该小区规模还不大,而且已有一家餐饮店,经营状况比较稳定。按照现有人口一家餐饮店已经足够。这里的居民不少是外地来的大学生,连一间小商店也没有,居民抱怨购物难。于是,这个人改为开小百货店,结果开业后生意红火,很受居民欢迎。

顾客的需求有现实需求和潜在需求之分。作为一个成功创业者,不仅要了解、满足顾客的现实需求,适应市场,更要创造需求,创造市场。

3. 要充分利用优势和长处,干自己有兴趣的、熟悉的事

市场是一个海洋,创业有人称之为下海。我们每个人是沧海一粟,是独具自己特点的一粟。每一个人都有自己的长处、优势。比如,有的对某一行业、某一领域、某种产品比较熟悉;有的在技术上有专长;有的有某种兴趣爱好;有的善于公关和沟通,等等。这就是自己的长处,能发挥自己的长处和优势,选择自己有兴趣、熟悉的事,创业就成功了一半。

有这样一个故事:一位下岗工人,下岗后四处找工作,当过食品推销员、音响安装工,也做过服装生意,但都失败了。为此他开始冷静思考,觉得应当选择一条更适合自己今后长期发展的道路。鉴于他从小对园艺有着相当浓厚的兴趣,工作之余也曾搞过绿化种植和绿化装饰设计,经过一番市场调研,他和同厂下岗职工自筹资金,租了六亩土地,办起了园艺场。到目前为止,他们种植了包括7个大棚,2间暖房在内的6亩地的盆花和观赏植物,花卉品种达百余种,拥有30多家固定客户,资产近20万元。大学生创业最好是"不熟不做",充分利用自身的资源优势,从事自己熟悉的行业。这是不少创业成功的下岗、失业人员的共同体会。

4. 要量力而行,从干小事,求小利做起

创业是一种有风险的投资,必须遵循量力而行的原则,对于大学生来说,是拿自己的血汗钱去创业,应该尽量避免风险大的事情,应该将为数不多的资金投到风险较小,规模也较小的事业中去,先赚小钱,再赚大钱,聚沙成塔,滚动发展。

古今中外,许许多多企业家开始搞的都是不起眼的小本买卖,然后不断扩大发展的。微软的比尔·盖茨起步时只有3个人,一种产品,年收入16 000美元。"拖鞋大王"胡志勇创业成功的经历对想创业的人是很好的启示。1994年原在一家船舶公司担任防疫工作的胡志勇下岗了。他选择了摆摊头,做点小生意,几个月下来他发现每年4~7月,拖鞋特别好销,三四元一双批来,七八元一双卖出。他想拖鞋属于小商品又是易耗品,有市场需求,而且风险较少。于是他集中全部资金,去做拖鞋生意。1996年他到福建直接批货,在4、5两个月就卖掉16万双拖鞋。自此他的拖鞋生意越做越大,目前他的通盈鞋业公司从过去的一个小摊子发展到在10多家百货公司有自己的专柜,还注册了自己的"千里马"商标,在大超市销售。6年他共卖掉1 000多万双拖鞋,现在供应上海拖鞋市场30%~40%的货源。俗话说"不以善小而不为",创业也要从干小事,求小利做起。

5. 要坚持创新,做到"人无我有,人有我优,人优我特"

创新是企业的生命,管理大师汤姆·彼得斯认为"商业世界变化无常,持续创新才是唯一的生存策略"。创新也是创业成功的关键。创新的概念是著名经济学家熊彼特提出的,他将其定义为"企业家对生产要素的重新组合",它包括以下五种情况:开发新产品或改造老产品;开辟一个新的市场;采用一种新的生产方法;获得原料或半成品的新的供给来源;实行一种新的企业组织形式。对创业者来说,创新更具紧迫性、重要性。这是因为:第一,目前市场上不是缺大路货的商品和一般的劳务,而缺的是特殊的商品,特殊的服务。创业者只有加强市场调研,刺激和创造需求,生产适合需求的新的具有特色的产品和服务,才能使企业得以生存发展。第二,一般下岗失业创业的行当,投资较小,容易进入,但是竞争十分激烈。只有创新,才能在产品和服务上形成竞争优势。

有人说："现在市场竞争如此激烈,就业形势如此严峻,创业谈何容易"。这说法不能说没有一点道理。但如仔细推敲也并非完全在理。事实上,只要存在尚未被满足的需要,就会有创业的机会,而人们未被满足的需要可以说是无限的,因此,商机也是无限的。比如,据悉,目前世界市场上的产品有一百万余种,而国内仅18万种。目前我国供求平衡,或供大于求的是实物产品,而在服务领域存在许多"供不应求"的现象,人们的生活也有诸多的抱怨和不便。这说明只要善于观察,善于创新,机会就在创业者的身边,路就在你的脚下。

以上简单地介绍了选择创业项目要注意的五个原则,说到底,创业项目的选择最终还是要由创业者自己决定的。创业者可以广泛听取专家、成功企业家的建议,结合自己的调查研究,使自己的决策更切实可行。

二、创业机会识别与评价

创业是从发现、把握、利用某个或某些商业机会开始的,发现、辨识与把握创业机会是创业的第一步。投资创业要善于抓住好机会,把握住每个稍纵即逝的创业机会,等于成功了一半。那么,怎样从众多的机会中寻找利己的创业机会,如何对创业机会进行评估,这些是创业者首先需要了解的问题。

1. 创业机会的识别

创业机会首先来自创意,创业者通过对产品与服务的改进肯定不缺乏各种各样的创意。企业家、发明人、革新家、大学生的新主意往往层出不穷。迅速把那些潜力不大的创意撇开,会使创业者集中关注少数应予改进和研究的创意。筛选出没有前景的投资机会,需要进行判断和深思,而不是搜集新数据。创业者应该了解那些判断创意价值所需要的事实。实际上,创意来源于大学论文的企业很少见。有一项统计指出,通过对机会进行系统研究而发现的创意只占4%;自然而然地发现的创意占20%(临时或随便的工作发展成一家企业的占7%、作为个体消费者所需要的占6%、碰巧读到有关行业情况的占4%、发展家庭成员的想法占2%、在其他偶然的情况下想到的创意占1%);对以前工作中遇到的创意进行复制和修改的占71%之多;其他的创意来源占5%。我们发现机会产生创意的途径如下。

(1)从市场缺失中发现机会

市场缺失常给人带来困扰,有困扰就迫切希望得到解决。如果能提供解决的办法,实际上就是找到了机会。例如,双职工家庭,没有时间照顾小孩,于是有了家庭托儿所;没有时间买菜,就产生了送菜公司。这些都是从"负面"寻找机会的例子。消费者使用商品时,常有不少困扰发生,如果能够针对这些购买商品时所感受到的不便,制造或提供消费者更多的附加价值,就是创业的机会所在。

创业是一个市场推动的过程,市场实现是其成功的必要条件。机会的出现往往是因为环境的变化,市场的不协调或混乱,信息的滞后、领先或者缺乏,以及市场各种各样的其他因素的影响。而另一方面,对创业者来说,机会的有效利用则依赖于能否识别和利用这些变化与不完善。

【案例解析】

澳瑞特的创业机会

澳瑞特健康产业集团位于山西长治,是由做过矿工的郭瑞平在一个破产的小自行车厂基础上组建的。时间只有短短10来年,年产值现在已超过亿元。郭瑞平发财的秘诀便是顺势而为。本来山西长治地区是个穷地方,一些人连饭都吃不饱,哪里有心思搞什么健身。在毫无经验的基础上,将创业定位于在本地毫无市场的健身器材,在当地许多人看来等于找死。但是郭瑞平有一个很好用的头脑,他利用了当时国家竞技体育与群众体育两手抓、两手都要硬的政策大势,将创业目标定位于"群众喜欢用群众乐用的健身器材",避开了与国内众多专业竞技体育器材生产厂的竞争,又利用国家发行体育彩票,其中一部分收入指定用于群众健身器材投资的机会,利用一直以来精心与国家体育总局官员建立并保持的良好关系,首先将一整套"群众性体育健身器材"安装在了国家体育总局龙潭湖家属院,然后又从这个家属院走向了全国。你现在走到北京街头看一看,都是这种刷成黄色、红色、橙色的健身器,一组下来少的也有10来件,上面都标着"澳瑞特"的字样,仅这一单生意,就让郭瑞平赚了个盆满钵满。

(2) 从顾客不满中发现机会

一个很好的创业机会也许就隐藏在顾客的抱怨或建议之中。如果顾客认为其需要没有得到满足或没有很好地得到满足,他们就往往会基于对自己需求的认识,提出各种各样的抱怨甚至提出建议。有些抱怨、建议可能是很简单的、非正式的形式,有些建议可能是十分正式且具体的,并有十分详尽的资料和说明来为其建议提供支持。双门冰箱的开发设计就是得益于顾客的抱怨。一位日本工程师听到一位家庭主妇抱怨单门冰箱在她取食物时大量的冷气直往外冒,实在是可惜。在此抱怨的启发下,发明了双门冰箱。发展到今天,冰箱不但是双门的,还被设计成了抽屉式,冷气往外冒的少了,还防止了储存食物之间的相互串味。总之,只要顾客提出抱怨或建议,无论采取什么方式,一个有效的创业者都应当热情听取并作出相应的反应,因为这也许是一个非常好的商业机会。

(3) 从法规变化和专利公告中寻找机会

法规变化常常会带来商机,特别是社会与政治变革能产生很多创业良机。随着社会价值的改变,消费形态的演变,消费者成本意识的提高,都产生不少创业机会,诸如个性商品的出现,知识性商品被尊重,商品品质不容出错与以量定价的量贩店的兴起。

专利公告中也会蕴藏机会,要注意市场上的信息。索尼公司看出电晶体的潜力,积极向贝尔实验室购得电晶体制造技术,进而发展成电晶体收音机与录音机,席卷大部分市场。雷·克洛克到麦当劳兄弟的汉堡店参观后,认为是一个具有潜力的市场,于是说服自己去经营汉堡店,组建形成一个富有创意的特许连锁经营网,进而发展成世界性连锁企业。

【案例解析】

智慧套白狼

《福布斯》中国富豪陈金义在没有发迹前,有机会办了一个蜂蜜加工厂。建一个蜂蜜加工厂需要30万元，但当时陈金义手头仅有3万元。他将这3万元存入银行，随后又利用这3万元做抵押，从银行贷出6万元，又用6万元做抵押，贷出12万元，如此一直到贷出办工厂所需30万元。蜂蜜加工厂办起来了，陈金义的事业也逐渐走上正道。现在这成为民营企业家的"原罪"。有人说他们这是空手套白狼，其实不然，最多他是利用了银行制度上的缺陷。有能力利用现存制度的缺陷，是一种智慧的表现。市场经济的假设基础，就是人都是自私的，每个人都想将自己的个人利益最大化，而结果是人们在利己的同时达到了利人的目的，个人利益与社会效益都达到最大化。说到钻空子，商人的天性就在于找空子、钻空子。有人钻空子不奇怪，如果眼见着空子在那里没有人去钻，那才是奇怪的事情。谈到空手套白狼，哪一个白手起家的创业者不需要经过一个空手套白狼的阶段呢？空手而能套到狼，不是智慧又是什么呢？

(4) 从偶然和意外中感悟机会

在偶然之中寻找机会。索尼公司董事长盛田昭夫喜欢一边打网球，一边听音乐。因此，他必须在球场上装麦克风、扬声器及唱盘。他想总该有较好的方法来解决这个麻烦。随身听(Walkman)就是在这种需求下产生的，这是索尼公司有史以来最具革命性与利润性的产品。

(5) 运用特性延伸法探索机会

特性延伸是指确定一个特定产品或服务的基本特性，然后去考察如果它们以某种方式发生变化，将会发生什么事情。应用特性延伸的技巧是，以一系列适用的形容词来试验每个特性，如"更大"、"更强"、"更快"、"更经常"、"更多乐趣"、"更方便"等。例如，"傻瓜"相机是以使用者的"更方便"取胜的，计算机的更新换代是以其芯片运行速度更快为标志的，低度白酒受欢迎是沿着"度数更低"特性展开的。当然，特性延伸也可采取更加复杂的、混合的方式，将来自不同产品的特性混合在一起来创造新产品。实践证明，在产品的特性延伸上，孕育着巨大的潜在的商机。

以上各种方法不是孤立的和相互排斥的，它们可以单独使用，也可以结合起来使用。

因此，机会来自创意，但创意不等于机会。创意能否转换为成功创业的机会，还取决于创业者对市场的认识和把握。

2. 创业机会评估

对于创业投资者来说，市场机会的甄别类似于投资项目的评估，这对投资能否取得收益无疑是十分重要的；另一方面，这也帮助创业者从另一角度来分析其创意是否具有继续发展成为一个企业的实际价值。事实上，有60%～70%的创业机会在其最初阶段就被否决，就是因为这些计划不能满足创业投资者的这些评价准则。根据这些准则可评判一个创意的市场前景是否具有较大的潜力。

风险投资者和精明老练的企业家们在筛选创业机会时往往都利用一系列的评估准则，表3.3是一组经挑选的美国创业投资家们常采用的创业机会评估准则。这些准则是以成功的企业家、私人投资者和风险投资家们所拥有的良好的企业经营和市场竞争意识为基础的，也可以参照它来分析评估我们国内的创业活动。

表 3.3　创业机会的评价标准

准则		吸引力	
		较高潜力	较低潜力
一、产业和市场	1. 市场 需求 消费者 对用户回报 增加或创造的价值 产品生命	确定 可接受 <1 年 高 持久;超过投资加利润回收期	不被注意 不易接受 >3 年 低 不能持久;比回收投资期短
	2. 市场结构	不完全竞争或新兴产业	完全竞争或高度集中或成熟产业或衰退产业
	3. 市场规模	1 亿美元销售额	不明确或少于 1 000 万美元或几十亿美元销售额
	4. 市场增长率	以 30%～50% 或更高速度增长	很低或小于 10%
	5. 市场份额	20% 或更多;领先者	<5%
	6. 成本结构(5 年内)	低成本提供	成本下降
二、资本和获利能力	1. 毛利	40%～50% 或更高;持久	<20%;而且很脆弱
	2. 税后利润	10%～15% 或更高;持久	<5%,脆弱
	3. 所需要的时间 损益平衡点 正现金流	 <2 年 <2 年	 >3 年 >3 年
	4. 投资回报潜力	25% 或更高/年;高价值	15%～20% 或更低/年;低价值
	5. 价值	高战略价值	低战略价值
	6. 资本需求	低到中等;有资助	非常高;无融资
	7. 退出机制	现时或可望获得的其他选择	不确定;投资难以流动

续表3.3

准则		吸引力	
		较高潜力	较低潜力
三、竞争优势、管理班子、致命缺陷	1. 固定成本和可变成本 生产 营销 分配	最低 最低 最低	最高 最高 最高
	2. 控制程度 价格 成本 供应渠道 分配渠道	中到强 中到强 中到强 中到强	弱 弱 弱 弱
	3. 进入市场的障碍 财产保障/法规中的有利因素 对策/领先期 技术、产品、市场创新、人员、位置、资源或生产能力的优势 法律、合同优势	已获得或可以获得 具有弹性和相应对策 已有或能有 专利或独占	无 无 无 无
	4. 管理队伍	强大、经验丰富	无或不称职
	5. 致命缺陷	没有	一个或几个

此表显示的评估准则主要分为产业和市场,资本和获利能力,竞争优势、管理班子和致命缺陷等若干个方面,共18项指标,并对一些主要指标给出了定量的标准。一般地说,好的经营机会将在所列准则的大部分中表现出其巨大的潜力,或者将在一个或几个准则中拥有其竞争者望尘莫及的压倒性优势。

三、创业资金

创业资金(Venture capital)是指创业者进行创业时,前期的资本投入。包括创业者能力提高的就业培训、店铺租赁、店面装修、店面展示商品所需资金以及数量不等的流动资金。

创业早期需要筹集较多资本,以便为创业启动提供足够资金。许多大学生创业者创业时,最大的困难就是资金的不足,那么通过哪些方式可以获得资金呢? 一般来说创业者筹集资金的渠道有以下几种。

1. 自有资金

尽管有些创业者没有用个人资金就办起了新企业,但这种情况很少,因为不仅从资金成本或企业经营控制的角度来说,个人资金成本最低廉,而且还因为在试图引入外部资金尤其是获得银行、私人投资者及风险投资家的资金时,通常需要拥有个人资本。

通常外部资金的供给者认为,如果创业者自己没有资金投入,就可能对企业经营不会那么尽心尽力。个人资金的投入水平,关键在于创业者的投入占其全部可用资产的比例,而不在于投入的绝对数量。外部投资者要求创业者投资全部的可用资产,认为这就标志了创业者对自己的企业充满信心,并将为了企业的成功付出必要的努力。

另一方面,自我融资是一种有效的承诺。创业的不确定性和信息不对称常常造成了创业融资的诸多困难,如果在投身创业的过程中投入自己的资金,这本身就是一种信号,它告诉其他投资者,创业者对自己认定的商业机会一定有信心。

当然,对很多创业者来说,自我筹资虽然是新企业融资的一种途径,但它不是根本性的解决方案。一般来说,创业者个人的资金对于新创企业而言,总是十分有限的,特别是对新创大规模企业来说,几乎是杯水车薪。

2. 私人借贷

亲朋好友是创业融资的重要来源。特别是在我国,以家庭为中心,形成了亲缘、地缘、文缘、商缘、神缘为经纬的社会网络关系,对包括创业融资在内的许多创业活动产生重要影响。家庭成员和亲朋好友由于与创业者的个人关系而愿意给予投资,这有助于克服非个人投资者面临的一种不确定性,缺乏对创业者的了解。在创业初期,创业者往往缺乏正规融资的抵押资产,缺乏社会筹资的信誉和业绩。因此,非正规的金融借贷——从创业者的家人、亲戚、朋友处获得创业所需的资金是非常见效、十分常见的融资方法。我国温州民营经济的融资特征是在创业初期,以自有资金和民间融资为主;在企业具有一定的规模和实力以后,以自有资金和银行借贷为主,民间融资仍是重要的外部资金来源。有调查发现,企业在初创期75%以上的资金来源于自身积累和民间借贷;在企业发展阶段,其资金来源主要为初创时的自有资金、留存收益及银行借贷。

虽然从家庭成员和亲朋好友处获得资金要相对容易一些,但与所有融资渠道一样,向家庭成员和亲朋好友融资也有不利的方面。创业者必须明确所获得资金的性质是债权性资金还是股权性资金。在借助"五缘"等基于传统的社会网络关系时,必须要用现代市场经济的游戏规则、契约原则和法律形式来规范借贷或融资行为,保障各方利益,减少不必要的纠纷。为了避免日后出现问题,创业者必须将有利方面和不利方面都告诉家庭成员和朋友,还要告诉他们存在的风险,以便于日后出现问题时对家庭成员和朋友关系的不利影响降到最低。用非个人投资者融资的商务方式来对待向家庭成员和朋友融资,对每一笔债权性资金都要讲明其利息率和还本付息计划,对股权性资金不能承诺未来支付红利的时间。如果能用对待其他投资者的方式对待家庭成员和朋友,就能避免将来可能的矛盾。创业者还可以事先用书面方式将一切事项确定下来,在将钱用于企业之前,必须规定融资的一切细节,这些细节包括资金的数量、有关条件、投资者的权利和责任,以及对业务失败的处理等。制订一份涉及所有上述条款的正式协议有助于避免未来可能出现的纠纷。

除此之外,创业者还需要在接受投资之前仔细考虑投资对家庭成员或朋友的影响,特别需要考虑的是创业失败后的艰难困苦。家庭成员和朋友对新企业的投资应该建立在他们对投资成功的信心之上,而不是因为他们认为有这个义务。

3. 天使投资

天使投资(Angel Investment)是自由投资者或非正式机构对有创意的创业项目或小型初创企业进行的一次性的前期投资,是一种非组织化的创业投资形式。与其他投资相比,天使投资是最早介入的外部资金,即便还处于创业构思阶段,只要有发展潜力,就能获得资金,而其他投资者很少对这些尚未诞生或嗷嗷待哺的"婴儿"感兴趣。

天使投资人一般有两类:一是创业成功者,二是企业的高管或高校科研机构的专业人员。他们有富余的资金,也具有专业的知识或丰富的管理经验,由于年龄或职业、社会地位等因素的制约,不太可能从零开始单独创业,他们希望以自己的资金和经验帮助那些有创业精神和创业能力的志同道合者创业,以延续或完成他们的创业梦想,冒着可以承担的风险,在自己熟悉或感兴趣的行业进行投资,获取回报。据调查,美国有25万或以上这样的天使投资人,其中有10万人在积极投资,他们每年在总共2~3万家公司投资50~100亿美元,每次投资在2~5万美元之间。这些投资者主要是美国自主创业早有成就的富翁,有扎实的商务和财务经验,大多在四十多岁或五十岁,受过良好的教育。

目前,我国的天使投资还不够发达,但社会对天使投资已越来越关注。2007年3月21日,由新浪网、清华大学中国创业研究中心、北京网创信息、中国企业家杂志社、第一财经日报社主办及联合策划的首届"中国最活跃的天使投资人"评选活动评选出了十位最活跃的天使投资人,包括邓锋、雷军、刘晓松、钱永强、杨宁、沈南鹏、张向宁、张醒生、周鸿祎、朱敏等。

在温州地区,实际上早已活跃着类似的天使投资人,整个地区或温州人就像一个"资本网络",对于想创业的温州人来讲,起步的资金是不用愁的。一个人只要有诚信,值得投入,在温州肯定能找到资金。相信随着市场机制的完善、信用制度的建立,以及个人财富的积累和增加,天使投资一定会在促进我国的创业活动方面发挥更大的作用。这对许多有志于创业的大学生,将是一个值得期待的融资渠道。

【案例解析】

田溯宁的创业起步

田溯宁自1987年踏上赴美留学之路就始终坚信,中国在即将来临的世纪之交,将对世界科技产生重要影响。而他梦寐以求的是创办一个以中国人为核心的世界级的民族高科技企业。然而,创办一家高科技企业毕竟需要一笔数量可观的启动资金。获得博士学位后,虽然找到了一份工作,有了稳定的收入,过上了相对舒适的生活,但是办公司的钱对他来说却还是个天文数字。这时,经李道豫大使和邱胜云总领事的介绍,田溯宁幸运地结识了著名华侨、地产开发商刘耀伦先生。使祖国的高科技产业强大起来是刘先生的夙愿,他欣然同意帮助田溯宁投资办公司,但先要答应他两个条件:第一是将来必须回国去工作,第二是做高技术项目而不是搞房地产。这两个条件对田溯宁来讲,不仅不是什么难以实现的条件,反而正中下怀,遂了他平生的志向,两人一拍即合。

1994年,在刘耀伦先生50万美元创业基金的支持下,田溯宁组织了中国留学生在美国达拉斯创建了第一家互联网公司——亚信公司。为了实现报效祖国的夙愿,在董事长刘耀伦和总裁田溯宁的坚持下,1995年3月,亚信公司总部移到北京,率先将Internet网络技术引入中国。

4. 银行贷款

向银行贷款是我国企业最常见的一种融资方式,创业者也可以通过银行贷款补充创业资金的不足。目前,我国的商业银行推出的个人经营类贷款对创业者而言是一个好消息。个人经营类贷款包括个人生产经营贷款、个人创业贷款、个人助业贷款、个人小型设备贷款、个人周转性流动资金贷款、大学生小额担保贷款和个人临时贷款等类型。

创业的较高风险导致了银行一般不愿意贷款给创业者。银行寻找能可靠地归还贷款的顾客,而不是寻找风险投资家所追求的能获得巨大成功的业务。虽然,创业者获得银行贷款有较大的困难,但并不意味着创业者就不能获得银行的支持。对于创业者来讲,可以从以下几个方面来取得银行借贷的兴趣。

(1)提供可靠的担保,转移银行风险

银行感兴趣的是创业者是否能提供没有瑕疵的担保,而不是对创业者的风险投资回报。担保通常是物权担保,如抵押、质押等。尽管银行并不想优先受偿这类担保的财务,但是为安全起见,还是必须要有担保的。抵押物主要还是针对不动产,包括创业者个人的房屋、土地等;质押包括动产和权利,包括存折、股票、债券、房契、保单等。此外,对于资本实力并不强的创业者,可以向专业的担保公司申请,获得创业担保。

(2)贷款期限尽可能短期,减轻银行风险

银行一般都不愿意给小企业发放中长期贷款,而是以提供短期贷款这种最安全、最能赚取利润的方式。银行特别愿意考虑贷款在一年以内的情况,这样就便于及时地评估贷款的风险,决定以后的贷款方案。通常情况是,贷款期越长,银行需要的担保就越多,加到企业运作上的限制就越多。至于长期贷款,银行也可以发放,但一般需要用于购买重型设备,增加固定资产,或者购进别的小企业等方面。

(3)准备一份值得信赖的创业计划

创业者要制订一份十分精细的创业规划,随时准备提交给银行审查,但大多数小本经营者却不能做到这一点。这是获得贷款的关键。总之,要尽一切努力说服贷款银行相信企业是在良好地运作,是具有发展潜力的。可以视具体情况把样品、照片、顾客对产品需要的文字介绍、权威人士的推荐信,以及有助于获得贷款的任何资料交给银行。

5. 政府项目

政府和一些民间的非营利组织也是创业资金的重要来源。政府依据相关法律政策,对于处于一定阶段的有很好发展前景的,对相关领域有重大影响的创业项目提供直接资金支持,这些资金的使用成本通常较低,但数目不大,也只能在特定阶段使用。

近几年来,我国政府提供的主要企业融资项目有:再就业小额担保贷款、科技型中小企业技术创新基金、中小企业国际市场开拓资金、青年创业贷款,以及各种地方性优惠政策等。

(1)再就业小额担保贷款

为帮助大学生自谋职业、自主创业和组织起来就业,对于诚实守信、有劳动能力和就业愿望的大学生,针对他们在创业过程中缺乏启动资金和信用担保,难以获得银行贷款的实际困难,由政府设立再担保基金。通过再就业担保机构承诺担保,可向银行申请专项再就业小额贷款,该政策从2003年初起陆续在全国推行。其适用对象有以下几种。

①国有企业下岗职工。
②国有企业失业职工。
③国有企业关闭破产需安置的人员。
④享受最低生活保障并失业1年以上的城镇其他失业人员。
⑤待业的大学生。

该类贷款额度一般在2~30万元不等,根据创业者的项目而定。

(2)科技型中小企业技术创新基金

它是经国务院批准设立,用于支持科技型中小企业技术创新的政府专项基金,通过拨款资助、贷款贴息和资本金投入等方式,扶持和引导科技型中小企业的技术创新活动。根据中小企业和项目的不同特点,该创新基金的支持方式主要有以下几种。

①贷款贴息。对已具有一定水平、规模和效益的创新项目,原则上采取贴息方式支持其使用银行贷款,以扩大生产规模。一般按贷款额年利息的50%~100%给予补贴,贴息总额一般

不超过 100 万元,个别重大项目可不超过 200 万元。

②无偿资助。这主要用于中小企业技术创新中产品的研究、开发及中试阶段的必要补助、科研人员携带科技成果创办企业进行成果转化的补助,资助额一般不超过 100 万元。

③资本金投入。对少数起点高,具有较大创新内涵、较高创新水平并有后续创新潜力,预计投产后有较大市场,有望形成新兴产业的项目,可采取资本投入方式。

(3)中小企业国际市场开拓资金

这是由中央财政和地方财政共同安排的专门用于支持中小企业开拓国际市场的专项资金。2000 年 10 月,财政部和外经贸部为鼓励中小企业参与国际市场竞争,提高中小企业参与国际市场竞争能力,联合制定了《中小企业国际市场开拓资金管理(试行)办法》,明确规定了"中小企业国际市场开拓资金"的性质、使用方向、方式及资金管理等基本原则。2001 年 6 月,两部委又根据此办法的原则,联合制定了《中小企业国际市场开拓资金管理办法实施细则(暂行)》,对这项资金具体使用条件、申报及审批程序、资金支持内容和比例等具体工作程序作出了明确规定。2001 年,"中小企业国际市场开拓资金"的年度安排规模是 4~5 亿元人民币,2002 年度已增加到 6 亿元。3 年中,这项中央财政用于支持中小企业开拓国际市场各项活动的政府性基金,已经资助了全国近万家中小企业到国外参展或拓展国际市场。

(4)青年创业贷款

2006 年 4 月 20 日,共青团中央、国家开发银行为扶持青年创办中小企业,联合推出了"中国青年创业小额贷款项目",对全国 40 岁以下青年初次创业,和全国 40 岁以下青年企业家二次创业的中小企业提供不超过 3 年的贷款。青年创业小额贷款每人单笔额度一般在 10 万元以内,最多不超过 100 万元;青年创办的中小企业贷款单户额度一般在 500 万元以下,最多不超过 3 000 万元。对于纳入省、地(市)、县政府信用平台,贷款本息偿还有保障的项目,可提供在中国人民银行公布的同期贷款利率基础上向下浮动 10% 的优惠利率。

6. 地方性优惠政策

如早在 1997 年杭州市创办高科技企业孵化基地时,就规定对通过资格审查进驻基地的企业将提供免 3 年租费的办公场所,并给予一定的创业扶持资金。近年杭州市又提出建设"天堂硅谷",把发展高科技作为重点工程来抓,与之相配套的措施是杭州市及各区县(市)均建立了"孵化基地",为有发展前途的高科技人才提供免费的创业园地,并拨出数目相当可观的扶持资金。在全国各地许多地方都有类似的创业优惠和鼓励政策,如上海的张江高科技园区、北京的中关村高科技园区等。

7. 担保机构贷款

通常,创业者缺乏必要的经营记录、资产及其他获得商业银行贷款的条件,如果创业者不能获得正常的商业银行贷款,则可以考虑通过中小企业信用担保机构来取得担保贷款。政府部门为促进当地小企业的发展,常常会通过一些金融机构来开展小企业基金担保贷款业务,以解决小企业融资"抵押无物、担保无人、告贷无门"的瓶颈问题。目前我国已经形成了以中小企业信用担保为主体的担保业和多层次中小企业信用担保体系,在国家税收优惠等政策的推动下,各类担保机构资本金稳步增加。

8. 风险投资

"风险投资"这一词语及其行为,通常认为起源于美国,是 20 世纪六七十年代后,一些愿意以高风险换取高回报的投资人发明的,这种投资方式与以往抵押贷款的方式有本质上的不同。风险投资不需要抵押,也不需要偿还。如果投资成功,投资人将获得几倍、几十倍甚至上百倍的回报;如果失败,投进去的钱就算打水漂了。对创业者来讲,使用风险投资创业的最大好处在于即使失败,也不会背上债务。这样就使得年轻人创业成为可能。总的来讲,这几十年来,这种投资方式发展得非常成功。风险投资有以下特征。

①投资对象多为处于创业期(start-up)的中小型企业,而且多为高新技术企业。

②投资期限至少3~5年以上,投资方式一般为股权投资,通常占被投资企业30%左右股权,而不要求控股权,也不需要任何担保或抵押。

③投资决策建立在高度专业化和程序化的基础之上。

④风险投资人(venture capitalist)一般积极参与被投资企业的经营管理,提供增值服务;除了种子期(seed)融资外,风险投资人一般也对被投资企业以后各发展阶段的融资需求予以满足。

⑤由于投资目的是追求超额回报,当被投资企业增值后,风险投资人会通过上市、收购兼并或其他股权转让方式撤出资本,实现增值。

需要注意的是:创业融资需求具有阶段性特征,不同阶段的资金需求量和风险程度存在差异,不同的融资渠道所能提供的资金数量和要求的风险程度也不相同,创业者在融资时必须将不同阶段的融资需求与融资渠道进行匹配,才能高效地开展融资工作,获得创业活动所需的资金,化解融资难题。

在种子期和启动期,企业处于高度不确定中,只能依靠自我融资或亲戚朋友的支持,以及从外部投资者处获取"天使资本"。风险投资家很少在此时介入,而从商业银行获得贷款支持的难度更大。建立在血缘和信任基础上的个人资金是该阶段融资的主要渠道。企业进入成长期后,已经有了前期的经营基础,发展潜力逐渐显现,资金需求量也比以前增大,此时,依靠个人资金已无法满足企业的需要,企业也具备了进行机构融资的条件,风险投资、商业银行、政府支持计划等都成为可用的资金来源,此时,创业者应该充分发挥想象力,积极了解各方面的信息,尝试多种多样的融资方式。企业进入成熟期后,债券、股票等资本市场可以为企业提供丰富的资金来源。如果创业者选择不再继续经营企业,则可以选择公开上市、管理层收购或其他股权转让方式推出企业,收获自己的成果。

四、创业启动

完成了对创业项目的选择和评估、整合了创业中需要的资源、筹集了足够的资金之后,就可以着手开办自己的企业了,对于创业启动阶段需要选择企业的法律形式以及完成企业的工商和税务登记。

1. 新创企业的法律组织形式

一个新创企业应当选择合适的法律形式,不同的法律形式有其不同的优缺点,但无论选择什么样的法律形式,都应当根据国家法规的要求和新创企业的实际,科学地衡量各种组织类型的利弊来决定。

(1)企业法律组织形式的比较

在创建新企业之前,创业者应该事先确定企业的法律组织形式。一个新创企业可以选择不同的组织形式,或者由个体独立创办单一业主制企业和一人有限责任公司,或者由几个人创办合伙制企业,或者成立法人公司制企业。如表3.4所示,各种法律组织形式没有绝对的好坏之分,对创业者来说各有利弊,但无论选择哪种形式,都必须根据国家的法律法规要求和新创企业的实际情况,科学衡量各种组织形式的利弊,决定合适的组织形式。按照我国的《个人独资企业法》、《公司法》和《合伙企业法》有关法律条款的规定,新企业可选择的组织形式有个人独资企业、合伙企业、有限责任公司和股份有限责任公司。

表3.4　各种企业组织形式的优劣比较

组织形式	优　势	劣　势
个人独资企业	企业设立手续非常简便,且费用低 所有者拥有企业控制权 可以迅速对市场变化做出反应 需交纳个人所得税,无需双重课税 在技术和经营方面易于保密	创业者承担无限责任 企业成功过多依赖创业者个人 筹资困难 企业随着创业者退出而消亡,寿命有限 创业者投资的流动性低
合伙企业	创办比较简单、费用低 经营比较灵活 企业拥有更多人的技能和能力 资金来源较广,信用度较高	合伙创业人承担无限责任 企业绩效依赖合伙人的能力,企业规模受限 企业往往因关键合伙人死亡或退出而解散 合伙人的投资流动性低,产权转让困难
有限责任公司	创业股东只承担有限责任,风险小 公司具有独立寿命,易于存续 可以吸纳多个投资人,促进资本集中 多元化产权结构有利于决策科学化	创立的程序比较复杂,创立费用较高 存在双重纳税问题,税收负担较重 不能公开发行股票,筹集资金的规模受限 产权不能充分流动,资产运作受限
股份有限公司	创业股东只承担有限责任,风险小 筹资能力强 公司具有独立寿命,易于存续 职业经理人进行管理,管理水平高 产权可以股票形式充分流动	创立的程序复杂,创立费用高 存在双重纳税问题,税收负担较重 股份有限责任公司要定期报告公司的财务状况,公开自己的财务数据,不便严格保密 政府限制较多,法规的要求比较严格

对个人创业者来讲,一般采取个人独资企业和合伙制企业的形式。当企业发展到一定规模,就可能改组为公司企业的形式。

1)个人独资企业

根据我国《个人独资企业法》,只要满足以下5个条件,就可以申请设立个人独资企业。

①投资人为一个自然人。

②有合法的企业名称。

③有投资人申报的出资,国家对其注册资金实行申报制,没有最低限额。

④有固定的生产经营场所和必要的生产经营条件。

⑤有必要的从业人员。

个人独资企业成功与否依赖于所有者个人的技能和能力。当然,所有者也可以雇用那些有其他技能和能力的员工。

2)合伙企业

除了要有合伙企业名称、经营场所以及从事合伙经营的必要条件之外,设立合伙企业还应当具备以下几个条件。

①合伙企业必须有两个以上合伙人,合伙人应当具备完全民事行为能力,且能够依法承担无限责任。

②合伙人应当遵循自愿、平等、公平、诚实信用原则订立合伙协议,合伙协议应载明合伙企

业的名称、地点、经营范围、合伙人出资额和权责情况等基本事项。

③合伙人应当按照合伙协议约定的出资方式、数额和缴付出资的期限,履行出资义务。

合伙人出资可以用货币、实物、土地使用权、知识产权或者其他财产权利;上述出资应当是合伙人的合法财产及财产权利。合伙人也可用劳务出资,其评估办法由合伙人协商确定。

3)有限责任公司和股份有限公司

有限责任公司的股东以其认缴的出资额为限对公司承担责任,公司以其全部资产对公司的债务承担责任。创业者设立有限责任公司,除了要有固定的生产经营场所和必要的生产经营条件之外,还应当具备下列条件。

①股东符合法定人数。
②股东出资达到法定资本最低限额。
③股东共同制订公司章程。
④有公司名称,建立符合有限责任公司要求的组织机构。

(2)创业公司类型比较

以上所述各类创业公司类型比较如表3.5所示。

表3.5 创业公司类型比较

项目	个人独资企业	合伙企业	股份有限公司	有限责任公司
法律依据	个人独资企业法	合伙企业法	公司法	
法律基础	无章程或协议	合伙协议	公司章程	
法律地位	非法人经营主体	非法人营利性组织	企业法人	
责任形式	无限责任	无限连带责任	有限责任	
投资者	完全民事行为能力的自然人,法律、行政法规禁止从事营利性活动的人除外		无特别要求,法人、自然人皆可	
注册资本	投资者申报	协议约定	500万元人民币	3万元人民币
出资	投资者申报	约定:货币、实物、土地使用权、知识产权或者其他财产权利、劳务	法定:货币、实物、知识产权、土地使用权	法定:货币、实物、知识产权、土地使用权
组建企业的成本与难易	成本低,易建立		成本高,建立复杂	成本高,建立相对容易
财产权性质	投资者个人所有	合伙人共同共有	法人财产权	
出资转让	可继承	一致同意	完全转让	股东过半数意向
经营主体	投资者及其委托人	合伙人共同经营	股东不一定参加经营	
事务决定权	投资者个人	全体合伙人或从约定	股东大会	股东会
利亏分担	投资者个人	约定,未约定则均分	投资比例	
解散程序	注销	注销	注销并公告	注销并公告
解散程序	5年内承担责任	5年内承担责任	无	无

许多创业者认定,新企业采用的最佳所有权形式是常规的有限责任公司。然而,实际上情况并非如此简单。许多其他法律形式,如合伙企业、个人独资企业、一人有限责任公司、股份有限公司等,也非常受欢迎地存在于经济活动中。在这些形式中进行选择,依赖于创业者想达到的目标,以及这些形式的何种特点对创业者更重要。在这些企业法律形式中,哪个最适合你的新企业呢?为了在决策方面得到训练,巴隆和谢恩提出下列问题。

①创业者(投资者)有多少人?

②承担有限责任对你很重要吗?例如,如果你有许多个人财产,这对你可能比较重要;而如果你没有什么个人财产,承担有限责任对你可能就不太重要。

③所有权的可转让性是重要还是不重要?

④你预料过你的新企业可能支付股利吗?如果想过,这些股利承受双重征税对你有多重要?

⑤如果你决定离开企业,你会担心自己不在的时候企业能否持续经营下去吗?

⑥保持较低的企业创办成本对你有多重要?

⑦在将来,筹集企业所需追加资金的能力有多重要?

创业者可以在回答上述问题的基础上,不考虑那些确实不能满足你的目标和要求的企业法律形式,然后依据其余企业法律形式特点与目标接近的程度,在这些形式中进行选择。

2. 新创企业的注册登记流程

设立企业从事经营活动,必须到工商行政管理部门办理登记手续,领取营业执照,如果从事特定行业的经营活动,还须事先取得相关主管部门的批准文件。创业者需要了解《企业登记管理条例》、《公司登记管理条例》等工商管理法规、规章。设立特定行业的企业,还有必要了解有关开发区、高科技园区、软件园区(基地)等方面的法规、规章及地方有关规定,这样,有助于选择创业地点,以享受税收等优惠政策。

我国实行法定注册资本制,如果创业者不是以货币资金出资,而是以实物、知识产权等无形资产或股权、债权等出资,创业者还需要了解有关出资、资产评估等法规规定。

企业设立后,需要税务登记,需要会计人员处理财务,这其中涉及税法和财务制度,创业者需要了解企业需要缴纳哪些税,营业税、增值税、所得税,等等,还需要了解哪些支出可以进成本,开办费、固定资产怎么摊销,等等。需要聘用员工,这其中涉及劳动法和社会保险问题,需要了解劳动合同、试用期、服务期、商业秘密、竞业禁止、工伤、养老金、住房公积金、医疗保险、失业保险等诸多规定。

下面就新创企业注册的主要环节加以介绍。

(1)新创企业工商注册

1)工商注册的基本条件

企业法人申请开业登记程序是指有关法规、规章所规定的企业法人申请开业登记应遵循的步骤和过程,它有两个基本要求。

①开业者要符合国家规定的开业条件。根据《工商企业登记管理条例实施细则》的规定,工商企业申请登记时,应符合下列基本条件。

a. 有固定的生产经营场所和必要的设施。

b. 有固定的人员。

c. 有必要的资金。

d. 常年生产经营或季节性生产经营在3个月以上。
e. 有明确的生产经营范围并符合国家有关政策法令。
②要备齐以下法律文件,包括企业筹建人签署的申请登记书、政府部门或主管部门的批文、企业章程和企业主要负责人的名单和身份证明(并附照片)。

2)工商注册的基本程序
①领取并填写工商注册登记表,提交相关文件、资料,办理入资、验资手续,经登记主管机关受理、审查、核准、发照的环节之后,领取工商营业执照。营业执照分为正副两种文本,正本为悬挂式,用于企业亮证经营;副本为折叠式,用于携带外出进行经营活动。创业者如果需要进行基本建设,还需向工商局申请筹建登记并领取筹建许可证。
②进行企业代码登记,刻公章,开设银行账户。
③创业者要分别到国税局和地税局领取并填写《申请税务登记报告书》,领取税务登记证和各种发票。此项工作必须在领取营业执照之日起30日内完成。
④办理各种社会保险统筹及就业证。

3)各类企业的注册程序
上面介绍的只是一般的企业登记程序,企业法律形式不同,开业登记需要的手续也不相同。
①独资企业的注册。申请设立个人独资企业,可以由投资人或者其委托的代理人向个人独资企业所在地的登记机关提交设立申请书、投资人身份证明、生产经营场所使用证明等文件。委托代理人申请设立登记时,应当出具投资人的委托书和代理的合法证明;国家工商行政管理局规定提交的其他文件。
②合伙企业的注册。设立合伙企业,应当由全体合伙人指定的代表或者共同委托的代理人向企业登记机关提交登记申请书、合伙协议书、合伙人身份证明、验资报告、出资权属证明等文件(法律、行政法规规定须报经有关部门审批的,应当在申请设立登记时提交批准文件)。
合伙企业确定执行合伙企业事务的合伙人或者设立分支机构的,登记事项还应当包括执行合伙企业事务的合伙人或者分支机构的情况。合伙企业设立分支机构,应当向分支机构所在地的企业登记机关申请登记,领取营业执照。
合伙企业的营业执照签发之日,为合伙企业的成立日期。合伙企业领取营业执照前,合伙人不得以合伙企业名义从事经营活动。
③有限责任公司的注册。设立有限责任公司,应提交下列文件。
a. 公司董事长签署的公司设立登记申请书。
b. 全体股东指定代表或共同委托代理人的证明。
c. 公司章程。
d. 具有法定资格的验资机构出具的验资证明。
e. 股东的法人资格证明或自然人身份证明。
f. 载明公司董事、监事、经理的姓名、住所的文件,以及有关委派、选举或聘用的证明。
g. 公司法定代表人任职文件和身份证明。
h. 企业名称预先核准通知书。
i. 公司住所证明。
j. 公司申请登记的经营范围中有法律、行政法规规定必须报经审批的项目的,应当在申请登记前报经国家有关部门审批,并向公司登记机关提交批准文件。

除上述必备文件外,还应提交打印的股东名录和董事、经理、监事名录各一份。根据规定的程序,提交申请材料,领取《受理通知书》,缴纳登记费并领取执照。

④股份有限公司的注册。申请设立股份有限公司,应当提交下列文件。

a. 公司董事长签署的设立登记申请书。

b. 国务院授权部门或者省、自治区、直辖市人民政府的批准文件,募集设立的股份有限公司应当提交国务院证券管理部门的批准文件。

c. 创立大会的会议记录。

d. 公司章程。

e. 筹办公司的财务审计报告。

f. 具有法定资格的验资机构出具的验资证明。

g. 发起人的法人资格证明或者自然人身份证明。

h. 载明公司董事、监事、经理的姓名、住所的文件,以及有关委派、选举或聘用的证明。

i. 公司法定代表人任职文件和身份证明。

j. 企业名称预先核准通知书。

k. 公司住所证明。

另外,公司申请登记的经营范围中有法律、行政法规规定必须报经审批项目的,应当在申请登记前报经国家有关部门审批,并向公司登记机关提交批准文件。

领取了工商执照就标志着新企业已经诞生了。但新办企业要真正开始经营,还需要办理许多相关手续,通常需要办理刻章、组织机构代码证书、税务登记、银行开户、发票审批等。

(2)新创企业税务及其他登记

1)税务登记

新创企业注册后应当向主管国家税务机关申报办理税务登记。税务登记程序如下。

①办理企业统一代码证书。持工商行政管理部门核发的营业执照到国家技术监督部门办理企业统一代码证书(个体工商户免办代码证书)。

②填写《申请税务登记报告书》。自领取营业执照30日内主动向税务机关提出办理税务登记书面报告,即填写《申请税务登记报告书》。

③提供有关证件和资料。根据《税收征管法实施细则》的规定,提供有关证件和资料有:营业执照(复印件);有关合同、章程、协议书;企业代码证书;银行账号证明;居民身份证(复印件)、护照或者其他合法证件;税务机关要求提供的其他有关证件、资料。

④如实填写《税务登记表》。税务机关审核后发给税务登记证。

⑤办理其他税务事项。纳税人凭税务登记证办理以下税务事项:申请办理减税、免税、退税;申请办理外出经营税收管理证明;领购发票;申请办理税务机关规定的其他有关税务事项。如果税务登记内容发生变化,企业还要办理变更登记手续。

2)银行开户

企业可以在银行申请基本存款账户、一般存款、临时存款、专用存款账户。基本存款账户是企业办理日常结算和现金收付的账户,企业的工资和资金等现金的支取,只能通过基本存款账户办理。企业的基本存款账户只能选择一家银行的一个营业机构开立,不得在多家银行机构开立。

3）企业代码

新创企业在办理工商注册登记之后,再到技术监督部门办理组织机构代码证书。申请企业组织机构代码证书应提交的文本有:企业营业执照原件(正本、副本均可)(核对);企业营业执照复印本(正本、副本均可)(备案);法定代表人(负责人)和经办人身份证复 印件;申报表等。

4）保险登记

根据《社会保险费征缴暂行条例》,新创企业注册后还必须办理社会保险。我国社会保险包括基本养老保险、基本医疗保险、失业保险。根据《社会保险登记管理暂行办法》,从事生产经营的单位自领取工商营业执照之日起30日内、非生产经营性单位自批准成立之日起30日内,到所在地社会保险经办机构申请办理社会保险登记;跨地区的单位,其社会保险登记地由相关地区协商确定。意见不一致时,由上一级社会保险经办机构确定登记地;缴费单位具有异地分支机构的,分支机构一般应当作为独立的缴费单位,向其所在地的社会保险经办机构单独申请办理社会保险登记。

五、创业指导实训

（1）实训项目

创业项目市场调研并完成相关专业创业项目调研评估报告。

（2）实训目的

自行组建不同类型的企业,模拟公司组建的前期市场调查,结合管理理论,制订出适合公司发展的市场营销方案。

（3）实训内容

设想你们(学生5人一组)是一家设计大学管理类教学用的计算机软件公司的创建人,公司产品销售很好,在短短的一年内公司的销售额已达到600万元,人员也已扩大到50人,企业正处于一个良好发展的阶段,由于这方面的软件市场正在扩大,许多大公司,特别是原来只为企业提供管理软件服务的大公司也转向大学开发这一业务,你公司面临的竞争也正在加剧,请根据公司情况重新设计公司的管理风格、管理模式。

（4）实训场地

（5）考核方式

①每个组要上交详细的管理方案,方案包括所设计的管理风格和管理模式,并做出合理分析和阐述,字数不少于2 000字。

②教师根据方案,给出每位成员该项实训课成绩。

【知识导读】

市场调研知识解读

市场调研是运用科学的方法,有目的、有系统地收集、记录、整理和分析市场情况,了解市场的历史、现状及其发展趋势,为市场预测和经营决策提供依据。

通过市场调研,可以充分认识市场环境、了解消费者或用户对产品的现实和潜在的需求,摸清市场需求的脉搏,从而为新创企业生产适销对路产品找到依据,减少新创企业生产经营活动的风险,为新创企业进行经营决策和制订经营计划提供前提条件,提高新创企业的经济效益。

市场调研过程主要可分为以下步骤。

1. 确定问题和研究目标

确定研究的问题和研究目标时,必须保证研究的问题与目标的要求相一致,即解决企业希望解决的问题。在研究问题时,要求研究问题的范围应恰如其分,不能总怕漏掉哪个方面而把问题的范围定得太宽,也不能只图省事而把范围定得太窄。将问题的范围定得太宽,会造成收集的信息根本没有用处,浪费了精力,也浪费了其他资源;将范围定得太窄,则可能漏掉一些重要的信息,造成研究结果的不可靠或错误,从而导致企业据此做出错误的营销决策。

2. 制订调研计划

调研计划实际是收集所需的资料信息的计划。要解决调研目标中的有关问题,可能需要收集不同的信息,而这些不同的信息从来源渠道、得到的方式等方面可能会有很大的差别。所以需要制订一个有效的收集信息的计划,以保证能够收集到所需要的各种信息。

3. 认识资料来源

小企业在进行市场营销研究时,一般将资料按获得的方式、途径的不同分为两类,即第二手资料和第一手资料(原始资料)。第二手资料是指为其他目的或用途已经收集好了的资料。第一手资料是指为某一特定的目的收集的资料。第二手资料一般可以通过查阅有关的资料或通过专业的信息服务机构获得。第一手资料需要企业自己去收集,或委托有关的服务机构去收集。在收集第一手资料时,不管是由谁具体收集,都需要按照市场营销研究计划中的要求一步一步去进行。

4. 选择收集资料的方法

收集第一手资料的方法可以分为三种。

(1) 观察法

(2) 调查法

(3) 实验法

5. 抽样设计

6. 收集信息

7. 分析信息形成调研评估报告

☺ **练习:下面我们就开始进行创业项目的市场调研吧!**

1. 每组针对自己选择的创业项目,经讨论后拟定一份详细的调查计划上报。
2. 确定自己的市场调研过程中选择什么样的方法,以及选择这些方法的原因是什么?
3. 在垃圾邮件大量充斥的今天,说明电子邮件调查方式是否具有可操作性和发展性?

根据上述问题:请在市场调研的基础上,进行分析,形成自己的市场调研报告。

_____
_____

【任务小结】

通过本任务的学习使学生了解大学生创业应该如何进行创业项目的选择,在选择项目的同时应该怎样识别和评价创业机会,同时如何把创业资源调配到创业启动所进行的各项准备工作中去,以便为成功创业打下良好的基础。

任务四 新创企业管理

教	知识重点	了解市场营销组合、财务管理、风险管理的基本概念
	知识难点	能够掌握市场营销、财务管理、风险管理相关理论及其应用
	推荐教学方式	以课堂案例讲解与企业经营管理电子沙盘训练为主
	教学场所	多媒体教室或实训室
	建议学时	8 学时
学	必须掌握的理论知识	市场营销组合、财务管理、风险管理的概念、内容、注意事项
	必须掌握的工作技能	能对新创企业进行营销管理、财务管理、风险管理
	能力训练	能够通过制定新创企业公司章程来对企业的营销、财务、风险进行管理
	考核方式	考核采用过程考核与终结性考核相结合的方式。最终成绩＝平时成绩×30%＋创业计划书×40%＋市场调研报告×30%

【单元寄语】

创业者历尽艰辛，好不容易把企业建立起来了，但此时企业尚处于婴儿期，能不能经历风雨生存下来，并在激烈的竞争中立住脚跟，对于创业者来说是个挑战。如何在纷繁复杂的创业事务中，使自己始终保持清醒的头脑，使自己的新创企业保持正常的运行状态并不断得到发展，是创业者必然面临和必须解决的关键问题。在这个过程中创业者需不断地学习企业经营管理的相关知识和理论，帮助企业不断战胜各种各样的困难，解决形形色色的问题，最终实现企业和创业者的成功。

小李的餐馆

●2006年小李用自己积攒下来的钱和父母的资助,在一条小吃街上开了一家自己的小餐馆,主营的是特色灌汤包,但是餐馆刚刚成立了一年,就面临很多的问题,例如顾客反映灌汤包的品质虽好,但是定价较高,服务的速度慢,还有小李面临自己的资金周转困难。这让小李产生了畏难情绪,这些情况是他之前从未料想过的,终了小李顶不住各方面的压力,在小店成立1年多后把手上的店面转了出去,"太累了,做生意并不如当初想象的那般容易,亏了近半年终于决定结束了它",小李感慨地说。

【问题】

通过上面的例子,你是否体会到了对于新创企业的管理并不像想象的那样轻松,你需要掌握相关的技能,才能使自己千辛万苦创立的企业持续经营下去。

 练习:请同学们写下自己在企业经营管理方面需要掌握的知识。

_____

_____

一、市场营销组合

创业者常常以自己所掌握的技术进行创业。但是很多创业者所拥有的技术并不是完整的,或者说技术还不完善,需要在生产、营销的运作过程中逐步完善。其实,对于一个现代的创业者,仅将一项新技术付诸实施还远远不能使创业走向成功。由于科学技术的迅猛发展,创业者运用创业技术的同时,不仅要考虑技术再创新或产品进一步开发的问题,更要考虑创业产品的市场营销组合,否则很可能还没有收回创业投资,技术或产品就已经落后,丧失了竞争力。

市场环境变量将提供很多重要的信息,以决定什么是最有效的营销策略,在营销计划中,实际的短期营销决策将包括四个重要的营销变量:产品或服务、定价、分销和促销。这4个要素的总和被称为营销组合(4P)。尽管灵活性同样值得考虑,但创业者仍然需要一个较强的决策基础以便能对每天的营销决策提供指导。每个营销组合变量涉及的关键决策在表3.6中加以描述。

表3.6 营销组合的关键决策

营销组合变量	关键决策
产品	组件或材料的质量、风格、特征,买卖的特许权、品牌、包装、规格、服务的可获得性、产品保证
定价	质量形象、定价单、数量、折扣、快速支付现额、信用条款、支付期
分销	批发商或零售商的使用、批发商或零售商的类型、分销渠道的数量、分销渠道的长度、地理覆盖区域、存货、交通
促销	媒体的选择、信息、媒体预算、个人销售的角色、销售促销(展示、赠券等)、公众对媒体的兴趣

1. 价格策略

在营销计划这部分中最难的决策就是为产品或服务确定适当的价格。一个质量好而且零部件较贵的产品需要以较高的价格来维护其产品形象。但创业者还应该考虑其他很多因素,诸如成本、折扣、运输及毛利。估价的问题常常与成本估计的困难联系在一起,因为它们常常反映在需求中,而需求本身又是难以预计的。根据市场研究及产品本身特点,创业者可采用不同的定价策略。

(1)高价定价策略

高价定价策略是以高价位来搜刮市场利润的一种定价策略。"拍立得"快速照相机刚上市时,销售此类照相机的只有一家公司,所以该公司先推出一种昂贵的机种,赚取大量利润后,再逐渐介绍简单型的便宜机种。高价定价策略成功的条件是:有充足的市场需求量;市场价格敏感度低,需求弹性小;良好的产品品质及功能,吸引消费者愿意出高价;高价不会吸引竞争者在短期内加入市场竞争;在小规模的生产成本下,仍有充足的利润。

(2)渗透性定价策略

渗透性定价策略是以较低的产品价格打入市场,目的是在短期内加速产品成长,期望能获得大量的市场占有率。美国德州仪器公司是典型的例子,他们大量生产、销售他们的产品,利用经验曲线的效率,将产品成本及价格不断拉低,一举占有了广大的市场,造成绝对的优势。渗透性定价策略的成功条件是:有广大足够的市场需求;高度的价格敏感度及需求弹性;大量生产能产生显著的成本经济效益;低价是减少潜在竞争者的最佳策略。

(3)组合定价策略

如果企业开发出一系列产品,且产品之间关联性很强,开发的主产品必须使用特定的专属产品或在主产品使用过程中,附属产品也必须使用本企业开发的产品。对这种产品的定价策略是将主产品价位降低,甚至可以降到成本以下以吸引更多的顾客,面对配置的附属品采取高价策略,以获取尽可能多的利润。这种定价策略就是组合定价策略。

(4)折扣定价策略

折扣定价策略是指企业在销售的过程中,出于促销或者其他目的,直接或间接地给中间商或最终消费者一定的价格优惠。其中,现金折扣指顾客在一定时期内付清价款,按原价给予一定折扣的形式。数量折扣是指当购买者的购买达到一定数量或金额时,企业给予一定折扣;功能性折扣是根据各类商业部门在产品销售中负担的功能不同而给予不同的折扣;季节性折扣是生产厂家为了维持季节性产品的全年均匀生产而鼓励经销部门淡季进货所给予的折扣。

(5)心理定价策略

心理定价是指企业定价时,利用顾客心理有意识地将产品价格定高些或低些,以扩大销售。其中,尾数定价是指给产品定价时,故意保留一个零头,让消费者觉得价格是经过精密计算的,因而产生一种真实感和便宜感,从而有利于扩大销售;声望定价是指企业利用消费者仰慕名牌商品或名店的声望所产生的某种心理来制订商品的价格,故意把价格定成整数或高价;习惯定价是指对消费者已经习惯了的日常消费品的价格不轻易改动,如必须变价时,则应同时采取加强宣传等配套措施;招揽定价是指零售商利用部分顾客求廉的心理,特意将某几种商品的价格定得较低以吸引顾客,使顾客采购廉价商品,同时也选购了其他正常价格的商品。

(6) 差别定价策略

差别定价即企业以不同的价格向不同的消费者销售相同或类似的产品。其中,顾客差别是对不同的顾客群收取不同的价格;地点差别是对不同区域的产品确定不同的价格;时间差别是对不同时间里提供的产品收取不同的价格。

2. 产品策略

这个营销组合要素是对新创企业即将上市的产品或服务的描述。对该产品或服务的定义不仅要考虑它的有形特征,还必须考虑其无形特征。完整的产品概念应包含包装、品牌、价格、保证、形象、服务、交货时间、特征和风格等。

创业者的新产品开发,需要围绕产品全方位价值进行知识融合。在经济过剩的时代,产品在满足功能性与安全性时,应注意考虑产品的精神价值。弗朗西斯·C·罗内曾说:"人们不再是仅仅为了使脚暖和与干燥去买鞋,他们买鞋是因为使他们感受到男性气魄、女性娇美、与众不同、优雅、年轻、富有魅力、时髦。购买鞋子已成为一种感情经验,现在我们的企业与其说是推销鞋子,还不如说是推销刺激。"宝洁公司的创始人哈莱·普洛斯特说:"在新产品上市之前,我们还要做一些准备工作。一定要使它上市之后一鸣惊人,造成一种夺人的声势。"

3. 分销渠道

这个要素使得产品在需要的时候方便顾客购买,但是必须与其他市场营销组合变量一致。例如,一个高质量的产品不仅有较高的价格,而且应该在质量形象较好的连锁店分销。适合新创企业的营销渠道如下。

(1) 直接邮购营销

对于创业者来说,可以借助邮购营销,不需要店铺,只需要有一个库房和管理办公室。这样在企业创业初期的困难阶段可以最大限度地减少投资,节约经营费用,从而降低产品价格,提高竞争力。随着计算机网络办公的成熟,企业还可以用计算机存储和处理订单,既快又减少人手,对于创业者来说是个很好的营销渠道。

(2) 网络和电话营销

互联网技术为现代销售提供了方便、快捷、低廉的销售渠道和平台。企业可以通过一些商业网站,介绍推销自己的产品,也可以建立自己的网络销售系统,实现网上销售。

电话销售即借用电话来向顾客推销自己的产品,这种方式和邮购销售有异曲同工之妙。利用这种销售方式,企业只需要很少的营销人员,就可以达到较广的市场销售面,营销成本也比较小。

(3) 直销并直接建立自己的销售网络

这是在目标市场采用密集型和轰炸型的销售策略。这种销售方式一般是针对市场需求巨大、面向广大消费者、利润率特别高、技术含量高的产品。比较适合于初创企业在企业品牌影响还不高、企业知名度还不大的情况下打开产品的销路。这种方式的好处是不需要花费多大的费用去做广告,却为产品打出了牌子,只要质量真的不错,就会取得消费者的认可。但这种方式也存在着一些问题,如由于佣金太高容易造成商品的售价较高,削弱了竞争能力,企业用于直销员的招聘、培训、监督管理的费用较高等。

(4) "捆绑式"销售

如果开发出的新产品系列是相关产品,这些产品的用途是相互配套、相互联系的,那么配套产品可以利用主要产品销售渠道。美国达罗奇制药股份有限公司生产了一种婴儿用的抗菌类新药,命名为护肤净,该公司除利用药品经销商、药房和超级市场进行销售外,还利用"美国尿布辅助设备商店协会"的销售网络,通过这个机构经销人员的推销,使千百万美国妇女都知道了该药品对杀菌和消除臭味的效用,于是打开了这一新产品的销路。

(5)广泛性和控制性相结合的销售渠道

该策略指既要利用尽可能多的中间商分销产品,又要能控制中间商的销售活动。目的在于保证选用的销售渠道畅通无阻,保证产品质量信誉不受损害。例如,美国可口可乐公司的销售策略可算这方面的典型,总公司在各国选择代理商、批发商,并授予特许经营权;按合同规定,代理商、批发商都要从该公司进口浓缩原液,按统一配方、商标、包装来销售产品。该公司只取得浓缩液的利润,而代理商、批发商可取得全面销售利润。

4. 促销策略

创业初期的企业营销最大不足在于社会认知度比较小,企业资源较薄弱,所以创业者要做到的就是投入小见效快,企业的销售策略应当集中在能马上吸引消费者的促销手段和保证良性循环的销售方法上。促销方式可分为人员促销和非人员促销两大类。人员促销指推销员直接推销,非人员促销又分为广告、营业推广、公共关系等。新创企业应该结合各种促销手段的特点,在不同的时期,针对不同的产品,整合各种促销手段,以达到最好的促销效果。

(1)商业广告

每种促销工具都有自己的优点,广告介绍能引起公众的注意,其目的在于刺激需求、扩大销售。广告是现代促销最常用也是非常有效的手段,不少创业者通过广告促销打开市场使自己创业成功,创业者要肯于花钱做广告。创业者在制订一个广告计划时必须要考虑这些问题:确定目标、确定广告预算、制订广告战略、进行广告评估、组织广告宣传等,这样才能取得良好的预期效果。

(2)公共关系

这是新创企业树立自己良好的公众形象,增进公众的信任与支持,从而扩大销售的一种促销活动。公共关系是组织或个人同与之相关的社会公众建立相互联系的手段;是一项建立信誉、改善形象、增强组织目标与公众利益一致性的工作。例如,公共关系部发布的新产品公告可能很有新闻价值,通过公共报道将产品有关信息传递给顾客;与外部行业、技术、专家、中间商建立良好的沟通渠道;建立良好的政府沟通渠道;召开记者招待会、开办慈善宴席、赞助公益事业等公共活动。

(3)人员推销

人员推销是一种通过销售员深入中间商或消费者进行直接的宣传介绍活动以推动销售的促销方式。它具有机动灵活、现场洽谈、选择性强、反馈及时等特点,推销员与顾客面对面交流,说服的效果好,有利于培养业务单位间良好的人际关系。但与其他促销活动相比,人员促销的费用较高,推销人员的素质高低及工作表现将直接影响到促销活动的成败,所以新创企业决定使用人员推销时必须权衡利弊,慎重从事。必须加强对销售人员的管理,如招聘、挑选、训练、指导、激励和评价等。

(4)营业推广

这是指采取特殊的手段或方法能够对顾客进行强烈刺激,引起顾客强烈反应、促进短期购买行为的各项促销措施。通过营业推广,企业向顾客提供特殊的优惠条件,能够引起他们的兴趣和注意,影响他们的购买决策,刺激购买行为,在短期内达成交易;可以依靠售后服务、技术培训、义务咨询等手段,促进与顾客的中长期业务联系。营业推广包括多种方式,如产品陈列和现场表演、产品展销、样品赠送、发放优惠券等。

营业推广往往是为了推销积压产品,或是为了在短期内迅速收回现金和现实产品价值而采用的。因此,这种促销方式的效果也往往是短期的,如果应用不当,可能会使顾客对产品产生怀疑,不利于长远效果。新创企业在选择此促销策略时应慎重。

总之,各种促销手段和具体的方法都有其各自的特点,新创企业在进行促销活动的时候,关键是要从自身的实力和具体情况出发,将各种促销方式进行综合应用,并且制订出营销计划安排表,以取得最好的促销效果。

二、创业财务管理

新创企业和小公司成败的关键之一,就是正确、严格的财务管理。许多融资非常顺利的公司,其商业计划书非常完善,产品或服务满足了市场的某一类需求,销售组织效率很高,市场营销颇为有效,定价也十分合理,但是却失败了。其关键原因就是缺乏财务管理。

新创企业及成长阶段的小公司必须对各种支出加以规划和严格控制。创业者必须对公司的财务关键控制点做出相应的对策,这不仅将有助于增加企业的销售额,更重要的是,公司能够从收入中获得利润和现金。

对于新创企业的财务管理有如下几个关键点。

1. 建立完善的财务控制制度

①不相容职务分离制度。这要求新创企业合理设置财务会计及相关工作岗位,明确职责权限,形成相互制衡机制。不相容职务包括:授权批准、业务经办、会计记录、财产保管、稽核检查等职务。如有权批准采购的人员不能直接从事采购业务,从事采购业务的人员不得从事入库业务。

②授权批准控制制度。这要求新创企业明确规定涉及财务会计及相关工作的授权批准的范围、权限、程序、责任等内容,单位内部的各级管理人员必须在授权范围内行使职权和承担责任,经办人员也必须在授权范围内办理业务。如采购人员必须在授权批准的金额内办理采购业务,超出此金额必须得到主管的审批。

③会计系统控制制度。新创企业应依据《会计法》和国家统一的会计制度,制订适合本单位的会计制度,明确会计工作流程,建立岗位责任制,充分发挥会计的监督职能。会计系统控制制度包括企业的核算规程、会计工作规程、会计人员岗位责任制、财务会计部门职责、会计档案管理制度等。良好的会计系统控制制度是企业财务控制得以顺利进行的有力保障。

2. 加强现金流量预算与控制

企业财务管理首先应该关注现金流量,而不是会计利润。新创企业应该通过现金流量预算管理来做好现金流量控制。对于初创、早期或成长阶段的企业来说,现金流是极其重要的。要根据年度现金流量预算制订出分时段的动态现金流量预算,对日常现金流量进行动态控制。现金流量预算的编制采用"以收定支,与成本费用相匹配"的原则,采用零基预算的编制方法,按收付实现制来反映现金流入流出。经过企业上下反复汇总、平衡,最终形成年度现金流量预算。

现金流的预算与控制是财务控制的一个关键点。因此,无论是为了权益融资或债务融资准备商业计划,还是在做年度或季度预测或预算,都应该分析一下现金流。以现金流量表为依据,将每月实际的现金流与预测或预算相比较,注意各种变化并要及时采取相应的控制措施。此外,还要研究数字背后的隐蔽信息,分析出现现金流波动的原因。

3. 进行财务风险控制

财务风险主要是指举债给企业收益带来的不确定性。对于处于早期或成长期的公司来说,需要大量的运营资本来应付快速增长的应收账款和存货,举债经营成为企业发展的途径之一。有效地利用债务可以大大提高企业的收益,当企业经营好、利润高时,高负债会带来企业的高增长。但企业举债经营会对企业自有资金的盈利能力造成影响,由于负债要支付利息,债务人对企业的资产有优先的权利,万一公司经营不善,或有其他不利因素,则公司资不抵债、破产倒闭的危险就会加大。例如,爱多公司在其内部股东矛盾被媒体报道后,银行马上停止了其4 000万元的贷款,供货商也纷纷上门讨债,爱多陷入了资金短缺的漩涡,最终走向了衰败。因此,新创企业必须正确客观地评估控制财务风险,采取稳步发展的财务策略为妥。

4. 进行资金控制

新创企业对资金的控制十分重要,主要内容有:货币资金控制、销售收款控制、采购付款控制、成本费用控制等。

(1)货币资金控制

对新创企业而言,企业主或创业者一定要对本单位货币资金安全完整负责。

企业要按照规定的程序办理货币资金支付业务,一般情况下,不得违反程序。

(2)销售与应收账款控制

企业必须建立销售与收款控制业务的岗位责任制,明确相关部门和岗位的职责、权限、确保办理销售与收款业务的不相容岗位相互分离、制约和监督。销售部门负责应收账款的催收,财务部门应当督促销售部门加紧催收。对催收无效的逾期应收账款可通过法律程序予以解决。

在市场竞争日趋激烈的今天,新创企业不得不部分甚至全部以信用形式进行业务交易,经营中应收账款比例难以降低。应收账款是一个重要的财务控制点。控制好应收账款应注意处理好三方面问题。

①客观评价客户资信程度。对应收账款事前应当做好风险控制,新创企业必须有完整的应收账款核算体系,财务核算准确翔实,债权债务关系明确,原始单据真实完整。为此,必须做好客户的信用调查,客观评价客户资信程度,对赊销金额用户的资产状况、财务状况、经营能力、以往业务记录、企业信誉等进行实地调查,根据调查结果来评定其信用等级,建立赊销信用等级档案。新创企业必须根据客户的资信程度来制订给予客户的信用标准,制订相应信用政策。

②建立合理的信用标准。企业一旦决定赊销客户,要按赊销客户的还款能力和信用等级确定赊销金额的多少和期限的长短。对每笔赊销账目的应收账款进行监控,账目标明0~30天还款、30~60天还款、60~90天还款以及90天以上还款(一般赊销期不应超过三个月)。企业要采取合理的信用标准,如果信用标准较高,将使许多客户因信用品质达不到所设标准而被企业拒之门外,其结果尽管有利于降低应收账款成本,但却会影响企业市场竞争能力和销售收入的扩大;相反,如果企业采取较低的信用标准,虽然有利于企业扩大销售、提高市场竞争力和销售收入,但是会增加应收账款风险,企业切忌盲目追求销售量而忽视应收账款的增加。

③如何收回过期的应收账款?企业赊销活动发生后,对所发生的应收账款企业和客户要

进一步强化管理,对应收账款进行跟踪管理和再分析。企业可以按照资金价值从大到小的顺序对不同客户的应收账款进行分类排序,首先列出尚未偿付款额最大的客户,即使其所欠款的期限控制在 0~30 天之内;应收账款中尚未偿付款额最小的客户被列在最后。企业应根据排序制订不同的催款计划,定期向赊销客户寄送对账单和催缴欠款通知书,或者拨打催款电话。同时要对有经常性业务往来的赊销客户进行单独管理。

（3）采购与付款控制

建立采购付款业务的岗位责任制,明确相关部门和岗位的职责、权限、确保办理采购与付款业务的不相容岗位相互分离、制约和监督。采购与付款业务不相容岗位包括以下几个方面。

①请购与审批。

②询价与确定供应商。

③采购合同的订立与审计。

④采购与验收。

⑤采购、验收与相关会计记录。

⑥付款审批与付款执行。

在办理付款业务时,对采购发票特别是增值税发票、结算凭证、验收证明等相关凭证的真实性、完整性、合法性及合规性要进行严格审核。

（4）成本费用控制

建立成本费用业务的岗位责任制,明确相关部门和岗位的职责、权限、确保办理成本费用业务的不相容岗位相互分离、制约和监督。

建立严格的对成本费用业务的授权批准制度,明确审批人对成本费用的授权方式、权限、程序、责任和相关控制措施,规定经办人办理成本费用业务的职责范围和工作要求。新创企业通常由创业者本人实行"一支笔"审批。

根据成本费用预算内容,分解成本费用指标,落实成本费用责任部门,考核成本费用指标的完成情况,制订奖惩措施,实行成本费用责任追究制度。

三、创业风险管理

新创企业起步阶段的风险亦可称为创业中期的风险。

起步阶段新创企业往往是繁忙而又混乱的,公司运作完全无章可循,产品价格有很大弹性,质量相对不稳定,没有足够的、稳定的客户,流动资金时常告急,这个阶段可以说是危机四伏。面对我国每年数以万计的倒闭企业,在困境中苦苦挣扎的每一位创业者心情都显得越发沉重和焦灼。据一项媒体资料显示,目前我国注册成立的企业,三年后依然能够生存下来的只有32.4%。面对这触目惊心的数字,处在起步阶段中的创业者往往会在不知不觉中进入一些失败的误区。

那么在起步阶段,新创企业会面临哪些风险,又该如何防范?

1. 起步阶段新创企业风险来源

（1）孤军奋战

创业者未能取得关键人士的支持,比如股东、银行、家人或供应商。现代社会,随着社会专业化分工程度越来越精细,人与人之间、公司与公司之间的相互依赖性也越来越强。创业者需要同客户打交道,需要同政府部门打交道,需要同合作伙伴打交道,因此,需要有一个良好的社会网络、社会资源的支持,这对创业成功起着非常关键的作用。孤军奋战不但会令创业者疲于奔命,也根本不可能使创业成功。

(2) 目标游离

明确的创业目标,是成功的第一步,也是非常关键的一步。有了它,你的努力才会有方向,有的放矢,你的创业自然就事半功倍。不少创业者创业伊始决心很大、雄心壮志,但创业起步后在工作的忙乱、疲惫与挫折中逐步丧失信心、兴致与目标,导致创业中途夭折。

(3) 长期缺乏流动资金

创业者创业之初的资金一般都十分有限,如果在创业之初资金筹集不足,或者启动阶段在固定资产、原料存货投资过多,则起步阶段新创企业流动资金就会时常告罄,长期缺乏流动资金必然影响企业成长,甚至导致企业夭折。

(4) 管理混乱

起步阶段的忙乱往往把创业者搞得晕头转向,失去清醒的头脑和理智;或者创业者本身就缺乏管理能力,起步后不知怎样领导企业,导致企业管理混乱,无章可循,则必然人心涣散,创业注定失败。

(5) 缺乏市场

产品/服务没有市场是企业失败的首要原因。起步期创业企业资金风险依然是最大的风险,技术风险有所降低,但市场风险在逐步显现和加大。随着产品样品的市场试用,产品不断接受市场的检验和反馈,于是潜在的市场风险不断显现。如果创业启动阶段对市场规模估计过高,甚至市场判断失误,则创业起步后市场销量或营业额肯定上不去,与预期目标相去甚远,持续亏损必然导致入不敷出,企业是无论如何也撑不久的。

2. 新创企业起步阶段的风险防范

(1) 必须抓好人和财两个关键点

新创企业起步阶段的管理必须抓好人和财两个关键点,这就需要建立行之有效的规章制度,一套完善的规章制度是创业企业能够生存发展的根本。

首先是人事管理制度,这是最基础的管理制度。要制订并实施招聘制度、考勤制度、考核制度、奖惩条例、薪资方案等相关制度,把握好员工入职、在职与离职管理中涉及的基本法律规定、方法和技巧,保护商业秘密,有效防范核心员工携秘跳槽,避免陷入各类误区。创业期企业里的员工多半有亲属关系或地缘、学缘关系,相互之间有着千丝万缕的社会关系,这些关系在一定程度上影响着企业内的正常工作,创业起步后要注意避免这些社会关系对工作关系的干扰。

财务管理方面,要建立健全财务管理的各项规章制度,要制订报销制度、现金流量、制订预算、核算和控制成本等制度,编制财务计划,加强财务监控。研究表明,许多初创企业一年内就倒闭的直接原因就是因为财务管理不善,应收账款中的坏账太多,频频发生流动资金短缺问题。有钱不一定有一切,但如果没钱,那么创业者就什么也做不成了。因此,起步阶段要特别注重财务监控问题,不能简单地把财务管理视作"记账",必须由有专业技能的专人负责,并且有相应的激励机制和评估体系。必须注重投资决策问题。投资决策是企业重大经营决策的主要内容之一,直接影响企业的资金结构,企业决策者必须做好投资项目的可行性分析,建立企业资金使用效益监督制度,加强流动资金的投放和管理,提高流动资金的周转率,进而提高企业的变现能力,增加企业的短期偿债能力,防范财务风险的发生。

(2)千方百计让企业"活下去"

新创企业在起步期利润很少、甚至无利可图,增长缓慢,这种状况通常会延续几年,这对企业的生存是极为严峻的考验,许多新创企业在这一阶段"死亡",可以说这是新创企业最为危险的一段时期,为了安全、平稳地度过起步期,创业者必须千方百计地积累资本,想方设法让企业"活下去",因为只有生存下来才可能图谋日后的发展。

(3)降低并化解市场风险

由于起步阶段的市场风险由潜伏而逐渐显现,创业者不可掉以轻心。首先要主动开展试用调研。将小试的样品尽可能多地寻找合适的目标客户进行试用,通过客户考核产品的功能性指标和非功能性指标,收集客户对这些功能性指标和非功能性指标的具体反馈意见和建议,以及关于产品价格和服务方面的相关意见和建议。其次,在开展现场试用调研的同时,开展小型市场研讨会,邀请行业协会、政府主管部门的相关领导和专家进行咨询,探讨市场准入、市场定价、市场竞争策略等方面内容,听取专家意见和建议。最后,在前面两项工作的基础上,重新进行产品的技术改进,并进一步建立企业市场风险应对策略和运行机制。

(4)把有限的资源集中于创业目标

创业起步阶段资源的有限性决定了创业目标的单一,这便于企业把有限的资源集中服务于创业目标,并使创业目标更能够成功,即把有限的资金用在刀刃上。基本目标:尽快实现盈亏平衡,争取正的现金流。创业一开始,就是要学会做生意赚钱,一是要千方百计地活下来,不要被市场所"消灭";二是要千方百计地合法积累资金。然后才能实现创业理想,成就事业。在你没成事之前,不要动不动就高调地宣称要怎么样怎么样,等你先活下来了,再谈理想也不迟。

(5)探索简单实用的商业模式

许多新创企业在起步阶段根本没有时间和财力对市场做出细致的调研和细分,雇不起高度专业化的咨询公司来制订完善的企业战略规划,也无精力设计一套漂亮的公司文化来管理那百十名员工。最为关键和实实在在的是能够在快速变化的市场节奏中把握时机并生存下来,而这需要的只是一套简单实用的商业模式:公司如何整合各种要素,形成一套完整有效的运行系统,创造最大的市场价值并形成持续盈利。盈利模式类型很多,一个企业可以采用多种盈利模式,也可以采取多种盈利模式的长处综合而成,关键在于创业者如何设计适合本企业内外部环境的盈利模式。这说起来简单,做起来可不容易,关键在于先做起来,做起来再说,然后慢慢调整,创业不可能是一切都准备好了的,都是在市场中摸爬滚打练出来的,所以不管你的商业模式最初想得有多么好,先做起来再说,然后再慢慢调整。

(6)对经营业务不断调整巩固

现代企业经营活动的实质,就是在复杂多变的内外部环境条件下,解决企业经营目标与企业内外部环境条件的动态平衡问题。外部环境反映了市场竞争、技术、需求的变动趋势,决定着企业的经营方向和利润来源;内部条件则决定了企业经营活动取得预期效果的可能性。因此,在起步阶段新创企业只有依据内外部环境条件对经营业务不断调整,确定最为合理、合适的经营内容,才能在激烈的市场竞争中生存下来并图谋进一步发展,所谓"适者生存"就是这个道理。同样道理,即便企业进入快速发展的扩张期,也必须根据环境条件的变化对原有的经营业务不断调整,减少一些盈利少或不盈利的业务,将重点放在有利于企业长远发展、有利于企业凝聚核心竞争力的业务上,从而促进企业稳定、可持续发展。

四、创业指导实训

（1）实训项目

公司组建制度实训。

（2）实训目的

了解企业组织形式并能够进行公司章程制定。

（3）实训内容

小李是某高职学院的毕业生，毕业后一直在寻找创业机会。目前，小李看好了面向大学生提供手提式设备的计划。该设备与掌上电脑功能相类似，但主体是针对学生市场而设计了特殊的功能，可为学生之间上网及互收邮件提供多项服务，他已为新公司进行了命名，并组织了两名要好的同学一起来做，他们公司的名字叫飞马计算机销售有限责任公司，并设计出了特色的商标图案——希腊神话中长着翅膀的飞马。

请你帮助小李他们设计公司的组织形式并草拟一份公司的章程。

（4）实训场地

团队组建式，场地自选。

（5）考核方式

本单元任务完成后上交设计材料。

【知识导读】

表3.7 某酒店开业时的促销活动计划表

促销活动		采用与否	成本/元	有关活动	时间
促销材料	宣传手册	用	3000	1.聘请营销顾问 2.设计商业标志 3.起草内容 4.复印等	30天 45天 60天 75天
	促销文具	用	100	1.设计标志 2.复印	45天 50天
	书面通告	用		1.写草稿 2.传播	5天 15天
	名片	用	75	1.设计标志 2.复印	45天 60天
广告	杂志	不用			
	报纸	不用			
	其他	用	350	在游客指南上刊登广告	
公共关系	媒体	用	50	向期刊寄发开业通知	
直接邮寄	业务通信	不用			
	邮件	用	500	向旅行社和涉外旅游局寄宣传手册	90天

续表 3.7

促销活动		采用与否	成本/元	有关活动	时间
互联网	网址	用	1000	让营销顾问设计网址	90 天
	业务通信(电子)	用		营销顾问将设计第一份业务通信	90 天
媒体	广播	不用			
	电视	不用			

【任务小结】

企业的生命过程分为四个阶段,结合不同的阶段发展特征,创业者需要首先自我转型和提升,从而带动整个企业的发展。在新创企业的成长过程中,针对创业营销、财务、风险的管理问题是企业能否生存壮大的重中之重。为了及时监控企业在成长中可能会出现的各种危机,需要重视企业的保障工作,加强危机管理制度的建设,以便于更好地进行新创企业管理。

模块三 创业实务篇

任务五 创业计划书的撰写

教	知识重点	了解创业计划书的基本概念和相关理论
	知识难点	能够根据自己的构思完成创业计划书
	推荐教学方式	课堂案例教学
	教学场所	多媒体教室或实训室
	建议学时	6学时
学	必须掌握的理论知识	创业计划书的概念、基本步骤、整体框架结构
	必须掌握的工作技能	能够向潜在投资者推销自己的商业计划
	能力训练	通过制作创业计划书来进行知识点的理解,能够向潜在的投资者推销商业计划书
	考核方式	考核采用过程考核与终结性考核相结合的方式。最终成绩=平时成绩×30%+创业计划书×40%+市场调研报告×30%

【单元寄语】

创业是当今社会的主旋律,看看中央电视台的栏目就能感受到这一点。《财富故事会》、《赢在中国》、《财富经》等节目可谓是红红火火。但是仔细看你会发现节目当中成功创业的人,不仅有一个好的想法,而且还经过了深思熟虑,在心里已经形成了正式的创业计划。所谓"兵马未动,粮草先行"指的就是在正式开始某项事业之前,要做好充分的准备和思考。当你有了一个好的创业思路的时候,你有没有为心中的这个想法或项目制订一个全面的计划书呢?

张华的创业计划

张华毕业于某名牌大学,经过多年的业余研究,他在室内环境污染治理方面取得了一项重要的技术突破,这项技术如果在实际中得到应用,前景非常广阔,于是张华辞去原来的工作,准备自己创业。但由于多年的积蓄都用在了室内环境污染治理的研究上,在七拼八凑注册了一家公司后,已经无力再招聘员工、购买试验材料了。无奈之下,张华想到了风险投资基金,希望通过引入合作伙伴的方式走出困境。为此,他多次与一些风险投资机构或个人投资者接洽商谈,虽然张华反复强调他的技术多么先进,应用前景多么好,并拍着胸脯保证投资他的公司回报绝对低不了,但总是难以令对方相信,而且他对于投资人问到的多数数据也没有办法提供,如市场需求量具体有多少?一年可以有多大的销售量?投资后年回报率有多高?就连招聘一些技术骨干也比较困难,这些人也总是对公司的前景缺乏信心。

这时,曾经在张华注册公司时帮助过他的一位做管理咨询的朋友一句话点醒了他,"你的那些技术有几个投资者搞得懂?你连一份像样的创业计划书都没有,怎么让别人相信你?投资者凭什么相信你?"于是,在向相关专家请教咨询后,张华又查阅了大量的资料,然后静下心来,从公司的经营宗旨、战略目标出发,对公司的技术、产品、市场销售、资金需求、财务指标、投资收益及投资者的退出等方面进行了分析和论证,当然在这个过程中,他还得不时搞一些市场方面的调查。一个月后,他就拿出了一份创业计划书初稿,经过几位相关专家的指点,又进行了修改和完善。凭着这份创业计划书,张华不久就与一家风险投资公司达成了投资协议。

现在,张华的公司经营得红红火火,年销售利润已达到 500 万元。回想往事,张华感慨地说:"创业计划书的编制与我搞的环境污染治理材料要求差不多,绝不是随便写一篇文章的事,编制计划书的过程就是不断理清自己思路的过程。只有企业家自己思路清楚了,才有可能让投资人、员工相信你"。

【问题】

通过上面的案例,你是否认识到了光有一个好的想法对于创业是远远不够的,需要在这个想法的基础上进行整理、总结、归纳,形成一份有说服力的创业计划书,这样才有可能获得投资者的青睐。但是在完成自己创业计划书之前,你需要有一个创业的想法或者项目。

 练习:请同学们写下自己创业的想法或项目。

_____

_____

一、创业计划书的概念

创业计划书又名"商业计划书"(Business Plan),是创业者就某一项具有市场前景的新产品或服务,向潜在投资者、风险投资公司、合作伙伴游说,以取得合作支持或风险投资的可行性商业报告。

创业计划书主要是面向对创业项目可能感兴趣的、潜在的利益相关者说明以下一些问题,以便为创业项目争取外界的资源和帮助。

①创业者想要干什么？（产品或服务）
②怎样干？（生产工艺及过程，或如何提供服务及实现价值）
③面向的目标客户是谁？
④市场竞争状况及对手如何？
⑤创业团队怎样？
⑥股本结构如何安排？（有形资产、无形资产、股东背景）
⑦营销策略。
⑧财务分析（盈亏平衡点、投资回收期、风险、利润）。
⑨退出机制。

这些问题不仅是投资者和合作伙伴所关心的，也是创业者本人应当非常清楚的。创业计划书的编写实际上就是对这些问题的回答。尽管不同行业的创业计划书内容和形式有差异，但其本质都是对这些问题进行分析与论证。

二、创业计划书制订的基本步骤

很多人的创业，有的明明已经具备条件却畏首畏尾，不敢走出创业第一步；有的仅凭一时冲动，各方面未考虑周全就贸然出手，这两种情况都容易导致创业半途而废。如果有一份好的创业计划书，许多问题就能比较好地解决。准备创业方案是一个展望项目的未来前景、细致探索其中的合理思路、确认实施项目所需的各种必要资源、再寻求所需支持的过程。如何着手制订创业计划书？创业计划书要侧重解决哪些创业难点？

1. 创业构思

创业计划书就是创业者计划创立业务的书面概要，它对业务发展有明确的界定，同时，它也是衡量业务进展情况的标准。一个酝酿中的项目，往往各方面都很不确定，创业者可以通过制订创业计划书，罗列出项目的优缺点，再逐条推敲，得到更清晰的认识。

创业构思阶段就是对自己将要开创的事业给予细致的思考，并制订细化的构思，确定明确的时间进度表和工作进程。

2. 市场调研

"没有调查就没有发言权"，制订创业计划书的第二步就是进行市场调查，了解行情。

创业者要细致分析经济、地理、职业以及心理等因素对消费者选择产品和服务时的影响。在进行市场调研的时候，调研者要同潜在顾客展开接触，搜集顾客购买此类产品的时间周期、谁在决定是否购买、如何防范别人模仿你的产品或服务、你的产品或服务凭什么吸引目标市场中的消费者，以便制订销售策略。在具体进行客户调查过程中，应进行至少3个产品或服务的客户调查，与至少三个本产品或服务的潜在客户建立联系，其中至少有一个是你将选做自己的销售渠道的客户。要准备一份1~2页的客户调查纲要，提供一份用过的调查和调查方法的描述，保证获取足够大量的信息，包括潜在客户的数量，他们愿意支付的价钱，产品或服务对于客户的经济价值等。还应当收集定性的信息，如购买周期，对于购买决策者来说导致他们拒绝本产品或服务的可能障碍，你的产品为什么能够在你的目标用户和客户的应用环境之中起作用。

市场调查还包括对竞争对手的调查，例如竞争对手都是谁？他们的产品与本企业的产品相比，有哪些相同点和不同点？竞争对手所采用的营销策略是什么？在调查阶段，创业者还必须做好财务分析。即要量化本公司的收入目标和公司战略，详细而精确地考虑实现目标所需的资金。

总之，创业计划书要说服阅读者，本企业不仅是行业中的有力竞争者，将来还可能会是确定行业标准的领先者。

3. 方案起草

当以上两方面准备充分后，就可以着手撰写和修改创业计划书了。一份完整的计划书，在上述的几项工作基础上，还要重点构思市场机遇与开发谋略、产品与服务构思、竞争优势、经营团队，等等。

一份好的创业计划书，是创业的理论演练，就好比首先把要创立的企业推销给创业者自己，既坚定了信心，也能发现不足之处，有助于赶快"补课"。在这方面，有意创业的人是绝对不能偷懒的。创业方案的基本框架和内容将在下面进行详细介绍。

4. 最后修饰阶段

首先，根据你的报告，把最主要的东西做成一个1~2页的摘要，放在前面。其次，检查一下，千万不要有错别字之类的错误，否则别人对你是否做事严谨会产生怀疑。最后，设计一个漂亮的封面，编写目录与页码，然后打印、装订成册。

5. 检查

可以从以下几个方面加以检查。

①你的创业计划书是否显示出你具有管理公司的经验。

②你的创业计划书是否显示了你有能力偿还借款。

③你的创业计划书是否显示出你已进行过完整的市场分析。

④你的创业计划书是否容易被投资者所领会。创业计划书应该备有索引和目录，以便投资者可以较容易地查阅各个章节，还应保证目录中的信息流是有逻辑的和现实的。

⑤你的创业计划书中是否有计划摘要并放在了最前面，计划摘要相当于公司创业计划书的封面，投资者首先会看它。为了保持投资者的兴趣，计划摘要应写得引人入胜。

⑥你的创业计划书是否在文法上全部正确。

⑦你的创业计划书能否打消投资者对产品（服务）的疑虑。如果需要，可以准备一件产品模型。

三、创业计划书的整体框架结构

不同的创业计划书的大纲、内容、重点不尽相同，这取决于创业项目的性质、创业者特征、创业计划的阅读对象，特别要注意研究不同创业计划阅读对象所关心的问题和期望，动态调整创业计划书内容，突出重点和优势，以引发他们的投资兴趣和对项目的关注。

不同类型创业计划书阅读对象的关注重点，如下表所示。

表3.8 不同类型阅读对象的关注重点

创业计划书的读者类型	对创业计划书关注的重点
创业投资者	市场优势、创业团队、投资报酬、退出方式
银行	财务计划、贷款偿付、担保条件、风险预防
创业管理者	公司前景、公司章程、决策机制、薪酬方案
创业团队	创业前景、公司战略、股权结构、公司章程
合作伙伴	公司前景、市场优势、合作条件
应聘的关键员工	公司前景、员工发展、薪酬方案

创业计划书有规范化的格式,通常需要涵盖以下 10 方面必备的内容。

1. 执行概要

执行概要尽量控制在 2~3 页纸内完成。

执行概要虽然列在创业计划书的最前面,但它应当在其他部分定稿之后才开始撰写,因为只有这样,才能形成对创业计划书的准确、精炼地描述。

执行概要应当特别突出富有吸引力的鲜明个性、明确的创业目标、创业者/团队的优势等,让投资人能在最短时间内全面了解整个创业计划。

概要一般应突出下列重要内容。

①公司基本情况(是否已经成立公司、公司名称、成立时间、注册地区、注册资本,主要股东、股份比例,主营业务,过去三年的销售收入、毛利润、纯利润,公司地点、电话、传真、联系人)。

②管理团队分析(主要管理者姓名、性别、年龄、籍贯、学历/学位、毕业院校,政治面貌,行业从业年限,主要经历和经营业绩)。

③产品/服务描述(产品/服务介绍,产品技术水平,产品的新颖性、先进性和独特性,产品的竞争优势)。

④行业及市场分析(行业历史与前景,市场规模及增长趋势,行业竞争对手及本公司竞争优势,未来 3 年市场销售预测)。

⑤销售/市场推广策略(在价格、促销、建立销售网络等各方面拟采取的策略及其可操作性和有效性,对销售人员的激励机制)。

⑥融资与财务说明(资金需求量、用途、使用计划,拟出让股份,投资者权利,退出方式)。

⑦利润和现金流动预测(未来 3 年或 5 年的销售收入、利润、资产回报率等)。

⑧风险控制(项目实施可能出现的风险及拟采取的控制措施)。

2. 企业介绍

企业介绍主要是对创业企业或创业者拟建企业的总体情况介绍。主要是明确阐述创业背景和发展的立足点,包括企业定位、企业战略及企业制胜因素等内容。这一部分的主要内容包括以下 3 个方面。

(1)企业设立的必要性和适当性

对企业进行介绍的最便捷方式是从描述创业机会入手,着重讲述为什么要设立这个企业,以及设立企业最适合的时间地点等;接着阐述拟采用的企业形态,以及为什么要采用这种形态等;然后是竞争优势分析和商业模式概述。总之,这个部分应该简要说明企业设立的必要性和适当性。

(2)企业的目标和发展战略

创业者应该进一步说明自己公司的背景和现状,清晰明了地托出公司的全盘战略目标,提出作为创业的最终盈利目的,使投资人能充分了解并信任其所投资的创业公司。

(3)企业的股权结构

本部分应首先介绍新创企业的股权结构,包括描述管理团队成员之间的关系,对新企业而言,最常见的问题就是没有清晰界定权责关系,当两个或多个创业者地位相当时更容易发生这种失误。为了表明创业者已解决了这个问题,计划书中必须加上组织结构图,同时配以简要的文字来说明结构图中的重要关系,如表 3.9 所示。

表 3.9 企业的股权结构

股东	出资数额	出资时间	出资方式	出资额比例	所任职务
甲					
乙					
丙					

3. 产品/服务介绍

产品/服务是创业计划的具体承载物,是投资最终能否得到回报的关键。对产品/服务的介绍,尤其是注重产品的新颖性、先进性和独特性,可以给出产品或产品原型的图示或数码图像。如果产品体积很小或非常廉价,比如某种易存食物,可以将样品和创业计划一同送出。如果产品技术原理非常复杂,就必须用通俗语言对它进行阐述。投资者往往不是科学家,因此要避免使用技术用语或者行业专用语。产品/服务的介绍可以包括以下内容。

(1)产品/服务的特点和竞争优势

该项说明创业者的产品/服务与竞争对手的产品相比有哪些优缺点和特色,顾客为什么会选择本企业的产品/服务。创业者应对其描述得尽可能翔实清晰,具体应突出产品/服务的特点、潜在竞争优势、是否适应现有消费水平、对市场前景准确合理的判断等。

(2)产品/服务的市场前景预测

该项是说明创业者的产品/服务预计能获得多大的市场,为什么企业的产品/服务能获得较大市场,为什么用户会大批量地购买企业的产品/服务。产品/服务要有商业价值,必须以市场为导向,而不能以纯技术为导向,因为有市场机会的创意才最有价值,才能够满足目标市场领域的要求。

(3)产品/服务的知识产权保护

该项说明创业者为自己的产品/服务采取了何种保护措施,拥有哪些专利、许可证,或与已申请专利的厂家达成了哪些协议,如拥有的专利技术、版权、配方、品牌、销售网络、专营权、特许经营权等。知识产权是塑造创业企业价值和竞争优势的基础,除高度机密信息外,应该列出企业拥有的所有重要专利、商标和版权;对那些高度机密的内容,企业可以宣称出于知识产权考虑,它还处于秘密运作阶段。这些措施对创业者来说,持有越多越好。

(4)产品/服务的研发情况

该项说明创业者的产品研究与开发目前正处于一种什么样的状态。创业者在技术开发方面,已经投入的资金总额是多少,计划再投入多少开发资金。如果是未开始实际研究和开发产品,则应说明企业或主要创业技术骨干的研究与开发成果及其技术先进性,包括技术鉴定情况,或国际、国家、省、市及有关部门和机构奖励情况。

(5)产品的生产计划

该项说明对企业生产活动进行的统筹安排,是企业生产活动有序进行的基本依据,是企业生产经营计划的重要组成部分。生产计划针对的是有关生产方式、生产设备、质量保证等方面的问题。

4. 市场机会分析

清晰的市场计划是对创业风险投资商最具吸引力的方面,机会分析是投资者决定是否进入市场的关键因素。为了保证其准确性,创业者可以委托不同专业的市场分析公司分别作出严密科学的权威性调查报告,并综合尽可能多的数据,作出最终的论证方案,最大限度地规避风险。市场机会分析可以从宏观、中观和微观3个层次来分析。

(1)宏观环境分析

创业者可以运用PEST法对创业想法所涉及的政策与法律环境、经济环境、社会文化环境与技术环境做出周密的分析,从宏观上辨别机会是否存在。

(2)中观行业分析

该项说明创业者试图进入的行业发展趋势及其重要特征,如行业规模、吸引力和盈利潜力。行业分析不仅要考虑行业结构、市场的大小、成长趋势和竞争者,还要考虑新产品或新发展、新市场和新顾客、新要求、新进入者和退出者,以及其他对企业产生正面或负面影响的行业或经济趋势和因素。阅读行业分析之后,投资者应该能准确把握新企业参与竞争的行业前景,识别创业者试图进入的目标市场,以及如何保护其定位。

(3)微观竞争分析

根据波特的竞争模型,潜在的进入者、行业内现有的竞争者、替代品的生产者、供应者和购买者是主要的竞争力量。该项说明创业者对市场竞争情况及各自优势的清楚认识和明确的竞争战略部署。俗话说,"知己知彼,百战不殆",竞争者分析有助于创业者迅速摸清新企业产品/服务,较其竞争对手产品/服务的主要优势和独特品质。

5. 市场营销计划

营销计划应当承接市场分析部分,并提供有关新企业产品销售的详细信息。营销计划主要是对如何达到销售预期状况进行描述分析,需要详细说明和发掘创业机会与竞争优势的总体营销战略。创业计划必须详细说明为扩大产品销售所需的资金数量,同时,应当阐述其他的营销组合方面内容,包括价格、渠道、促销和对销售人员的激励方式,以及广告/公关策略、媒体评估等内容。投资者阅读完这个部分后,应该对企业进入其目标市场的总体策略充满信心,同时也能感受到企业的产品战略、价格战略、渠道和促销战略相互补充融为一体,并能够起到实效。

6. 财务计划

财务计划是战略伙伴和投资者最为敏感的问题,他们可以从中判断自己的投资能否获得预期的回报,所以,提供清晰明了的财务报表是对创业者最基本的要求。

创业者要根据创业计划、市场计划的各项分析和预测,在全面评估公司财务环境的情况下,提供公司今后三年的预计资产负债表、损益表以及现金流量表,并对财务指标分静态和动态进行分析。

7. 管理能力

风险投资者非常关注管理能力,可以说,没有好的管理,创业就不可能取得成功。统计显示,中小企业98%的失败都源于管理缺失,其中45%是因为管理缺乏竞争力。

管理能力在商业计划中应当着力体现于以下两个方面:一是创业信念,远见卓识,专业知识与丰富的经验,以及良好的商业感觉;二是缜密的计划和有效的实施方案,包括对风险和威胁的洞察和考虑。

8. 融资计划、投资报酬与退出

融资计划、投资报酬与退出机制是创业计划的关键部分,是投资者十分关心的问题。

①融资计划。该项说明创业者对资本的具体需求和安排。创业应当在此列出资金结构及

数量,并在全面估价后,提出最具吸引力的融资方案。此外,还需说明融资款项的运用,运营资金周转等具体的资金使用规划,目的在于使战略伙伴和创业投资者信任并放心地交付资本。

②投资报酬。该项需用具体数字来描述投资人可以得到的回报,需要预计未来3~5年平均每年净资产回报率,包括投资方以何种方式收回投资、回报的具体方式和时间等。

③投资退出。该项需要与风险投资者商定。创业风险投资公司往往要求在很短时间内收回投资,一般3~5年。对于新企业而言,主要有三种收回投资的方式,分别是公开上市、找到买家或被其他企业收购。此时,投资者就可以通过股票交易出售他的股票,从而将股票转为现金,如果离开这些交易市场,投资者很难为所持股票找到买家。

9. 投资风险

投资风险也是创业投资人十分感兴趣的问题,直接关系到其商业利益,因此要仔细考虑和分析。企业必须根据自身的实际情况来描述确实存在的主要风险。这一项目指的是在创业过程中,创业者可能遭受的挫折甚至是失败因素,例如,市场变动、竞争对手太强、客源流失等。创业计划应该给读者留下的重要印象之一,就是创业管理团队已经充分认识到企业可能面临的关键风险,并且一一提出妥善的预防和解决方案。

10. 经营预测

创业计划书最好分别提出近期计划、远景规划,提出响亮而务实的阶段目标。阶段目标是指创业后企业的短期、中期与长期目标,主要是让创业者明了自己事业发展的可能性与各阶段的目标。这些目标和预测必须建立在现实、客观、具体的数据之上,经过统计分析推导出来。只有这样才能建立起战略伙伴和创业投资者对创业者憧憬的认同。

四、向投资者推销商业计划

如果你的创业计划书引起了一位投资人或银行家的兴趣,或者需要与其他竞争者竞争商业机会,你通常需要对自己的创业计划书进行口头介绍。这时,你希望自己做好了充分准备,泰然自若地向别人推荐你的商业计划。如果介绍进展顺利,那么距离获得你所需要的投资就更近了一步。如果失败,你的进度就会受到影响,也意味着你希望实践商业机会的尝试暂时受阻。

所以如何向投资者推销你的商业计划就显得尤为重要。那么我们将如何向投资者去推销我们的商业计划呢?

1. 准备并发表精彩的创业计划书演讲

当你向人口头介绍自己的创业计划书时,首先需要考虑的是如何着手准备这项任务以及如何进行一次精彩的创业计划书演讲。你怎样向人展示你自己,以及你与演讲对象的互动方式与计划书本身一样重要。

这一部分包括两个主题:准备演讲和实用演讲技术。

(1)演讲的准备

准备创业计划书演讲的第一步是尽可能多地搜集听众的信息,这可能需要你去努力搜集情报,并且,它们通常都十分值得。所有的风险投资公司都有自己的网站,上面会列有公司曾经投资的企业和合作伙伴,通过网络搜索和仔细调查也很容易找到有关"天使投资者"的背景信息。如果你的创业计划书要与其他对手一起竞争,那么了解考官的姓名及其背景资料十分必要。

准备创业计划书演讲还涉及其他一些繁琐的事项。演讲的第一条注意事项就是严格控制时间。如果一群天使投资人告诉你拥有一个小时的发言时间，但最后半小时是用来接受提问的，你就必须在30分钟内结束演讲，不能延时。同时着装也要得体，如果你不确定自己到底该选择怎样的衣服，可以打电话给即将面试公司的前台，咨询着装事宜。如果这条路行不通，一般情况下应该身着正装而不应随意穿戴。只有一个例外，就是当你要面试的公司拥有标志明显的T恤或其他印有公司名称或标志的衣物，在这种情况下，你的团队成员最好身着这样的服装。即使你还是刚入门的新手，也应带好名片。在很多地方，只需花上几十元就可以打印一般的名片。

最后，你要尽可能多地了解演讲场地的情况。如果你要在一个小会议厅里演讲，通常不需要做过多的调整，但如果你要置身于一个较大的舞台，面对更多的观众，类似于一些创业计划书竞赛的最后角逐关头，你就需要比如扩大幻灯片字体，或设计更新颖的方法向更多的观众演示。

(2) 精彩演讲

进行演讲的第一步就是决定由谁来完成演讲。如果你是单独创业，很显然演讲将由你独自完成。如果你们是一个团队，就必须决定到底有多少成员参与演讲，如果你们整个队伍都参与了演讲并且进展十分顺利，说明你们这个团队成员之间合作良好。这样可以激起听众的兴趣与注意力，使得演讲节奏变化有致，也使得听众对每一个参与演讲的人都有所了解。

接下来要考虑的是如何利用好手中的幻灯片以及你的口头描述。这部分是许多演讲者，无论单独或群体演讲，容易失策的地方。幻灯片并不是要代替你向人们展示商业计划，你和你的伙伴们才是关键。幻灯片的作用只是提供一个总体的框架以及强调你发言内容的重点。幻灯片内容应该简明扼要，只包含主要标题和一些解释性语句。观众应该把大部分时间花在听你演讲而非阅读幻灯片上。

演讲幻灯片的制作有不少经验，你必须审时度势，适应不同需要。一些专家建议在制作幻灯片时可以遵循6-6-6法则，即每行不要超过6个单词，每页不超过6行，连续6张纯文字幻灯片之后需要一个视觉停顿（采用带有图、表、插图的幻灯片）。太多花哨的点缀也会使幻灯片显得过于繁琐过于密集。一场二三十分钟的演讲最多不超过12张幻灯片，6-6-6法则也是不错的参考。

最后，也是进行精彩演讲最重要的一点，就是使演讲生动有趣、充满激情（根据场合做到恰到好处）。即使面对一个再有潜力的商业机会，也没有人愿意去听一个枯燥乏味的演讲。此外，虽然是老生常谈了，你需要与观众进行交流互动，为了达到这一点，以下提供一些小技巧。

①介绍一下个人经历或趣闻轶事。
②保持幽默。
③通过手势和激昂的语调显示你的热情。
④在关键点介绍时邀几名观众辅助参与。
⑤展示产品的样品。

以上只是粗略的几条，你也可以使用其他的一些技巧。如在演讲中通过观众提问而有意停顿，或提高你的声调，使用丰富的表情来吸引观众的注意。

2. 创业计划书的演讲内容

一次精彩的创业计划书演讲还有一个决定因素,就是演讲的内容。除了以上交代的一些重要方面之外,如果演讲的内容考虑欠妥或是遗失了一些关键要点,那么也很难取得成功。

很显然,你不可能在一份25~35页的创业计划书或一场二三十分钟的演讲中传递所有的信息。所以,你必须把重点放在观众认为最重要的部分。人们在演讲中容易犯的一个致命错误就是把焦点集中于他们自己感兴趣的地方,而不是能给他们的观众做决策提供参考的地方。即使你对你的未来产品(或服务)相当有信心,比如兴办一个针对50岁以上中老年人的健身中心,但听你演讲的观众关注点可能在其他方面。虽然他们需要了解你的产品、市场、管理团队等,通常他们在聆听的时候会关注更具体的信息内容。对于风险投资者来说,可能是你企业的发展速度及预期收益率。对银行家来说,往往是你的现金流是否可以预测以及怎样最大限度地降低风险。如果是一个天使投资人,可能关注别的问题。你必须预先确定你观众关心的敏感问题,然后依此组织你的演讲内容。

许多商务演讲的专家学者都给出过一些创业计划书演讲的模板。接下来的演示是集合不同方法的一个公用范例。

3. 创业计划书演讲范例

演讲一般由一张标题幻灯片开始,它在正式陈述前等待观众的准备阶段用于投影播放。

```
                公司名称/标志
                创始人姓名
                创始人联系方式
                致谢人
                日期
```

注释:这张幻灯片必须醒目、整齐,务必至少包含有一位创始人的联系方式。必须在首页幻灯片标记上正确的日期以及致谢人使得演讲更加人性化。

```
第1张:概述
·产品或服务的简要介绍
·演讲要点的简单介绍
·这项商业活动带来的潜在收益(商业的、社会的及财务的)的简单介绍
```

注释:这张幻灯片应该使观众对于你这项创业计划以及它的潜在价值有个总体上的认识。适合插入一些故事、轶事或是统计数据生动地向人们展示这项计划的重要性。如果开始时就没有抓住观众注意力的话,下面就很难办到了。针对你的观众量体裁衣设计一些发言,如果你的商业计划中有些闪光点,不妨在这里提出。

> **第 2 张:问题**
>
> 说明亟待解决的问题
> ——问题在哪?
> ——为什么顾客对现状不满意?
> ——问题未来的出路是什么?
> 通过调查研究证实问题
> ——潜在顾客的需求是什么?
> ——专家的观点
> 问题的严重性

注释:首先得提出问题(比如说没有专门针对 50 岁以上中老年人的健身中心),接着说明你的公司(下一张会提到)就是为了解决这个问题。你必须通过原始调查或间接调查验证你的观点。原始调查非常重要,向观众证明你通过与潜在顾客的对话,了解到他们认同你对问题的看法。这里可以展示你的可行性分析和理念测试结果。也可以引用行业专家或服务机构如英敏特、IBISWorld 的分析结果,但没有什么比你自己的数据更加令人信服。向观众传递问题的严重性,这些问题通常意味着一个巨大的潜力市场进而吸引权益投资人的兴趣。

> **第 3 张:解决办法**
>
> 说明你的公司就是问题的解决办法
> ——展示你的解决办法与其他解决方案相比的独特之处
> 展示你的解决方案在多大程度上改变顾客的生活,是更富足,还是更高效或是更实用
> 说明为了防止他人短期内抄袭你的方案设置了什么障碍

注释:说明你的公司就是问题的解决办法,证明为什么你的解决方案优于别人。还是拿 PAF 的例子来说,已经有许多通用健身中心为中老年人开放,但只有这一家是专门面向中老年人的。说明你的公司将会对顾客的生活产生多大的影响:是微不足道,还是适度或是很多? 你也要提到有关抄袭的问题。你怎样防止他人立刻复制你的创意? 这里就要牵涉有关专利和知识产权的问题,你也会因此尝到作为先驱者的甜头。

> **第 4 张:机会和目标市场**
>
> 清楚地定位具体目标市场
> ——描述保持目标市场广阔前景的商业和环境趋势
> 最好能用图表展示目标市场的规模、预期销售额(最少三年)和预期市场份额
> ——说明怎样达到你的销售额
> ——准备好解答对于数据的疑问

注释:清楚地定位具体目标市场。如果你认为有必要,用图示表明怎样进行市场细分。用言语展示你对目标市场以及消费者行为已经有相当了解。具体说明保持目标市场广阔前景的相关趋势。用产出额展示目标市场的规模、最少三年的预期销售额和预期市场份额。图表一定要制作得漂亮些,它能打破那种主要依赖于文字进行演讲的枯燥感。

> **第 5 张：技术**
> 如果有需要，介绍你的技术，或者是产品（或服务）的独特之处
> ——不要笼统地论述总体技术方面
> ——使你的描述简单易懂
> 展示你产品的图片、相关描述货值样品
> ——如果可以的话，演讲时最好能展示产品的样品
> 说明可能涉及的知识产权问题

注释：这张幻灯片并非必需，但通常情况下都会有。你必须介绍你的技术或是产品服务的任何不寻常之处，务必使用通俗易懂的语言。展示产品或服务的图片（用一个艺术家的作品就足够描述了），可能的情况下展示一个样品。如果你的产品存在一个可展示的样品，演讲时务必带上。

> **第 6 张：竞争**
> 详述你的直接、间接、未来竞争者
> 展示你的竞争者分析方格
> 通过竞争者分析方格说明你与竞争对手相比的竞争优势
> ——说明为什么你的竞争优势是持久的
> ——如果你的退出策略是被某个实力更强的竞争对手收购，不妨在这里提出这种可能性

注释：展示你面临的竞争格局。不要保守地陈述你目前及将来面临的竞争情况以致降低可信度。通过竞争者分析方格从视觉上更加直观地描述你的竞争优势。说明为什么你的竞争优势是持久的。如果你的退出策略是被某个实力更强的竞争对手收购，不妨在这里提出这种可能性。说明你的竞争优势会对潜在兼并者带来什么益处。

> **第 7 张：市场和销售**
> 描述你的总体市场计划
> 描述你的定价策略
> 说明你的销售过程
> ——说明行业内消费者（厂商）的购买动机是什么
> ——说明怎样唤起消费者对你的产品或服务的注意
> ——说明产品怎样抵达最终消费者
> 说明是自己培育销售力量还是与中间商合作

注释：从描述你的总体市场计划开始，说明你的定价策略，是使用成本加成定价法还是价值定价法。阐明你的价格与竞争对手相比如何。说明你的销售过程，让观众了解清楚你怎样唤起消费者对产品或服务的注意及产品怎样抵达最终消费者。如果你打算建立自己的销售队伍，谈谈销售人员的酬劳问题。如果你已经展开过消费者购买动机调查或其他有关消费者对该产品认知的调查测试，不妨在这里公布结果。

> **第 8 张：管理团队**
>
> 介绍你现有的管理团队
> ——介绍他们的个人背景与专长
> ——介绍他们的背景、专长对这份事业的成功发挥了怎样的重要作用
> ——介绍团队如何展开合作
> 说明管理团队现存的缺陷以及你打算如何弥补
> 简要地介绍你的董事会或顾问委员会成员

注释：正如在这部分反复强调的，观众会把管理团队看做是你事业成功的一个关键因素。介绍团队的组成以及成员的背景、专长对公司的成功发挥的重要作用。如果你已经组成了一批董事会或顾问委员会成员，简要地就关键人物做个介绍。

> **第 9 张：财务规划**
>
> 介绍未来 3~5 年你总体的收入规划及现金流规划
> ——尽量把规划内容集中在一张幻灯片上
> ——如果显示的字体太小，就换另一张幻灯片

注释：介绍未来 3~5 年你总体的收入规划及现金流规划。如果显示的字体太小，就换另一张幻灯片。务必保证如果有人对细节问题询问时有实际的数据支持。对你的数据要了如指掌，如果有人对这份规划中的任何数字提出疑问，回答时不能有迟疑或磕绊。准备对数据背后的假设进行解释。按行业规范归结出你的预计销售利润率。

> **第 10 张：现状**
>
> 用数据突出已经取得的重大进展
> 介绍发起人、管理团队、前期投资者已经向企业投入了多少资金
> ——说明资金是如何被使用的
> 介绍企业现有的所有权结构
> 介绍企业的产权形式（如有限责任公司、非纳税公司、普通公司）

注释：通过企业已经取得的重大进展介绍企业的现状。介绍发起人、管理团队、前期投资者已经向企业投入了多少资金以及资金是如何被使用的。投资者特别关注你的资金使用是否有效率，不要削减已取得成果的价值。介绍企业现有的所有权结构（可用图表表示）和企业的产权形式。

> **第 11 张：财务要求**
>
> 介绍你想要融资的渠道及现金使用方式
> ——渠道和资金使用方式的介绍要尽可能具体，尤其是资金的使用方式
> 介绍资金筹得后预期能取得的重大进展

注释：这张幻灯片具体地介绍你想要融资的数目及资金的使用方式。如果你的演讲对象是股权投资者，那么，你就得准备阐述拟让出多少股份，如果是想获得银行贷款，交代清楚想获得贷款的期限。介绍资金筹得后能够取得的重大进展。

> 第12张:总结
> 总结介绍企业最大的优势
> 总结介绍创业团队最大的优势
> 介绍企业的退出战略
> 征求反馈
> ——如果有可能的话召开后续会议

注释:当演讲接近尾声时,要总结一下在风险创业和创业团队中最具优势的地方(最多为3点),要介绍企业的退出战略。如果面对的是银行股权投资者的话,要征求反馈信息。如果你参加的是一个创业计划书竞赛,还要感谢裁判的工作,并准备好回答提问。

五、创业指导实训

(1)实训项目

创业计划书的撰写。

(2)实训目的

让学员学会制订创业计划书,为未来创业打下良好的基础。

(3)实训内容

撰写创业计划书,模板见本书附录E。

(4)实训场地

课下网络完成。

(5)考核方式

上交创业计划书并上传相关教师邮箱。

 下面我们就开始制作自己的创业计划书吧!

以小组为单位,根据对企业的构思,完成创业计划书。

_____

_____

下面我们就开始向潜在的投资人推销自己的创业计划书吧!

 思考:在向潜在的投资人推销自己的创业计划书的时候,需要注意哪些内容?

_____

_____

【任务小结】

通过本部分内容的学习,使学生了解什么是企业及企业家精神,明确创业的含义和意义,掌握创业机会的识别与评价以及创业风险的管理,掌握创业计划书撰写的技巧,以及撰写过程中应该注意的问题,等等。希望你的创业计划书能够吸引到潜在的投资者。

模块四

就业指导篇

本模块学习目标

通过本模块的学习,使学生能够达到:

1. 知识目标

了解大学生就业的形势与相关政策;掌握影响大学生就业的关键因素。

2. 能力目标

通过完成本任务,你应该能够结合自身实际,全面分析职场趋势,逐步寻找发展空间。能够运用国家就业政策,确定自己的目标职业,并能够根据求职目标收集就业信息并拟订相应的求职信。

3. 素质目标

认识目标职业的需求情况、相关要求以及自身的差距,从而确立正确的就业观。

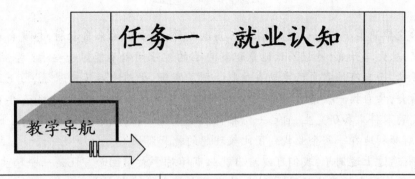

	知识重点	了解我国大学生就业现状及就业政策
教	知识难点	解读就业政策并明确学习者的就业方向
	推荐教学方式	多媒体教学与网络教学相结合
	教学场所	多媒体教室或创业实训室
	建议学时	4学时
学	必须掌握的理论知识	就业的形势、政策及相关法律法规，就业观念与就业心理调适，熟悉国家创业就业政策
	必须掌握的工作技能	通过学习，明确大学生应该享受的创业就业政策
	能力训练	通过能够把握就业政策，为自身职业发展设计就业策略；能够结合大学生就业相关的法律法规，维护自身的合法权益
	考核方式	考核采用过程考核与终结性考核相结合的方式。最终成绩＝平时成绩×30%＋自荐材料×40%＋面试×30%

【单元寄语】

大哲学家罗素曾经说："选择职业就是选择你自己的将来。"同学们毕业后，走上就业岗位，就是选择自己的职业道路。对此，我们必须清醒地认识现实就业形势，规划就业之路。

每年的九月，都有数以百万计的学生从中学跨入大学的校门。但每年的七月，也有数以百万计的大学生手捧求职申请，涌入各地的招聘现场。逐年下降的首次就业率、零工资就业的做法和"大学生毕业就等于失业"的悲观论点困扰着学生、家长、学校、老师、企业、社会和国家。即将走向社会的同学们请您设想一下，在这三年的大学学业结束时，你学到了什么呢？你是否有把握在12+3的基础上就能够成功就业呢？就业指导课对于我们成功求职则是不可或缺的。

●某学院毕业生小刘,一心想在珠江三角洲工作,但自认为来自农村,想要留在大城市很困难。所以,从大二开始,她就强烈地意识到自己的就业问题不能像一些有"背景"的同学那样靠家里帮忙,而只有依靠自己主动去争取。到了寒假,小刘决定不回家了,留下来到各地参加供需见面会,亲自摸一摸情况,她在招聘现场看到人才市场人头攒动,各用人单位都表示只收重点院校的本科生和研究生,自己一份推荐表也未投出去,回来后她就调整就业期望值,经过努力,小刘顺利地在一家企业找到了比较理想的就业岗位。

●点评:通过上述例子,我们可以看出就业市场对于大学生而言还是一个陌生的环境,与我们所熟悉的校园生活截然不同。所以,为了使大学生能够尽快地熟悉就业环境、顺利地实现自己的职业理想,毕业生要掌握就业政策,了解形势,才能少走弯路,避免不必要的损失。

【问题】

请问,你是否明确目前你所学专业的就业市场是一个什么情况,你要如何做,才能更好地了解当前国家针对大学生的就业政策呢?

 练习:请同学们写出与你专业相关的理想职业或岗位。

_____

_____

一、大学生就业形势政策

1. 就业与就业指导的概念

就业与就业指导是两个相关但内涵不完全相同的概念。

(1)就业的基本内涵

"就"即"从事","业"即"工作、职业"。就业,通俗地讲就是劳动者去从事某个工作或职业。一般意义来说,就业是指劳动者同生产资料相结合,依法从事一定的社会劳动并取得劳动报酬或经济收入的活动。其表明就业应具备三个基本条件:一要依法从事社会劳动;二要得到社会承认;三要有一定的报酬或收入。凡是符合这三个条件,就算已经就业。

(2)就业的基本特征

就业是一个十分复杂的社会问题,一般具有如下特征。

1)社会性

一般来说,劳动者和生产资料是构成就业的两个基本要素。就业是劳动者与生产资料在一定的生产关系中实现的。从这个条件看,从事自己的家务劳动,这不是就业。同时,就业作为个人参与社会活动的一种主要方式,必须从事满足他人和社会需要的有效劳动,才能得到社会的承认,如就体育运动而言,一般的只是个人的爱好,但如果成为运动员,得到社会的承认,就是就业。

2)经济性

对劳动者个人而言,就业不仅是实现自身社会价值的基本手段,而且是获得物质生活资料,维持生存,改善生活质量的主要途径。经济性可以说是就业的物质属性,对大部分人来说,就业的直接目的就是为了满足物质和文化生活的需要,提高生活水平,改善劳动力再生产条件的需要。从这点来说,无酬劳动,如在学校学习的学生所从事的劳动(学习)就不是就业。

3)相对稳定性

由于就业是劳动者与一定生产资料的结合,具体的就业岗位对劳动者总有具体的文化、科学技术的要求。要提高结合的效益,创造出更多更好的物质财富、精神财富,就要不断地提高劳动者的业务素质,这就要求劳动者尽可能的稳定在一个就业岗位上,持续地工作,也就是说,就业本身具有一定的相对稳定性。必须是较长时间连续进行某项活动,这一点上,就业与工作有不同的内涵,工作可以指临时或短时间内的劳动活动,如学生在寒暑假或利用周末,从事家教或临时打工,可以说他们找到了一份工作,但这是暂时性、临时性的,故不能说是就业。从大学生就业的角度讲,是指完成学业的大学毕业生,根据国家的有关政策,按照一定的程序,在社会从事一定的社会劳动并取得劳动报酬或经济收入,实现自己的社会价值、人生价值的活动。

(3)就业指导的含义

就业指导也可称为"求职择业指导"、"职业指导"或"职业辅导"。它有狭义和广义之分。狭义的就业指导是给被指导者传递就业信息,帮助其求职与择业,为其与具体职业的结合牵线搭桥,充当二者的"中介人"角色,帮助求职者择取职业。广义的就业指导则是以被指导者的自身特点、意愿与社会职业的需要相协调为前提,帮助和指导其树立正确的就业意识,并为其选择职业、准备就业,以及在职业中求发展、求进步等提供知识、经验和技能,组织劳动力市场以及推荐介绍、组织招聘等与就业有关的综合性社会咨询服务活动。就业指导的目的是使无业者有业,有业者敬业,敬业者乐业、乐业者创业。

大学生就业指导是广义上的就业指导,是为了帮助大学生根据自身特点和社会职业需要,选择并确定有利于发挥个人才能和实现个人理想的职业;帮助大学毕业生按照国家就业政策的导向,及时落实用人单位或自行创业;并为就业后发展成才,创立事业提供帮助和指导,使其正确地实现自己的人生价值和社会价值。从根本上说,就业指导,就是要帮助大学生树立正确的世界观、人生观、价值观,增强毕业生适应经济建设和社会发展的能力。一方面要为全面提高学生的素质和其顺利就业提供多方面的服务;另一方面则是要帮助和引导学生根据自身特点和社会职业的需要,选择最能发挥自己才能的职业,全面、迅速、有效地与工作岗位结合,实现其人生价值和社会价值。

2. 就业指导的原则

(1)就业指导的原则

原则是人们处理问题时依据的准绳。学生就业指导的原则是高等学校开展就业指导工作应遵循的标准、法则或规范。大学生就业指导应遵循以下几个原则。

1)引导性原则

引导性原则体现在指导者的引导帮助下,学生自我认识、自我教育、自我提高的过程。

2)教育性原则

教育性原则是学生就业指导的重要原则,它要求就业指导工作必须着眼于学生综合素质和整体素质的培养和提高,通过一系列活动,促进学生身心健康发展,特别是在职业理想教育、择业观教育、职业道德教育等方面体现了很强的教育性。

3)系统性原则

大学生就业指导不同于社会上其他职业申请者进行应试选拔、改行或下岗再就业的指导，也不是毕业时才有的临时性工作，而是一个发展过程，是一项系统工程。它贯穿于大学生活的始终，并分阶段有计划地进行，这样才能使学生较早地做好就业准备。

4）实践性原则

大学生就业指导是一门应用性学科，是实践性很强的工作，它以激励、引导、测验、训练为手段，以提高学生综合素质和求职择业及社会适应能力为目标，指导和帮助学生明确奋斗目标，正确认识社会和了解自己，在社会实践中检验和锻炼自己，培养新观念，开拓新视野，并自觉调整自己的行为以适应不断变化的社会要求。而且要在实践中检验指导的成效，以进一步改进、完善就业指导的方式、内容体系。

（2）就业指导体系

大学生就业指导是一个系统工程。在组织工作机制上，牵涉到国家、社会、高校及学生家庭；内容安排上包括学生的成长、成才，就业技巧、技能的掌握，国家就业政策、社会需求信息的熟悉等方面。成功的就业指导是多方面力量共同作用的结果。

1）就业指导组织体系

从宏观到微观，就业指导组织体系一般由以下部分构成，并且不同部分有不同的职责分工。

①教育部及国务院有关部委主要部门。作为主管教育的国家职能部门，教育部承担着制定全国毕业生就业工作法规与政策，部署全国毕业生就业工作；组织研究并指导实施全国毕业生就业制度改革；收集和发布全国毕业生供需信息，指导和管理毕业生就业供需见面、双向选择活动；编制全国毕业生就业计划，制订教育部直属高校毕业生就业计划和部委、地方所属高校抽调计划；负责全国毕业生就业计划协调工作和管理全国毕业生调配工作；指导、检查毕业生就业工作，授权各地方调配部门派遣本地区高校毕业生；组织开展毕业教育、就业指导和人员培训工作；开展毕业生就业工作的科学研究和宣传工作；检查毕业生的使用情况。

国务院有关部委主要部门承担的职责是根据国家的有关方针、政策和教育部的统一部署，提出本部门毕业生就业的具体工作意见；负责本部门毕业生的接收工作，了解和掌握毕业生的使用情况；开展有关毕业生就业工作改革的研究和宣传工作。

②省、自治区、直辖市主管部门。作为地方的职能部门，它们的职责主要是根据国家已有的方针、政策和教育部的统一部署，提出本地区毕业生就业的具体工作意见；负责本地区毕业生的资源统计工作，收集需求信息，制订就业计划，及时报送教育部；组织管理本地区毕业生供需见面和双向选择活动，组织开展毕业生教育工作；受国家教育部委托组织实施本地区高校毕业生的资格审查，并负责毕业生的调配派遣和接收工作；检查、监督本地区用人单位和高等学校的毕业生就业工作；开展毕业生就业制度改革的研究和宣传工作；完成教育部交办的其他工作。

③中介服务组织。市场中介组织是市场运作过程中不可缺少的组织要素，是市场形成的基础。它主要发挥服务、沟通、公证和监督作用。从某种意义上来说，市场中介组织作用的发挥程度，标志着大学生就业市场形成的水平。

作为大学生就业的社会中介服务组织，主要包括各种人才市场，各类就业指导中心，其承担的职责和提供的服务主要包括收集生源和需求信息，作好人才预测工作；提供供需交流的场所，负责管理大学生就业市场；接受用人单位和毕业生的咨询，为毕业生与用人单位相互选择充当媒介;对签订的就业合同进行监督;运用经济手段调节毕业生的流向和分布;代理毕业生的档案和户口等。

④高等学校。高校作为人才培养机构,毕业生的就业状况直接影响着学校的声誉和学校的生存、发展。高校作为大学生就业指导的一线单位,承担着具体而繁重的职责:开设就业指导课程,引导学生健康成长、全面成才,转变就业观念,培训学生就业的技能技巧;收集和公布社会对本校毕业生的需求信息;对本校毕业生进行咨询与指导;组织安排用人单位和毕业生进行"双向选择"活动;为毕业生办理离校和派遣手续;为学校反馈有关就业市场信息。同时,通过多种形式对初次走向市场的大学生进行择业观、价值观和成才观教育,帮助指导大学生到国家需要的地方、到经济建设的主战场去就业;帮助指导他们选择适合于自己的职业,使毕业生资源配置尽可能趋于合理。

⑤家庭。作为与大学生本人有着亲缘关系的家庭,对学生的择业、就业有着直接、深远的影响。这里的家庭,不仅包括大学生的父母、兄、姐等直系血亲,而且包括其旁系的亲戚。他们所承担的职责主要有:引导学生树立正确的人生价值观,形成合理的就业观念,确立科学的职业定位,提供一些就业信息和择业技能。在人才培养"社会——家庭——学校"网络化、一体化的今天,家庭在学生成长、成才、就业、创业的过程中,扮演着越来越重要的角色。

⑥用人单位。用人单位决定着毕业生最终的去向,用人单位的选择在一定意义上指导和确定着人才培养的方向。因此,用人单位应该及时地与高校沟通,就本单位人才的需求及时与高校联系,同时,对那些有特殊需求的行业,或者岗位,更应该多层次、大范围地与高校联系、沟通。只有这样,才能保证高校培养的人才人尽其用,同时也才能充分发挥高校在人才培养中的积极作用,服务社会主义建设。

2)就业指导内容体系

大学毕业生就业指导是引导学生成长成才,帮助毕业生了解国家的就业方针政策,树立正确的就业观念,保障毕业生顺利就业的有效手段,其主要内容包括以下几个方面。

①就业理论指导。理论指导是就业指导的重要内容,主要是对大学生进行思想教育,引导学生树立正确的人生观、人才观、择业观和就业观,帮助大学生科学认识和正确对待就业。

②树立正确的成才观。就业是大学生毕业走向社会的转折点,但就业所反映的,不仅是如何找到用人单位,而且涉及大学生本身的素质准备。因为学生本身的素质如何,直接关系到事业的成功与否,因此,就业观念要解决的基本问题是,如何成为适应社会发展的高素质人才,这也就是说,职业设计应该成为大学生从进入高校时就开始的关注点。就业的理论指导和大学生的学习目的教育应该融为一体,贯穿于学习阶段的全过程。

③树立正确的择业标准。总的来说,当前大学毕业生的择业标准呈现多样化的趋势。指导毕业生就业的基本原则是把个人理想与国家需要结合起来,从实际出发,适应社会发展的要求。通过理论指导,避免和纠正大学生在择业中的短期行为,使其能正确处理社会需要与个人成才、事业与生活、个人与集体等各种关系,抵制眼前功利的诱惑,真正做到以事业为重,服从国家需要,勇于到西部地区、艰苦行业、基层第一线去发展成才,报效祖国。正确的择业标准,是建立在科学的世界观、人生观、价值观基础上的。

④确立高尚的求职道德。市场经济是法制经济,也是道德经济。大学生的道德修养和个人的信誉,对其成材和发展是极为重要的,在求职过程中也同样重要。通过理论指导,使大学生在就业过程中,做到实事求是,诚实正直,与人为善。决不能在求职时吹嘘自己,贬低别人,

也不能欺骗用人单位或不讲信誉。求职道德是大学生素质的重要展示,是给用人单位留下的第一个印象。高尚的求职道德有助于培养高尚的品行,使人终身受益。

3) 就业政策法规指导

政策指导是就业指导的前提。大学生就业政策是国家制订的高层次人力资源配置准则的体现,是调控、约束、引导毕业生择业行为的基本依据。任何人都可以在就业政策允许的范围内自由择业。

①就业政策指导。通过就业指导,使学生了解国家制订的全国性的就业改革、有关部门和省市制订的行业性和区域性就业政策以及所在学校制订的具体实施意见。在保证国家需要的前提下,贯彻学以致用、人尽其才的原则。有些行业性或区域性的就业政策,会对专业要求、生源指标、学历条件等作出规定。所在学校一般会根据国家政策和地方政策提出工作意见。就业政策的指导应该在大学毕业生择业前进行。

②劳动法规指导。《中华人民共和国劳动法》是调整劳动关系的基本法律。大学生就业的实质是与用人单位建立劳动合同关系。指导大学毕业生依法办事,用劳动法维护自身的权益,履行应尽的义务。

③就业工作程序指导。对大学毕业生进行就业工作程序的指导,有利于大学毕业生在规定的时间段内收集信息,参与双向选择、进行毕业鉴定、办理报到手续等,而不影响学校正常的教育秩序和学生的学习。

4) 就业心理指导

大学生在走向就业市场,参与"双向选择"的过程中,在择业走向及选择职业岗位方面,由于主观上的不稳定性和不成熟性,客观上的诸多制约因素及就业的压力和困惑,容易在择业时产生矛盾心理。运用心理学的原理和方法,针对大学生心理发展特点和择业中暴露出来的心理问题,进行择业心理教育与指导,是十分重要的。

①对择业心理的指导。对大学生而言,就业是从职业理想到社会现实的转变。指导大学生择业心理要解决的,就是要帮助大学生树立既有远大理想又有艰苦奋斗的心理准备,正视社会、适应社会。

②增强心理承受力的指导。在择业过程中会碰到各种障碍,受到各种挫折。指导大学生正确对待挫折,增强心理承受力是重要的。在择业中很可能产生来自两个方面的心理不平衡:一是在自己的评价和社会的评价不相一致时产生的;二是在自己与同学在学校的比较和在社会的评价不相一致时产生的。要帮助大学生既有自信又能正确估价自我,保持良好的心理素质。

③心理健康的指导。大学生的心理和生理的成熟程度存在差异,自我心理调节能力的发展明显滞后。进行及时、有效地心理健康教育与指导,不仅有助于毕业生的择业心理准备,而且有助于心理问题的预防和解决;不仅有利于大学生正确认识自我,从个性心理特征设计择业目标,也有利于大学生尽快适应职业,完成角色转换,实现人生价值。

5) 就业信息指导

就业信息指导就是学校通过多种渠道收集和掌握社会需求信息,通过整理、归纳和分析,预测就业动态和人才的供需矛盾,了解和掌握用人单位对人才素质的要求,并及时将信息传递给学生,以对他们的求职择业及自我塑造和发展起到帮助和导向作用。此外,在学生就业中,往往存在收集信息不全面,容易被假象迷惑的现象。就业信息是求职择业的基础。获得的就业信息越广泛,求职的视野越开阔;就业的信息运用得越好,求职成功率就越高。因此,对大学生进行信息指导是就业指导不可缺少的内容。

6)就业技巧指导

求职是一门艺术,有许多技术和技巧,求职的技巧有时对学生能否成功择业产生直接的影响,求职技巧的指导,具有较强的实用性。在"公平竞争,择优录用"的原则指导下,用人单位主要通过自荐、面试、笔试等方式来招聘录用人才,因此,指导大学生掌握求职的方法与技巧对保证求职的成功具有重要的意义,可以帮助毕业生提前做好充分的准备。

①自荐技巧的指导。在招聘过程中,自荐是首要环节。自荐的方式很多,主要是递送自荐材料。指导自荐技巧是帮助大学生和用人单位进行有效沟通,使大学生能真实地介绍自己,能使用人单位所欣赏的某些特长充分地展示,能使用人单位在自荐的过程中感觉到你有能力和潜力。所以,自荐的技巧是自我展示而不是自我拔高,是一种艺术而不是花俏。

②面试技巧的指导。一般情况下,面试是招聘录用中必经的环节。用人单位能直接考虑求职者的情况。在面试过程中,掌握一定的技巧,是成功面试的策略,也是作为求职者应有的训练。作为求职的大学毕业生,需要面试技巧的指导,才能在面试时有充分的准备,有针对性地答辩和应对。指导大学生面试技巧,不仅对帮助大学生就业有利,而且能使大学生学到更多的人际交往知识。

③礼仪的指导。礼仪是给人的第一印象,求职者的礼仪是重要的。首先是衣着,应该端庄大方;其次是礼貌,能够体现求职者的涵养;第三要表现热情,热情能给人以好感,也能反映求职者的精神状态。求职礼仪的指导可以帮助大学生充分体现出大学生应有的文明、礼貌和修养。因此,礼仪的指导不仅对求职是重要的,对体现大学生的素质也是重要的。良好的礼仪应该在大学生的日常生活中养成。

7)走向职业成功的指导

学生从学校走向社会,是人生道路上的一大转折。要通过走向社会的指导,帮助学生及时调整自己的心理,尽早进入新的角色状态;尽快适应环境,适应社会;树立信心和责任感,用自己所学知识在实际工作中乐业、敬业,脚踏实地地干一番事业。

3. 就业形势

(1)了解就业形势的意义

都说大学生就业难,究竟难到什么程度?从几位刚毕业的大学生的亲身体会中也许可以管中窥豹。

某高职学院一位金融专业毕业生说:"各种各样的场合,我加起来投了差不多80份简历,到目前为止,一共只有两个面试,后来就没有下文了。"

某位刚参加完招聘会的毕业生说:"参加招聘会连新西装的纽扣都挤掉了。"

某大学传播系的一位毕业生说:"他们系里把广州大一点的广告公司和其他可能需要传播专业毕业生的单位名录做成了小册子,每个学生发一本,今年工作真的很不好找,双选会人多得要命,找我们专业的企业也不多,我们大部分都是直接和企业联系。"可见对于大学生而言,要想解决其就业难必须了解就业形势及其意义。

1)社会总体就业形势严峻

国务院总理温家宝2009年1月7日主持召开国务院常务会议强调,高校毕业生是我国宝贵的人力资源。面对目前较为严峻的金融危机和就业形势,必须把高校毕业生就业摆在就业工作的首位,并确定了加强高校毕业就业工作的七项措施。高校毕业生能否顺利就业,取决于劳动力市场的供需平衡。如何做好高校毕业生的就业工作,了解当前的就业形势,意义深远。

2)劳动力市场高校毕业生供需分析

2015年,全国普通高校毕业生为749万人。2006~2015年,全国大中专院校毕业生由41万增长到749万,年均增长8.10%。可以看出,地方高校毕业生是大学生就业的主力军。高校毕业生能否顺利就业,取决于劳动力市场的供需平衡。

(2)客观分析就业趋势

1)就业市场现状分析

大学毕业生作为人才资源中较高层次的一类,其就业过程是国家高层次人才资源配置最为重要的一个环节。当前大学毕业就业已经成为社会普遍关注的问题。毕业生难以找到工作,已经成为大学生、高校及家长共同关注的问题。其主要原因是受大学生就业状况和形势的影响,这一点在上述论述中已经阐述,在这里不再过多冗述;而另一方面的影响因素则是由于大学毕业生的就业结构不合理。毕业生在当前就业市场中所体现的问题包括结构性矛盾、地区结构、专业结构等影响因素。就业受经济发展的影响,经济相对发达的地区,就业形势相对较好,人才非常多,就业渠道也比较畅通,而西部欠发达地区,就业情况比较不乐观,表现在缺乏人才,又留不住人才,从而造成人才的大量流失,经济发展缓慢。

在专业结构上,一些学校存在着专业设置与市场需求之间的矛盾。一些高校在原有计划经济体制下形成的问题传承下来,如寻求市场和信息观念不强,就业指导观念落后,学科专业设置、教学方式与社会经济发展不相适应。近年来,比较担忧的一种情况是有的学校追求短时效应,根本不考虑本校的办学能力,盲目开办一些热门专业,造成人才供求过剩;一些高校更由于对市场缺少敏感性,对一些冷门专业、社会需求较少的专业不作及时调整,同时在课程改革内容、教学过程、教学方式也是千篇一律,从而学生无任何就业竞争优势,以至于就业即失业。

2)影响大学生就业的原因

综上所述,大学生就业形势严峻,有各种各样的原因,以下是目前大学生就业市场严峻的几种原因,希望各高校根据市场变化,调整自己的就业策略,促进自身就业。

①就业市场不完善。"大学生就业市场"伴随着大学生就业体制改革的不断深入逐步孕育和发展起来。但由于我国社会主义市场经济发展还不完善,建立完善的"大学生就业市场"所需的社会环境和条件没有形成,与之相适应的配套措施不具备或不成熟,对建设有中国特色的"大学生就业市场"理论探讨还处于起步阶段,对"大学生就业市场"的认识众说纷纭,这些都在一定程度上影响了"大学生就业市场"的健康发展。虽然各种形势的供需见面会层出不穷,但受到市场机制影响,在就业时仍然存着些许障碍。如目前我国的高校就业工作是教育部门管理,户口是由公安部门管理,而人才市场则是由人事及劳动部门管理,由于受各部门之间沟通与协调的影响,因此毕业生在毕业时通常受到地方保护主义的限制,因此在人才选拔中并未完全体现公平、竞争、有序及择优的标准。

②用人单位的盲目人才高消费。用人单位对人才的高消费,也是造成当前大学生就业难的一个原因。一些用人单位不从实际出发,对本单位的用人标准盲目提高,追求人才高消费,追求高学历,本来专科生可以做的事一定要由本科生做,本科生做的事要硕士生做。这种盲目提高用人标准,造成了人才的浪费,给毕业生就业带来难度。一些用人单位缺乏人才培养机制,希望进一个人才,就马上发挥作用,创造价值,因此,非常看重工作经验,认为应届毕业生只

有书本上理论知识,动手能力差,不愿接受应届毕业生,不想把时间花在对毕业生的培训上。

③高校就业指导滞后。高校缺乏有效的就业机制,就业指导体制不完善,许多高校的就业指导机构挂靠在学生管理部门,或者是刚从相关部门分离,其管理幅度相对较小,其工作人员业务能力欠缺,对毕业生的就业指导质量不高,就业指导课形式单调,有的只是在学生大三阶段开设,没有将就业指导贯穿于大学全过程。同时一些专职的就业指导教师也没有经过系统地职业规划和就业指导培训,造成了指导失误,而使得许多大学生走出校园走向社会时略显迷茫,更有严重者,连一份合格的简历也做不好,这种情况不得不让人深思。

④就业观念存在问题。毕业生的就业观念并没有得到根本的转变,就业期望值较高,理想与现实存在较大差距。表现在毕业生对自己估计过高,眼高手低,这山望着那山高;对薪水、福利待遇要求过高、忽略了职业的发展,从众的就业观不顾自身的条件,导致用人单位不敢接收;片面追求大城市,对北京、上海、广州、深圳等大城市情有独钟,不愿去一些小城市发展,出现自我意向偏差,"孔雀东南飞"的现象屡见不鲜;对单位选择过高,"学而优则仕"非要去当官,看重国家机关、大单位等,对一些小企业不感兴趣,致使高不成低不就;就业选择的不稳定性和多变性强。

⑤受大学生本身素质影响。近年来的高校扩招,大学生人数越来越多,学生的基础也有高有低,加上高校的软件和硬件设施都没有跟上,随之带来了学生质量的下降,有的学生成绩不错,但动手能力差,有的学生动手能力强,适应能力也强,但是学习成绩差,未能通过英语国家四级和计算机国家二级,与用人单位失之交臂。从思想道德素质来看是信仰淡漠、缺少政治素养;从知识能力素质方面来看是热衷于热门、实用的知识技能,忽视系统地学习基础理论知识,导致能力受限;从身心素质上来看同样是存在着如学生心理素质较差,缺少抗挫折性、意志较为薄弱缺少危机意识等。因此,大学生只有提高自身的内在素质,才能在竞争激烈的就业大潮中寻得一方沃土。

4.大学生就业政策

当前,高校毕业生的"就业"被赋予了新的内涵:高校毕业生通过双向选择、签订协议经国家统一派遣供职于用人单位或自谋职业后,通过诚实劳动、依法经营取得合法收入,统称为毕业生就业。高校毕业生就业途径也因此日趋多元化、多层次化。

(1)国家及黑龙江省促进大学生创业就业政策

政策1:《教育部关于做好2015年全国普通高等学校毕业生就业创业工作的通知》中重点强调高校毕业生就业创业工作是教育领域重要的民生工程,必须落实到位,具体政策为:

第一要全面推进创新创业教育和自主创业工作

要求高校建立弹性学制,允许在校学生休学创业。高校要聘请创业成功者、企业家、投资人、专家学者等担任兼职导师,对创新创业学生进行一对一指导。加大对大学生自主创业资金支持力度,多渠道筹集资金,广泛吸引金融机构、社会组织、行业协会和企事业单位为大学生自主创业提供资金支持。建设一批大学生创业示范基地,继续推动大学科技园、创业园、创业孵化基地和实习实践基地建设,高校应开辟专门场地用于学生创新创业实践活动,教育部工程研究中心、各类实验室、教学仪器设备等原则上都要向学生开放。实施好新一轮大学生创业引领计划,落实创业培训、工商登记、融资服务、税收减免等各项优惠政策,鼓励扶持开设网店等多种创业形态。完善大学生创业服务网功能,提供项目对接、政策解读和在线咨询等服务。

第二要大力引导高校毕业生到基层就业

各地各高校要进一步健全鼓励毕业生到基层就业的服务保障机制,落实和完善学费补偿和助学贷款代偿、后续升学和就业服务等政策。要会同有关部门继续组织实施好"农村教师特岗计划""西部计划""大学生村官""三支一扶"等各类基层服务项目,通过定期走访、跟踪培养等方式关心毕业生的工作、成长和发展。加大政府购买力度,开发更多基层公共管理和社会服务岗位吸纳毕业生就业。推进高校与二三线城市战略性合作,持续开展二三线城市面向毕业生的专场招聘活动,努力为区域经济社会发展提供人才和智力支持。进一步创造条件,引导毕业生到城乡基层、中西部地区、艰苦边远地区和中小微企业就业,抓好吸纳毕业生就业的社保补贴、培训补贴、税费减免、毕业生落户、人事档案管理等政策的落实,支持更多毕业生到基层建功立业,鼓励更多大学生投身军营、报效国家。

第三要强化就业指导服务

高校要建立健全职业发展和就业指导服务体系。加强就业指导课程和学科建设,要结合当前经济发展新业态和新常态,及时将学科专业动态和行业发展成果融入课堂教学,提高课堂教学的参与度和吸引力。深入开展个性化辅导与咨询,帮助毕业生合理确立职业目标,及时疏导毕业生求职过程中的焦虑、依赖等心理问题,增强其应对竞争及挫折的抗压能力。积极组织职业规划大赛、职业体验项目等课外活动,充分发挥就业实践活动的带动作用,进一步提高就业指导的覆盖面和实效性。深入推进就业信息网建设,充分运用"全国大学生就业信息服务一体化系统",实现招聘活动联合联动、招聘信息有效共享。结合国家新推出的"一带一路""互联互通"和亚太自由贸易区等重大战略,探索毕业生就业创业的新渠道、新形态。进一步加强对招聘活动的规范管理和招聘信息审核,充分利用"全国高校毕业生就业管理与监测系统",及时更新、按时报送高校毕业生就业信息。对离校未就业毕业生持续提供就业信息和服务,会同有关部门实施好"离校未就业促进计划",切实做到"离校不离心、服务不断线"。

政策2:国务院关于进一步做好新形势下大学生就业创业工作的意见

第一是支持创业担保贷款发展

将小额担保贷款调整为创业担保贷款,针对有创业要求、具备一定创业条件但缺乏创业资金的就业重点群体和困难人员,提高其金融服务可获得性,明确支持对象、标准和条件,贷款最高额度由针对不同群体的5万元、8万元、10万元不等统一调整为10万元。简化贷款程序,细化措施。

第二是加大减税降费力度

实施更加积极的促进就业创业税收优惠政策,将企业吸纳就业税收优惠的人员范围由失业一年以上人员调整为失业半年以上人员。高校毕业生、登记失业人员等重点群体创办个体工商户、个人独资企业的,可依法享受税收减免政策。抓紧推广中关村国家自主创新示范区税收试点政策,将职工教育经费税前扣除试点政策、企业转增股本分期缴纳个人所得税试点政策、股权奖励分期缴纳个人所得税试点政策推广至全国范围。全面清理涉企行政事业性收费、政府性基金、具有强制垄断性的经营服务性收费、行业协会商会涉企收费,落实涉企收费清单管理制度和创业负担举报反馈机制。

第三是鼓励农村劳动力创业。

支持农民工返乡创业,发展农民合作社、家庭农场等新型农业经营主体,落实定向减税和普遍性降费政策。依托现有各类园区等存量资源,整合创建一批农民工返乡创业园,强化财政扶持和金融服务。将农民创业与发展县域经济结合起来,大力发展农产品加工、休闲农业、乡村旅游、农村服务业等劳动密集型产业项目,促进农村一二三产业融合。依托基层就业和社会保障服务设施等公共平台,提供创业指导和服务。鼓励各类企业和社会机构利用现有资源,搭建一批农业创业创新示范基地和见习基地,培训一批农民创业创新辅导员。支持农民网上创业,大力发展"互联网+"和电子商务,积极组织创新创业农民与企业、小康村、市场和园区对接,推进农村青年创业富民行动。

政策3:关于支持和促进重点群体创业就业税收政策有关问题的补充通知

为进一步简化享受税收优惠政策程序,经国务院批准,现对《财政部国家税务总局人力资源社会保障部关于继续实施支持和促进重点群体创业就业有关税收政策的通知》(财税[2014]39号)补充通知如下:

第一是将《就业失业登记证》更名为《就业创业证》,已发放的《就业失业登记证》继续有效,不再统一更换。《就业创业证》的发放、使用、管理等事项按人力资源社会保障部的有关规定执行。各地可印制一批《就业创业证》先向有需求的毕业年度内高校毕业生发放。

第二是取消《高校毕业生自主创业证》,毕业年度内高校毕业生从事个体经营的,持《就业创业证》(注明"毕业年度内自主创业税收政策")享受税收优惠政策。

第三是毕业年度内高校毕业生在校期间凭学生证向公共就业服务机构按规定申领《就业创业证》,或委托所在高校就业指导中心向公共就业服务机构按规定代为其申领《就业创业证》;毕业年度内高校毕业生离校后直接向公共就业服务机构按规定申领《就业创业证》。

政策4:黑龙江省人民政府关于促进大学生创新创业的若干意见

第一是降低大学生创业准入门槛

大学生可修学创业,休学学籍保留8年。取消户籍证明和创业培训合格证作为大学生创业申请小额担保贷款的前置性条件;取消《高校毕业生自主创业证》作为办理税收减免手续的条件;除法律、法规规定注册资本实行实缴的行业外,取消提交和审查验资报告作为办理公司注册登记的条件。进一步优化注册资本登记制度,放宽住所(经营场所)登记条件,允许"一照多址""一址多照""住改商"。从2015年7月1日起,在全省实行工商营业执照、组织机构代码证、税务登记证、社会保险登记证"四证合一"登记制度。

第二是提供大学生创业场所

高校要建立大学生创业园、创业孵化园,做合理的空间组织化示范,为创业大学生提供场所和企业孵化服务。各级政府清理出来的非办公类用房优先用于科技园、孵化器和政府主导新建的科技园、孵化器,并留出一定空间用于大学生创新创业。统筹利用大学科技园、科技企业孵化器、城市配套商业设施、闲置厂房等现有资源,构建一批低成本、便利化、全要素、开放式的众创空间。鼓励社会各类资本投资建设大学生创新创业孵化器,对孵化大学生创业人数多、创业项目科技含量高、孵化成功率高的,根据人数、面积、服务成本等给予补贴或奖励。

第三是加大资金扶持力度

省级财政投入2亿元新成立大学生创新创业小额贷款担保公司,专门为大学生创业提供低费率担保;每年安排1亿元大学生创业"种子资金",支持在校和毕业五年以内的大学生创新创业活动;每年安排3000万元用于支持全省科技企业孵化器为大学生创新创业辟建孵化基地。高校每年从教学经费中安排一定比例的资金,作为创新创业教育专项,全省每年安排资金总额不低于2亿元。鼓励引导科力天使股权投资基金、东方汇富创业投资基金等10支创业投资基金拿出合理比例,对种子期、初创期的大学生创新创业项目给予重点投资倾斜。

第四是完善融资担保体系

各级政府出资的融资担保机构要取消反担保条件，允许符合条件的自然人作为大学生小额担保贷款的保证人，一年期担保费率不得超过1.5%。民营融资担保机构为大学生创业提供的小额贷款担保责任余额，不受整体担保放大倍数限制。支持再担保机构为民营融资担保机构开展大学生创新创业小额贷款担保提供再担保。

对符合条件的创业大学生提供2年期一般额度为10万元的财政贴息贷款；对合伙经营和组织起来创业的，按人均10万元、实际贷款人数和额度分别给予为期2年的小额担保贷款，财政部门按规定给予全额贷款贴息；对高校毕业生创办的小微企业，当年新招用各类就业困难人员达到企业员工30%（超过100人的达到15%）以上、并与其签订1年以上劳动合同，给予为期2年、最高不超过200万元的小额担保贷款，财政部门按贷款基准利率的50%给予贴息。

进一步简化小额担保贷款申请手续，开展网上申请和办理服务。在具备条件地区的政务大厅中开设大学生小额担保贷款专门窗口，实行担保公司和银行部门"一站式"服务。符合贷款条件的，金融部门要在10个工作日内完成审核发放工作；对不符合条件的，要及时告知申请人。银行要将贷款条件及申请流程以不同的方式予以公示，并提供便利贷款业务咨询服务。

第五是实施税费减免等优惠政策

符合条件的大学生创业企业入驻各类大学生创业孵化器，享受第一、二年免费，第三年按50%缴费的优惠扶持政策，用包括大学生创业"种子资金"在内的各类专项资金对孵化器相关费用给予补贴。大学生创办小微企业直接参与政府采购投标的，在评审时给予价格6%至10%的扣除；同时以营业执照注册地为准，供货100公里以内加5分，200公里以内加4分，300公里以内加3分。各级政府向社会力量购买服务项目时，同等条件优先选择大学生创业企业。

大学生创办小微企业月销售额（或营业额）不超过3万元的增值税小规模纳税人和营业税纳税人，免征增值税和营业税；3年内按每户每年9600元为限额，依次扣减其当年实际应缴纳的营业税、城市维护建设税、教育费附加、地方教育附加和个人所得税；符合条件的给予按20%的税率征收企业所得税，年应纳税所得额低于20万元（含20万元）的按20%税率缴纳企业所得税的基础上，其所得按50%计入应纳税所得额。

大学生创业企业开发新技术、新产品、新工艺发生的研究开发费用，按150%所得税前加计扣除；创业投资企业采取股权投资方式投资于未上市的中小高新技术企业2年以上的，可以按照其投资额的70%在股权持有满2年的，当年抵扣该创业投资企业的应纳税所得额。

支持大学生通过科技成果转化实现创业。大学生在校期间参与教师科研项目或自己研究取得发明专利成果，其创业成果转化成功的，可利用省科技成果转化引导基金，按照技术交易额的10%，给予不超过20万元的资金奖励。

第六是为大学生创业提供公共服务

整合政府、高校、企业和社会等各方面资源，建立黑龙江省大学生创新创业网站，集中打造大学生创新创业服务体系信息网络平台。各地人才服务机构、就业创业服务指导中心、法律援助中心（工作站）等专业公共服务机构，将创业大学生的人事代理、档案保管、职称评定、社会保险办理和接续、权益保障、法务咨询和法律援助等纳入服务范围。

将《就业创业证》委托给高校创业指导服务中心免费发放。有需求的留学回国人员在各级人才服务机构存放档案时，可同时领取。支持各类社会化、市场化专业服务机构及社团组织为大学生创业提供财务、法律、训练平台等专业服务，完善创业风险分担机制，健全创业大学生的社会保障、救助扶持和心理疏导机制。建设大学生创新创业项目库。鼓励引导企业、高校、科研院所及项目投资机构,为大学生提供科技型、成长型项目。对符合条件的项目提供者给予资金补贴。

加强对大学生创新创业工作领导。省政府成立专门的组织领导机构,人社、财政、教育、科技、工信、工商、税务、司法、金融等有关部门参与,统筹协调、推进全省大学生创新创业工作。各级政府要高度重视,切实加强领导,积极为大学生创新创业搭建交流合作、融资对接、宣传奖励等平台。要建立工作督查机制,定期开展督促检查。各级政府职能部门要认真履行职责,要定期召开部门联席会议,加强协调配合,扎扎实实推进政策落实,真正为大学生创业创造良好条件,营造浓厚氛围。

附件:1. 大学生创业流程示意图(见88页)
   2. 大学生创业支持体系示意图(见89页)

(2)高校毕业生就业途径

1)升学

升学是高校毕业生就业的一个重要途径,各高校对毕业生升学的重视程度逐年提高,应届毕业生选择升学的比例逐年加大。原因是随着高等教育的普及,高校毕业生数量迅速增加,用人单位的选择空间增大,学历已成为一道必须跨过的门槛,名牌院校、高层次学历更是成为一些热门单位的敲门砖。

因此,升学越来越成为众多毕业生就业的首选,继续在学业上深造,一方面提高了学历层次与就业竞争力,另一方面也缓解了就业压力。

此外,由于毕业生就业主管部门将升学列入对高校就业率的统计,许多院校都加大了对升学的宣传与引导,将升学率作为对各专业考核的重要指标。事实上,很多高校的就业率中,升学占有相当比例。

2)签约

签约就业,就是毕业生和用人单位之间通过双向选择,签订就业协议后就业。随着国家人事制度改革的深入,越来越多的机关、企事业单位在接收高校毕业生时都要采取签约的形式,而且,签约也是纳入就业主管部门就业方案的必需程序。因此,签约是目前高校毕业生最主要的就业途径。

3)国家公务员录用

国家公务员录用是指国家行政机关为补充主任科员以下的非领导职务的公务员,按照一定的标准和法定程序,采用公开考试,严格考核的办法,将非国家公务员身份的人员选拔进入国家公务员队伍的一种人事管理制度。

4)大学生志愿服务(西部计划)

这里所说的大学生志愿服务并不是广义上的大学生到西部就业,而是特指由共青团中央、教育部、财政部、人事部等提出的"大学生支援服务西部计划",简称"西部计划"。

大学生志愿服务西部计划从2003年开始,按照公开招募、自愿报名、组织选拔、集中派遣的方式,每年招募一定数量的普通高等学校应届毕业生,到西部贫困县的乡镇从事为期1~2年的教育、卫生、农技、扶贫以及青年中心建设和管理等方面的志愿服务工作。志愿者服务期满后,鼓励其扎根西部,或者自主择业和流动就业。

参加大学生志愿服务西部计划的志愿者除享受国家规定的高校毕业生就业优惠政策外,

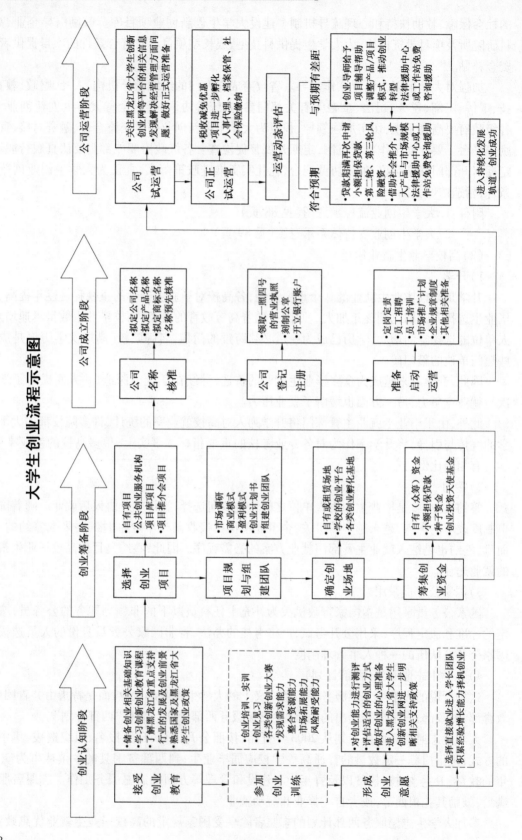

附件 2

大学生创业支持体系示意图

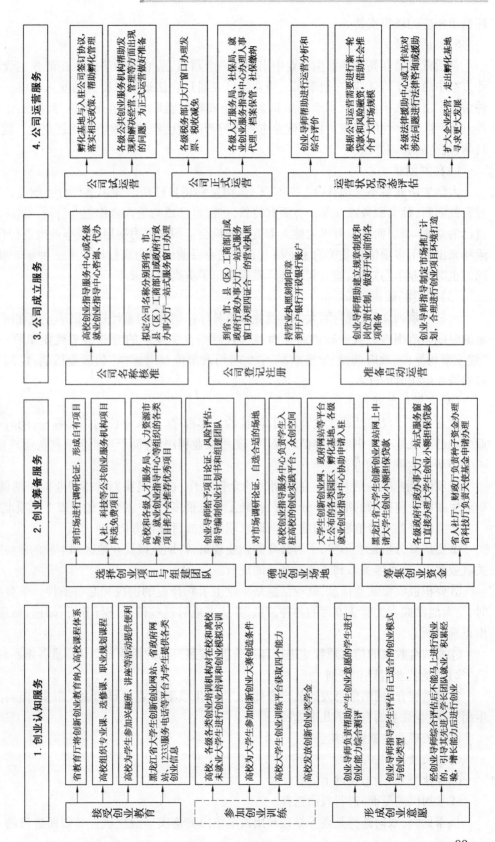

还给予相应的政策支持。

5）灵活就业

灵活就业是在高校毕业生就业中出现的一个新概念，它特指毕业生在就业主管部门的就业方案中尚处于待就业中，但事实上毕业生已经通过合法途径取得劳动收入的就业形式。这种情况多出现在毕业生就职于小型私企、外企或临时就职于企事业单位等，其工作具有短期性、灵活性、流动性的特点。目前就业主管部门和高校已经在探索将灵活就业纳入就业方案的科学、规范的管理办法。

6）自主创业

大学生毕业后不是向社会"寻求"工作，而是利用自己所学知识进行自主创业。毕业生通过科技创新、社会服务或在某一方面有特长，进而自己或与他人合作创办公司。这不仅解决了自己的就业问题，而且也可以为他人创造就业机会。国家大力提倡高校毕业生进行自主创业，近年来出台了多项优惠政策给予支持。自主创业目前已成为高校毕业生一种新的就业途径，同时也对毕业生的知识、能力和综合素质等提出了更高的要求。

（3）现行的就业政策

通过一系列文件，现行的大学生就业政策具体归纳为：国家计划统招毕业生在国家政策规定的时间和范围内一般通过供需见面、双向选择、自主择业的方式落实就业单位；逐步实现"建立市场导向、政府调控、学校推荐、学生与用人单位双向选择"的就业机制；定向和委托培养的毕业生按合同就业。

（4）大学生就业程序

就业程序不仅包括就业主管部门、高校的工作程序、用人单位的招聘程序，同时也包括毕业生自己在就业过程中应当遵循的程序。熟悉就业程序，有助于毕业生顺利就业。

1）毕业生就业前准备

应该说就业准备是大学生在校期间的全程工作，在这里我们特指毕业前夕的就业准备。毕业生在就业前要做的准备十分重要，基础工作也很多，其中主要应做好以下几项准备。

①要做好就业价值取向的准备，明确求职择业的目标与方向。

②要认真分析就业形势，了解必要的就业政策，特别是拟就业地区和本校的就业形势与相关就业政策，这直接关系到毕业生择业的成败。

③要积极收集就业信息，就业信息是毕业生求职择业的前提和必备条件。毕业生应当及时、全面地掌握有关就业方面的各种信息，并认真地对这些信息进行分析、筛选、整理，最终作出正确判断。

④要结合收集的信息理智地进行自我分析，按照自己的择业方向认真准备推荐材料。

2）接受就业指导和咨询

在传播媒介、网络信息发达的当今社会，毕业生获取就业指导的途径很多，但对高校毕业生而言，收益最多的有以下几个途径。

①学校毕业生就业机构。

②家长及亲朋。

③专业报刊、杂志及网上信息。

④参加供需见面，进行双向选择。

供需见面、双向选择是高等学校和用人单位协商落实毕业生就业计划而进行的一系列相

互沟通的活动,是毕业生就业的重要手段。目前,高校毕业生参加的供需见面活动主要有:

一是以高校为依托的就业供需见面会,每年3月初各高校都要在就业主管部门的协调下举办供需见面会。高校举办的供需见面会是专门为本校应届毕业生设置的就业市场,因此,具有较强的时效性,同时,进校招聘的用人单位对毕业生的需求具有明显的针对性和意向性,现场达成意向、签约的几率远远高于一般的人才市场。

但同时也要注意到,在高校举办的供需见面会上,往往是人头攒动、应聘者远远多于招聘者,具有群体性的特点。而且近年来,由于高校毕业生就业市场逐步开放,已经呈现出流动性的特点,有时会出现数十所学校的毕业生同时参加某一所高校的供需见面会。这些都给毕业生就业带来新的挑战。

二是由各地政府人才部门主办的各种形式的大中专毕业生人才交流会。与高校的供需见面会相比,这种政府主办的人才交流会最大的特点是专业涉及面广、就业地域性强,适合本地生源及有到该地区就业意向的毕业生参加。

三是参加网上招聘。就业信息网站汇集了各联网单位的供求信息,具有信息流量大、更新速度快的特点,对高校毕业生来说,通过网络求职既快捷,又方便高效。比如,教育部等四部委联合举办的"全国高校毕业生网上招聘周"、"全国中小企业网上招聘会"等已经成为最具影响力的高校毕业生无形就业市场;此外,公务员考试、研究生考试等都已经实现了网上报名。

3)签约

①就业协议。就业协议是明确毕业生、用人单位和学校在毕业生就业工作中权利和义务的书面表现形式,是毕业生与用人单位确定劳动关系的标志和法律依据。就业协议一般由教育部或各省、市、自治区就业主管部门统一制表。其主要作用有两点:一是作为毕业生落实就业单位,用人单位同意接收毕业生的主要依据,也是毕业生就业主管部门编制就业计划、制订就业方案的主要依据;二是毕业生签订就业协议后,毕业生和用人单位担负相同的法律责任,保证协议的严肃性,防止用人单位和毕业生在双向选择中的随意性,以保护双方的利益,避免就业市场的混乱。

②就业协议书。就业协议书一般由教育部或各省、市、自治区就业主管部门统一制订,是明确毕业生、用人单位和学校在毕业生就业工作中权利和义务的书面表现形式。也是学校编制就业计划和毕业生派遣的依据。

毕业生与用人单位达成就业意向后,签订就业协议书,经当地就业主管部门鉴定送交学校毕业生就业机构,列入就业方案。就业协议签订的步骤有要约和承诺。

4)领取就业报到证、毕业证等,报到上岗

毕业生在就业过程中除了要掌握主管就业部门、学校的工作程序以及自己所应遵循的基本步骤外,还应该熟悉用人单位招聘毕业生的程序,做到知己知彼、从容应对。

5)报到证及报到程序

报到证的全称是"全国普通高等学校本专科毕业生就业报到证",由教育部统一印制、省级高校毕业生就业主管部门签发,列入国家就业方案的毕业生才能持有的有效报到证件。报到时需要的材料,包括全国普通高等学校本专科毕业生就业报到证、毕业证书、户口迁移证、就业协议书(接受函或接收证明)、党(团)组织关系介绍信。《报到证》办理流程见图4.1。

报到程序是指毕业生在规定时间内,持报到证等相关材料到用人单位报到。省外毕业生可根据各省毕业生就业主管部门的要求派遣,回生源所在地由当地毕业生就业主管部门帮助推荐就业。省内各毕业生,原则上派回地级市人事局、教育局,由各市人事局或教育局帮助推荐或安排就业。没有落实就业单位的毕业生,在离校前也须转出组织关系。一般情况下,可将组织关系转往居住地的党组织。

报到时可能出现改派和补发报到证等问题。

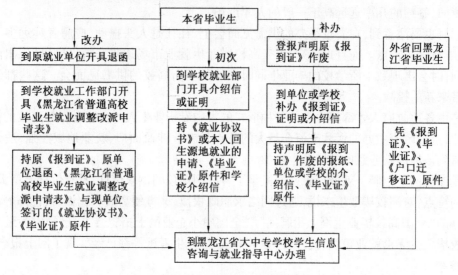

图 4.1 《报到证》办理流程图

6) 毕业生的户口迁移中应该特别注意户口迁移的原则及户口迁移证

7) 毕业生的档案

①要注意档案的转递方式。

②要注意档案的转递范围。

③凡机要局无法寄递的单位,可由就业单位持介绍信来校领取毕业生档案。

④一般情况下档案寄递后一周内到达用人单位,毕业生可向就业单位的人事部门查询,如较长时间没有收到档案,应向学院就业主管部门申请查询。

(5) 教育部下发《国家促进普通高校毕业生就业政策》公告

自 2009 年起每年 3~5 月,教育部均会下发《国家促进普通高校毕业生就业政策公告》(见图 4.2),公布多条新举措促进高校毕业生就业创业。下面介绍 2009 年 3 月下发的公告内容(以后年份的公告内容在网上均可直接查询)。

1) 鼓励高校毕业生到基层、到中西部地区就业或创业

①对到农村基层和城市社区公益性岗位就业的,给予社会保险补贴和公益性岗位补贴;对到农村基层和城市社区其他社会管理和公共服务岗位就业的,给予薪酬或生活补贴。

②对到中西部地区和艰苦边远地区县以下农村基层单位就业并履行一定服务期限的,由政府补偿学费,代偿助学贷款。

③对有基层工作经历的,在研究生招录和事业单位选聘时优先录取。

④对参加"选聘高校毕业生到村任职"、"三支一扶"(支教、支农、支医和扶贫)、"大学生志愿服务西部计划"、"农村义务教育阶段学校教师特设岗位计划"等项目的,给予生活补贴,按规定参加社会保险;项目服务期满并考核合格的,报考硕士研究生初试总分加 10 分,高职(高专)学生可免试入读成人本科;今后相应的自然减员空岗全部聘用参加项目服务期满的高

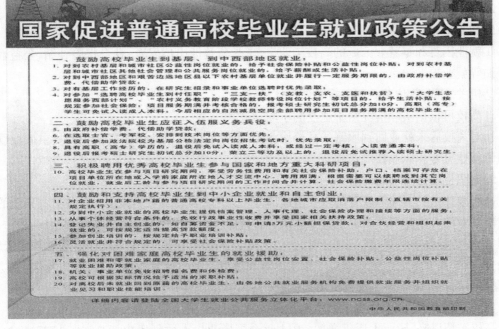

图 4.2　国家促进普通高校毕业生就业政策公告

校毕业生。

2)鼓励高校毕业生应征入伍服义务兵役

①由政府补偿学费,代偿助学贷款。

②在选拔士官、考军校、安排到技术岗位等方面优先。

③退役后参加政法院校为基层公检法定向岗位招生考试时,优先录取。

④具有高职(高专)学历的,退役后免试入读成人本科;或经过一定考核,入读普通本科。

⑤退役后报考硕士研究生初试总分加 10 分;荣立二等功及以上的,退役后免试推荐入读硕士研究生。

3)积极聘用优秀高校毕业生参与重大科研项目

高校毕业生在参与项目研究期间,享受劳务性费用和有关社会保险补助,户口、档案可存放在项目单位所在地或入学前家庭所在地人才交流中心。聘用期满,根据需要可以续聘或到其他岗位就业,就业后工龄与参与项目研究期间的工作时间合并计算,社会保险缴费年限连续计算。

4)鼓励和支持高校毕业生到中小企业就业和自主创业

①对企业招用非本地户籍的普通高校专科以上毕业生,各地城市应取消落户限制(直辖市按有关规定执行)。

②为到中小企业就业的高校毕业生提供档案管理、人事代理、社会保险办理和接续等方面的服务。

③从事个体经营符合条件的,免收行政事业性收费并享受国家相关扶持政策。

④登记失业并自主创业的,如自筹资金不足,可申请 5 万元小额担保贷款;对合伙经营和组织起来就业的,可按规定适当提高贷款额度。

⑤参加创业培训的,按规定给予职业培训补贴。
⑥灵活就业并符合规定的,可享受社会保险补贴政策。

5)强化对困难家庭高校毕业生的就业援助

①就业困难和零就业家庭的高校毕业生,享受公益性岗位安置、社会保险补贴、公益性岗位补贴等就业援助政策。

②机关、事业单位免收招聘报名费和体检费。

③高校可根据实际情况给予适当的求职补贴。

④对离校后未就业回到原籍的高校毕业生,由各地公共就业服务机构免费提供就业服务并组织就业见习和职业技能培训。

5. 高职生就业问题的对策

高职教育是我国高等教育的重要组成部分。为地方经济和社会发展培养具有高素质的高端技能型专门人才和管理干部是其办学宗旨和目标。高职院校毕业生以其懂理论、会操作、能管理、职业意识强等特点也逐步得到社会的认可。但近几年来,毕业生就业面临着严峻考验,特别是高职、高专毕业生就业遇到了很大困难和挑战。如何化危机为机遇,创造条件、成功就业,是摆在每一个高职学生面前的紧迫问题。

(1)高职毕业生就业面临的挑战与机遇

高校扩招以来,毕业生逐年增加,2014年全国毕业生人数创历史新高,达到727万人,高职院校毕业生人数也在逐年增加,这些应届毕业生急需就业,而其自身经验不足与企业需要又存在矛盾;国家政策方针等各方面的促进又给毕业生带来了机会。总体来说,高职毕业生就业挑战与机遇并存(见表4.1),这就需要每一个高职毕业生认清形势,准确定位,找到理想的工作岗位。

表4.1 高职毕业生就业机遇与挑战分析表

项目	挑战	机遇
1	从社会宏观竞争角度看存在竞争挑战	从高职教育自身特色与优势看存在机遇
2	从用人单位对学历的挑剔角度看存在挑战	从国家宏观环境的创造角度看存在机遇
3	从学生角度看,缺少硬件资源存在挑战	从中小企业用人机制看存在机遇
4	从毕业生就业观念看存在挑战	从学生个人看,提升自身的硬件与软件也存在机遇

(2)完善高职生就业对策

目前虽然存在高职高专毕业生就业难问题,但同时我们也应看到机遇与挑战共存,困难与希望同在。十二五期间内我国经济仍将以持续较快的速度增长,而由于经济增长的带动,社会上可能每年增加上千万以上的就业岗位,而在这些岗位中,高职高专院校培养的高端技能型人才,将占相当大的比重。这就为高职高专院校毕业生就业提供了广阔的前景。

1)深化改革,完善就业市场。要解决大学生特别是高职生的就业问题,政府要加强经济调控力度。就业政策有待进一步完善。当前大学生的就业机制还存在明显问题,特别是针对高职高专毕业生的政策性规定过于僵化。同时,由于经费和人员的不到位,高职高专毕业生就业信息系统和就业服务体系不完善,无法为学生积极提供就业信息,实现资源共享,无法保障为学生提供全方位高层次的就业服务,降低了用人单位和高职高专毕业生的信心指数。因此,有关教育行政部门对各高职高专院校的毕业生就业工作应加强检查和督促,相关政策的落实应强调"一把手负责制",真正做到领导到位、责任到位、措施到位、监督检查到位。保障就业渠道畅通,完善就业市场。与此同时,政府还应该加强对高校办学的指导,在宏观上加强人才预测和对专业设置的调整,以及对各类人才培养规模的调控,指导高校的改革,避免高校盲目设置专业。与此同时,作为政府部门还应该鼓励各类企事业单位特别是中小企业和民营企事业单位聘用高职高专毕业生,政府有关部门要为其提供便利条件和相应服务。对企业跨地区聘用的高职高专毕业生,省会及省会以下城市要认真落实国家有关人才政策,取消落户限制。有关立法机关要切实完善有关人才及劳动法规,使用人单位、高职高专院校、毕业生都能在人力资本交易中得到有效的法律保障。

2)用新思路开拓就业市场。实践证明,坐等用人单位上门或在沿海城市设点,定期派员外出联系等,盲目且耗费大量的人、财、物力,收效甚微。要变被动为主动,创新思路就成为当务之急。某高校较成功的做法是:运用现代网络技术建立全国企业信息数据库,每年根据本校毕业生人数、专业情况,从数据库中有针对性地筛选企业,逐一邮寄邀请函,将用人单位请进校园招聘毕业生。为确保稳妥,学院又组织专门队伍对回函的上百家用人单位,就企业性质、工作岗位、工作时间、薪资福利、保险等学生所关心的用工情况进行详细考察。考察结果通过班主任、辅导员通报至每一位毕业生。由于准备充分,该校年度校园招聘会规模宏大,一次性签约率达90%,专业对口率超过75%。

3)强化学校的内部改革。高职院校面向市场办学,其专业设置既要符合社会需要,也要具有本校特色,这是当今社会对高职教育的基本要求,也是关系毕业生能否顺利就业的重要因素。因此,高职院校必须经过广泛调查研究,并在对就业形势及各专业人才需求趋势做出科学预测的基础上,确定自己的专业设置和培养目标。同时,要加大高职院校的教学改革力度,在教材选用、教学方法等各方面大胆尝试,摸索出一套适合高职教育的好路子,培养受用人单位欢迎的高素质人才。此外,针对我国就业制度改革的需要,高职院校还应把职业资格培训纳入教学环节,帮助学生拿到就业的"金钥匙"。

4)加强大学生就业指导工作。毕业生思想教育是高等学校培养教育工作的重要组成部分,也是毕业生就业工作的重要内容,认真做好这项工作,对构建和谐校园,保持学校良好秩序,维护校园稳定具有十分重要的意义。就业指导工作和思想政治教育的内容有互相渗透,相互补充的成分。尽管就业指导工作和思想政治工作各有自己的侧重点和针对性,但二者在各自的实施过程中,也都存在一定的空间和余地,若能实现二者的互相渗透、互相补充,就可达到就业指导工作与思想政治教育的目的。因此,高职高专院校要高度重视加强对毕业生的形势教育、政策教育、创业教育和诚信教育,引导毕业生树立正确的世界观、人生观、价值观,帮助毕业生准确把握就业形势,了解国家的就业方针、政策,增强基层意识和创业意识,确立符合实际的就业期望,把握正确的就业去向。要大力宣传优秀毕业生艰苦奋斗、自主创业、扎根基层的成才之路和成功经验,激发高职高专毕业生到基层干事业的热情,引导高职高专毕业生确定切合实际的就业期望值,在全社会营造有利于高职高专毕业生就业特别是到基层和艰苦地区就业的良好社会氛围。

通过就业指导工作引导学生科学地评价专业和职业,处理好专业与职业的关系;科学地评价自己,找出差距,不断完善自我;科学地进行职业生涯设计,树立正确的择业目标;科学地评价金钱,树立正确的职业价值观。具体要求:在新生入学时,不仅要加强专业思想的教育,还要帮助学生科学地进行学业和职业生涯规划,明确奋斗目标。大学二年级,各院系要开展社会实践,使学生能够了解用人单位的需求,使所学的理论与社会实践相结合;同时开展以就业为主题的专题讲座、主题班会,帮助学生提高认识,使学生努力提高综合素质,并不断调整就业期望值、正确定位,使理想贴近现实。对大三学生开展就业辅导系列活动,通过一系列的就业辅导活动对学生的就业观念、心理、目标定位和职业发展规划进行指导,帮助学生树立正确的就业观念,实现成功就业。对于部分毕业生还要耐心细致地做好思想工作,通过个别谈心、相互交流等方式使其走出认识误区。

5)更新就业观念、提高自身素质。毕业生要想在激烈的就业竞争中取得成功,必须不断地提高自己的综合素质。在文化素质方面,要不断接受传统文化、现代文化、先进文化的教育,使自己始终站在先进文化的前列;在科学素质方面,要培养求真务实的精神,加强专业知识与非专业知识的学习,建立合理的知识结构;在能力方面,要努力增强自身创新能力、实践能力、知识更新能力、组织管理能力、信息处理能力、社交与表达能力以及适应环境与应变能力等;在身心素质方面,要保持良好的心理状态,培养健康的体魄和人格。总之,高职毕业生自身综合素质提高了,对社会的适应性才会大大提高,也才容易被用人单位所录用。

总之,高职院校毕业生就业是一项政策性强、影响面广的人事工作。与老百姓的利益息息相关,与社会稳定紧密相连,随时有许多的新情况、新问题需要面对。因此,各高职学院要经常沟通、交流。只有在资源共享、互相借鉴的基础上,才有利于节约成本,形成合力,提高效益;只有努力开创毕业生就业工作新局面,才能真正做到关注民生,从而服务于有中国特色的现代化建设。

【案例解析】

低学历的比较优势——成材在于自身的正确定位

学历不是决定因素,能力才是最关键的。这个道理,大学生们不会不懂,但是他们有时不得不作出这样无奈的选择——有些低学历的学生说,你不要这样说我们一味追求学历,用人单位的用人标准就是如此,学历是进入他们公司必须跨越的门槛,我们现在毕竟身在水深火热之中,我们的学历确实比较低,有人说本科都很低了,那么我们专科更低,专科学生不追求学历,还能干什么呢?

这是没有看到专科生"比较优势"的必然结果。

低学历学生,相对于高学历学生,有"比较优势"吗?回答这个问题的前提是,现在的社会,越来越强调人才的能力。能力是用人单位择才至关重要的因素,学历再高,能力不强,照样被用人单位所放弃;你拥有的能力很高,学历不高,用人单位照样可以录用你。在这样的前提下,我们才能分析低学历者的比较优势。具体表现在四方面,一是实用技能,二是用人成本,三是期望值,四是稳定性。

在实用技能方面,毫无疑问,低学历的高职高专学生要胜人一筹——当然,有人指责当前的用人单位,不重视对员工的培训投入,希望所有人才一进公司就能"上手",这导致了关注学生技能的倾向,大学本应该塑造学生的基本素质和能力,上岗的职业培训,是社会机构或者用人单位应该做的事——从一些高学历的学生,包括研究生,博士生,在毕业前跑去学习灰领的培训班,就可以看到,如果关注实用技能的培养,低学历者可以受到要求学生掌握实用技术的用人单位的欢迎。另一方面,读书"甚多"的高学历学生,有一些有很强的书呆子气,他们可能适合于从事教学、科研,但到一些公司里去,动手实践能力明显弱于低学历学生。

在用人成本方面,很显然,低学历者相对于高学历者有着优势。我们可以看到,一般来讲,低学历的人,在用人单位里起薪较低,按照我国的工资制度,用人单位是根据学历高低给予不同的起薪标准,研究生是一个起薪,本科生是一个起薪,专科生是一个起薪。起薪低,也就意味着用人成本相对低。一个500强企业的人力资源总监,这样看待低学历和高学历者:如果两个应聘者按公司的测评体系测评下来,分数是相同的,也就是说综合能力、素质相差无几,公司宁愿要低学历的学生,而不愿意要高学历的学生。有两个原因,第一个原因是低学历的用人成本低。第二个原因是,如果高学历的学生还没有低学历的学生那么优秀,就证明他的学习能力,或者他在读大学时的付出,没有低学历学生的学习能力强,没有低学历学生付出的多。所以公司更看重低学历的学生。当然,前提是两个人的能力、素质差不多,而低学历的用人成本低,这样,用人单位就觉得用你更合算——公司是要衡量自己的投入和产出的。

第三是期望值,低学历人才,相对来说,他对自己未来的期望,更加务实,不像有的高学历者那般好高骛远——他们总想着一年之后自己要到什么工作岗位,二年之后要发展到什么程度,三年之后又如何……有这样的规划,表明他们有强烈的成功的渴望,但脱离现实就会让他们眼高手低,甚至是高不成,低不就。高学历者,往往会作出偏离实际的评估,对自己有更高的期望,不满足用人单位给自己提供的工作岗位。与之对应,低学历者在这一方面,要求就少一些,定位就务实得多,他们往往能勤恳地干好用人单位交办的不起眼的工作,而没有多少怨言,也很少动辄就产生另攀高枝的念头。这样一种合适的期望,显然更加适合用人单位的发展需要。这也就是低学历人才具备的优势之一。

再就是稳定性,与期望值对应的就是稳定性。对未来期望值高的人才,往往稳定性不强,而如果期望值不是特别高,不那么挑三拣四,就将具有比较强的稳定性。每一个人才都是用人单位的合作伙伴,他当然不期望在对你进行培训投入、在你适应单位文化氛围之后,你却将他抛弃。高学历者能力强,能动性大,相对应的,就不太稳定,有一些高学历者没有与用人单位一道同甘共苦创事业的精神。如果低学历者在这方面,能展现出与用人单位风雨同舟的精神,那么,用人单位无疑会欢迎你。

以上四方面优势,就是低学历同学应该注意培养、注意打造的。总体来说,你的稳定性,你的期望值,你的用人成本,都相对高学历者处于优势。关键在于,你要有让用人单位看中的实用技能。没有实用技能,你的用人成本、稳定性、期望值都无从谈起。能力是基础,有了过硬的本领,才会有期望值、稳定性、用人成本的考量。

转载自《经营你自己——大学生职业生涯规划》

作者简介:熊丙奇,上海交通大学教授,管理学博士。上海交大校报主编。2004年6月出版《大学有问题》一书,2006年1月又推出《体制迷墙》。

二、大学生就业相关法律法规

1. 签订就业协议书与劳动合同

(1) 签订就业协议书

当你顺利完成面试,与用人单位达成就业意向,接下来就应该签订《普通高等学校毕业生就业协议书》了。签订就业协议是毕业生求职过程中的最后环节,也是走向工作岗位的起始环节。这一点在上述内容已经有所阐述。在这里只简单介绍签订《就业协议书》的步骤是:

①毕业生本人填写"毕业生情况及应聘意见"。

②用人单位填写"招聘意见"。必要时,上级主管单位栏应填写地市县人事局或教育行政部门意见,以便落实派遣和迁移户口档案;招聘单位是部队、高等学校、中央单位、省管企事业单位的只需单位盖章即可。

③毕业生所在院系签署意见。

④交学校就业指导中心确认并盖章,纳入就业计划派遣。

为了保障应聘方与受方的合法权益,在经供需见面达成一致意见后,毕业生与用人单位必须履行正式、具体的法定手续——签订聘用协议书。在进行上述内容完成的过程中,需要注意签订原则及签订就业协议书时应该注意的问题。

1)签订就业协议的基本原则

①身份平等、自主自治原则。身份平等是指当事人的法律资格平等,或者说民事权利能力平等;自主自治是指当事人依照自己的价值准则,自立地去判断、去选择,而不受他人的强迫。

②合同自由原则,或者说双向选择原则。即当事人依法享有自由决定是否订立就业协议、与谁订立就业协议的权利。

③合法性原则。即订立就业协议的主体必须合法,内容必须合法。主体合法主要是指求职择业者必须具有就业资格,即必须是毕业生或结业生,并具有民事能力;用人单位必须具有民事能力,具有录用毕业生的权利或计划。内容合法主要是指所签订的协议必须符合国家的法律法规,符合国家的就业方针政策和各级政府的有关规定,符合社会道德。

④诚实守信原则。这主要是指当事人各方面都要客观、如实地介绍情况,不能用欺诈、隐瞒、作假等手段骗取他方,同时必须守信践约,认真履行协议规定的义务。

2)签订就业协议书的内容

协议一旦签订,基本上就意味着你的第一份工作确定了,因此,要特别注意签约的法律问题。在高校毕业生正式毕业前的求职阶段,是签订就业协议的高峰期。

①就业协议书。《全国普通高等学校毕业生就业协议书》是由教育部统一制表,用以明确毕业生、用人单位和高校在毕业就业中的权利和义务的法律文书。由教育部制定的样式,作为示范性文本,地方毕业生就业主管部门或高等学校负责印制。应该注意的是,签订协议虽然不是劳动合同,但也是一个民事合同行为,具有合同的法律约束力,所以在签订之前要慎重考虑。

②就业协议的主要条款。

a.毕业生应按国家法规就业,向用人单位如实介绍自己的情况,了解用人单位的使用意图,表明自己的就业意见,在规定的时间内到用人单位报到,若遇到特殊情况不能按时报到,需征得用人单位同意。

b.用人单位要如实介绍本单位的情况,明确对毕业生的要求及使用意图,做好各项接收工作。

c.学校要如实向用人单位介绍毕业生的情况,做好推荐工作,用人单位同意录用后,经学校审核列入建议就业计划,报主管部门批准,学校负责办理派遣手续。

d.以上三方签字后都应该严格履行协议,任何一方若违反协议,应承担违约责任。

e.毕业生、用人单位、学校三方面如果有其他约定,应该在备注栏注明,并视为协议书的一部分。

f.其他补充协议。

3)就业协议的订立程序

①学校向毕业生发放就业协议书,毕业生先按协议书的"说明"填好协议书中由毕业生填写的基本内容(一式三份同时填写,不得多领或冒领)。

②毕业生和用人单位达成协议并在就业协议书上签名盖章,用人单位应在协议书上注明可以接收毕业生档案的名称和地址。

③用人单位上报上级主管部门审批、签署意见、加盖公章。

④用人单位必须在与毕业生签订协议书起的十个工作日内将协议书寄送到毕业生所在学校的就业指导中心。

⑤学校毕业就业工作主管部门审查同意后,留存一份,另外两份协议书反馈给用人单位和毕业生本人,同时列入就业建议方案。

4)签订就业协议书时应该注意的问题

①《协议书》每人只能有一套,翻版及复印无效,不得转借他人使用。

②《协议书》应妥善保管,若遇破损、丢失等情况,需有院(系)书面证明,本人到学校毕业生就业指导中心申请补发。

③按定向合同回定向单位就业的定向生,不发放《协议书》。定向生若需要定向改派,到定向单位以外的其他单位就业,须由个人申请定向改派,再发放《协议书》。

④毕业生填写《协议书》时内容要真实。

⑤为更好地保护自己的就业权益,避免一些争议的产生,《协议书》备注栏应在相互商定的情况下注明:几年以后可以考研;是否可以出国留学;服务期限;违约金数额;试用期待遇、转正后工资。

⑥目前,在部分地区,《协议书》中的学校已不再是签约方,而成为鉴证方。《协议书》在毕业生和用人单位双方签约后即生效。

⑦《协议书》上档案转寄地址、单位、邮编应填写清楚,以避免档案误投而最终损害毕业生自身利益。

⑧如果用人单位无法直接接收档案及户籍关系,可要求用人单位注明,统一托管到单位所在地人才中介机构的,应注明《报到证》派往单位的名称。

(2)签订劳动合同

大学毕业生正式到用人单位工作,意味着双方将正式建立劳动关系。而按照国家法律规定,建立劳动关系需要订立劳动合同,以维护劳动者自身的合法权益(见图4.3)。

图4.3 劳动关系图

1)劳动合同的定义

劳动合同是劳动者与企业、国家机关、事业单位、民办非企业单位、个体经济组织等用工单位之间确立劳动关系,明确双方权利和义务的协议。

2)劳动合同的主要条款

根据《中华人民共和国劳动法》第19条规定:签订劳动合同应当具备以下条款:劳动合同期限;工作内容(主要是指劳动者的工作任务、生产岗位等);劳动保护和劳动条件(指用人单位为劳动者提供什么样的劳动保护和劳动条件);劳动报酬;劳动纪律(包括厂规厂纪、生产标准、操作规范等);劳动合同终止条件(包括劳动合同期满终止、履行过程中发生变化的终止和其他终止的条件等);违反劳动合同的责任;用人单位的名称、住所和法定代表人或者主要负责人;劳动者的姓名、住址和居民身份证或者其他有效身份证件号码等。

劳动合同除前款规定的必备条款外,用人单位与劳动者可以约定试用期、培训、保守秘密、补充保险和福利待遇等其他事项。

3)劳动合同的期限与试用期

劳动合同的期限一般有3种,第一类为固定期限的劳动合同。它是指订立劳动合同时约定了一定的期限,期限届满,劳动法律关系即行终止。这种合同适用范围广,应变能力强,可以根据生产需要和工作岗位的不同要求来确定合同期限。第二类为无固定期限的劳动合同。这种合同一般适用于从事技术性较强、需要持续进行工作的岗位。订立这种合同的职工一般可以长期在一个单位或部门从事生产(工作),但无固定期限的劳动合同不等于一成不变,如果出现符合法律、法规或者双方约定的条件,也可变更、解除或终止劳动合同。以完成一定工作为期限的劳动合同,是指劳动合同当事人双方把完成某项工作的时间约定为合同终止而达成的协议。它与固定期限劳动合同的区别是约定合同终止条件,而不是约定确定的期限。工作开始之日为劳动合同生效之日,工作完成之时为合同终止之时。对于大学生而言,一般都订立有固定期限的劳动合同。

签订劳动合同可以不约定试用期,也可以约定试用期,但试用期最长不得超过6个月。试用期包括在劳动合同期限中。非全日制劳动合同,不得约定试用期。试用期是用人单位和劳动者为了相互了解、选择而约定的考察期。以完成一定工作任务为期限的劳动合同或者劳动合同期限不满三个月的,不得约定试用期。试用期包含在劳动合同期限内。劳动合同仅约定试用期,试用期不成立,该期限为劳动合同期限。试用期是包含在劳动合同期限内的,劳动者在试用期内所享有的权利义务与试用期满后享受的权利和义务是一致的。试用期的工资不得低于当地的最低工资标准。

4)劳动时间与报酬

工作时间是劳动者履行劳动义务的时间。根据《国务院关于职工工作时间的规定》,劳动者必须为用人单位提供劳动的时间即为工作时间。劳动时间有工作小时、工作日和工作周三种,其中工作日即在一昼夜内的工作时间,是工作时间的基本形式。职工一般每日工作8小时,每周工作40小时。因工作性质或生产特点的限制,不能实行上述工时制度的,可以实行不定时工作制或综合计算工时工作制度等其他工作和休息办法,但应办理审批手续。用人单位由于生产经营需要,经与工会和劳动者协商后可以适当延长工作时间,每日一般不得超过3小时,但每月不得超过36小时。根据《中华人民共和国劳动法》第四十条规定:"用人单位在下列节假日期间应当安排劳动者休假:元旦、春节、清明、国际劳动节、端午节、国庆节及法律规定的其他节日"。

5)劳动合同的订立

劳动合同的订立,是指劳动合同在订立过程中必须履行的手续和步骤。劳动合同应当在劳动者被录用后第一个工作日之前订立。劳动合同的订立程序主要按下列步骤进行。

用人单位与劳动者是两个平等的社会主体,订立劳动合同一般需要经过以下程序。

①双方协商要约和承诺,也就是合同的条款。

②达成一致后双方签字或盖章。用人单位盖法人的章,必要时可书面委托所属的有关部门代为盖章,或由法定代表人签字或受委托人代为签字;劳动者应自己签字或盖章,遇有极特殊的情况,如本人因故出远门而合同又须及时订立,也可书面委托他人代签。

③为保证合同的有效性,可以送劳动保障行政部门进行审核、鉴证。

④劳动合同一般应一式两份,用人单位与劳动者各持1份,若合同鉴证部门需要留存,也可一式3份。

6)订立劳动合同时应该注意的法律问题

①劳动合同的建立。自用工之日起即建立劳动关系,用人单位应在1个月内签订书面合同,否则被处罚支付双倍工资。同时新法律规定,"用人单位自用工之日起满一年不与劳动者订立书面劳动合同的,视为用人单位与劳动者已订立无固定期限劳动合同"。这样劳动者就不用担心是否签合同的问题了,如果单位不和你签合同,一年后,你就直接转为无固定期限劳动合同了,这样的法律规定将促使企业更主动地与学生签订劳动合同。

②合同必备条款。新《劳动合同法》增加了用人单位的名称、住所和法定代表人或者主要负责人;劳动者的姓名、住址和居民身份证或者其他有效身份证件号码;工作地点;工作时间和休息休假;社会保险五项条款。除去双方当事人情况是合同必备要件外,实际增加了三条:工作地点;工作时间和休息休假;社会保险。对于此必备条款,以往很多单位都规避社保问题,不给劳动者上保险,现今大学生在找工作面试时,就不需提社保问题了,这些条款都是企业劳动合同必备条款,如果企业合同中没有此条款,则用人单位就违法了。

③试用期的期限。劳动合同期限三个月以上不满一年的,试用期不得超过一个月;劳动合同期限一年以上不满三年的,试用期不得超过二个月;三年以上固定期限和无固定期限的劳动合同,试用期不得超过六个月。

④试用期次数。同一用人单位与同一劳动者只能约定一次试用期,试用期的工资,不得低于本单位相同岗位最低档工资或者劳动合同约定工资的百分之八十,并不得低于用人单位所在地的最低工资标准。以往,很多用人单位对应届毕业生约定试用期过长,试用期等于"白干期"的现象屡见不鲜。法律中有关试用期期限的规定,避免了用人单位无限期的对劳动者试用,对于初涉职场的大学生权益提供了法律保障。

⑤经济补偿金条款。在新的法律中,除了劳动者没有过错被解除劳动合同需要支付经济补偿金外,劳动合同到期时用人单位不续签合同的,也需要向劳动者支付经济补偿金。这样的规定,充分体现了立法对履行劳动合同期间劳动者贡献的补偿和肯定,也要求用人单位思考如何才能使劳动合同管理满足成本合理和管理便利的双重要求。除了续签劳动合同外,对劳动者更加人性化的管理意识,提升劳动者的劳动效率,实现劳资和谐和共赢才是根本。

7)劳动合同的解除

①协商一致解除劳动合同。劳动者与用人单位在协商一致的情况下可以解除劳动合同。

但应注意,劳动者主动提出的情况下,用人单位不需要向劳动者支付经济补偿金。

②提前通知解除劳动合同。《劳动合同法》第三十七条规定,劳动者提前三十日以书面形式通知用人单位,可以解除劳动合同。劳动者在试用期内提前三日通知用人单位,可以解除劳动合同。需要注意的是,劳动者履行提前通知义务必须用书面形式,且要保留用人单位签收书面通知的证据。不然一旦发生纠纷,用人单位会说你未履行提前通知义务,是擅自离职,这样就会造成被动局面,还可能因此向用人单位承担赔偿责任。劳动者向用人单位发出书面通知后,用人单位不明确表示同意,同时不为劳动者继续提供劳动保护或者劳动条件导致劳动者无法工作,或不支付劳动报酬,或不为劳动者缴纳社会保险费,则劳动者可以依据《劳动合同法》第三十八条的规定,在履行事先告知义务后,即可解除劳动合同,不必再等到三十日期满后再离开用人单位。

③符合法定情形劳动者解除劳动合同。《劳动合同法》第三十八条规定了九种劳动者可以解除劳动合同的法定情形。需要说明的是,强行给劳动者"放假"或"停工"可视为未提供劳动条件,拖一天或少付一元也是未及时足额支付劳动报酬。劳动者都可以据此提出解除劳动合同。

8)违反劳动合同的法律责任

违反劳动合同的法律责任是指一方当事人违反劳动合同给对方造成损失时,应当承担的法律后果。

承担违约责任的方式主要有支付违约金、赔偿损失或采取其他补救措施。

2. 劳动争议处理

劳动关系当事人之间因劳动的权利与义务发生分歧而引起的争议,又称劳动纠纷。其中有的属于既定权利的争议,即因适用劳动法和劳动合同、集体合同的既定内容而发生的争议;有的属于要求新的权利而出现的争议,是因制订或变更劳动条件而发生的争议。

(1)劳动争议的概念

劳动争议,指劳动法律关系的当事人(即用人单位和与之建立劳动关系的劳动者)之间,因劳动权利义务问题发生的纠纷。在私营企业、外商独资企业为劳资纠纷劳动争议的当事人是指劳动关系当事人双方——职工和用人单位(包括自然人、法人和具有经营权的用人单位),即劳动法律关系中权利的享有者和义务的承担者。

(2)劳动争议的处理范围

劳动争议的范围,在不同的国家有不同的规定。根据我国《劳动争议调解仲裁法》(见图4.4)第2条规定,劳动争议的范围包括以下几方面。

①因确认劳动关系发生的争议。
②因订立、履行、变更、解除和终止劳动合同发生的争议。
③因除名、辞退和辞职、离职发生的争议。
④因工作时间、休息休假、社会保险、福利、培训以及劳动保护发生的争议。
⑤因劳动报酬、工伤医疗费、经济补偿或者赔偿金等发生的争议。
⑥法律、法规规定的其他劳动争议。

(3)我国劳动争议的处理机构

根据《中华人民共和国企业劳动争议处理条例》(国务院117号令)规定,我国目前处理劳动争议的机构为:企业劳动争议调解委员会、地方劳动争议仲裁委员会和地方人民法院。

图 4.4 《劳动争议调解仲裁法》图

企业劳动争议调解委员会是负责调解本企业内部劳动争议的群众性组织,调解委员会由职工代表、企业行政代表和企业工会委员会代表组成。

县、市、市辖区设立仲裁委员会,负责本行政区域内的劳动争议。仲裁委员会是处理劳动争议的专门机构。人民法院是国家的审判机关,也负担着处理劳动争议的任务。劳动争议当事人对仲裁委员会的裁决不服、进行起诉的案件,人民法院予以受理。

(4)劳动争议的处理程序

①协商解决。

②协商不成,申请企业劳动争议委员会调解。

③调解不成,申请劳动争议仲裁机构仲裁。

④不服仲裁,申诉至人民法院依法审理并做出最终判决。

3. 规避求职风险

对于大学生而言,刚刚步入社会时,并没有任何工作经验而言,难以应付复杂的就业市场,大学生合法权利有时会被侵害。那么,大学生毕业如何规避求职风险?应具备哪些防范能力和基本知识呢?

(1)求职过程中常见的侵权行为

大学生在求职时将面临各种招聘单位,并有可能与起媒介和中介作用的人和机构打交道,社会复杂,难免鱼目混珠,众多的机会中有时也会潜入别有用心的不当企图甚至骗局和陷阱,为帮助涉世未深的大学生擦亮慧眼辨别真假,提高警惕避免上当,下面介绍一些求职过程中常见的侵权违法行为以此引以为戒。

1)欺骗宣传

一些用人单位在招聘时夸大单位规模、发展前景、工资待遇等情况,或者隐瞒单位实情;有的用人单位千方百计了解毕业生的情况,却设法回避毕业生提出的了解单位的问题。这些都将导致毕业生与用人单位之间信息不对称,这就侵犯了毕业生的知情权。更有甚者,恶意欺骗宣传,宣称"高薪""高福利""高岗位"诱惑毕业生从事名不符实的工作,严重损害毕业生利益。如某企业抛出低工资高奖金的制度吸引应聘者,扬言做得好月薪可达万元,其实是在几乎没有底薪的情况下领取苛刻的销售提成。要知道,管理规范的优秀企业通常会淡化奖金、提成这些易于滋生副作用的做法,只有那些急功近利、员工流动性大的企业才会反其道而行之。广大毕业生应脚踏实地,不要投机取巧,不要相信天上能掉馅饼,增强抗拒诱惑的能力,避免落入不法分子的圈套。

2）招聘歧视

平等就业是法律权利，但近些年出现了不少招聘中的歧视行为：一是性别歧视。这是女生们经常遇到的无奈。有的用人单位不顾社会责任，片面追求利益最大化，逃避劳动法赋予用人单位对女职工的特殊义务，在招聘员工时或私下或公开规定"只招男生"或"男生优先"。二是身体歧视。一些用人单位在缺少相关规定的情况下将身体有残疾或疾病的人拒之门外，剥夺了这群人的就业机会；还有一些单位在并无必要的情况下对应聘者的身高、相貌甚至三围提出要求。三是户籍歧视。有的用人单位只招收本地户口的毕业生，或者没有本地户口就必须有本地户口居民的担保，抬高了外地户口毕业生就业的门槛。有的地方政府为了保护本地人口就业，制订不合理的人才准入制度，使本地单位无法招收外地户口的毕业生，或者无法使外地户口的劳动者成为正式职工，严重限制了人才的合理流动。以上歧视行为侵犯了广大毕业生的平等就业权，需要理直气壮地予以谴责。

3）违规收费

国家有关部门早就明文规定，用人单位不得以任何名义向应聘者收取报名费、押金、保证金等费用，对员工的培训费用应当从成本中支出。可有些用人单位却对此置若罔闻，巧立名目向应聘者收费，毕业生们迫于对工作的需要往往只得就范。可是不少企业在收取了费用后便为所欲为，或者怠于履行义务，或者向求职者得寸进尺提出更过分的要求。因此，毕业生在求职时要区分用人单位哪些做法是合理的，哪些做法是不合理的，对于各种名目的收费要坚决抵制。

4）侵犯隐私

毕业生在求职时，会在相关领域如网络和求职材料上留下自己的信息资料，比如姓名、年龄、身高、学历、电话、身份证号等，这些信息属于个人隐私的一部分，未经本人同意不得公开、泄漏、出售。但可能因为各种原因，如工作人员的疏漏、网络软件的缺陷、不法分子的圈套等，这些信息被用来侵害当事人或谋求商业利益。因此，毕业生求职时不要随便将个人资料留给不可靠的单位和个人，投放网络时要选择安全防范能力强和可靠性高的网站，同时注意保密设置内容的选项。在面试时，一些用人单位的提问会涉及个人隐私，如果与工作无关或者出于恶意，毕业生有权拒绝回答；如果是出于安排合适岗位的考虑或者考察应变能力，毕业生可以视情况回答。用人单位因此获得毕业生的个人隐私后，负有保密的义务，否则构成侵权。

5）侵犯知识产权

个别用人单位通过招聘时要求毕业生提供作品或者完成某项设计工作等方式，取得并盗用毕业生的智力成果。如某软件公司在报刊上刊登招聘启事，招聘计算机专业研究生，凡应聘者领取考卷一份，实为一项设计项目的一部分。就这样一场虚假招聘使本应耗费大量人力的设计工作得以轻松完成。所以广大毕业生尤其是设计类、计算机类的毕业生应该提高警惕，增强保护知识产权的意识，采取适当措施降低用人单位使用作品的可能性。例如，面试时不要让用人单位随意复制自己的作品；发送电子邮件时，应对自己的作品进行处理，降低相关图片的分辨率；交付自己的作品时，应要求用人单位签收，以保存证据。

6）虚假试用

一些不法企业利用试用期廉价使用毕业生。规定试用期是正常的招聘行为。但有些企业在试用毕业生时劳动强度高工资报酬低，在试用期结束后又借口种种理由辞去毕业生，更有甚者，还向毕业生收取所谓培训费。所以广大毕业生在求职时一定要就试用期问题在合同中明确约定;在试用期间要注意保留有关工资、工作时间、工作能力的证据,以备必要时维护自己的权益。

7)合同陷阱

毕业生尤其要防备一些老谋深算的老板设置的合同陷阱。近年来,社会中出现了一些合同严重违反法律,这些合同都是无效的,下面介绍一些这样的非法合同,希望广大毕业生提高警惕。

①暗箱合同。这类合同中的权利和义务一边倒。有些企业,尤其是私营和个体工商户与劳动者签合同时,多采用格式合同,根本不与劳动者协商,不向劳动者讲明合同内容。在合同中,只从企业的利益出发规定用工单位的权利和劳动者的义务,而很少或者根本不规定用工单位的义务和劳动者的权利。

②霸王合同。这类合同一般是以给劳动者或其亲友造成财产或人身损失相威胁,迫使对方在违背真实意愿的情况下所签订的。比如,有的企业看重一名技术员后,先与该技术员的亲朋好友订立劳动合同,然后再与该技术员谈判,强迫与其订立劳动合同,否则就以解雇其亲朋好友相威胁。

③生死合同。部分用人单位不按劳动法的规定履行劳动安全义务,妄图以与劳动者约定"工伤概不负责"的条款逃避责任。签订这类合同的往往正是从事高度危险作业的单位。这类企业劳动保护条件差、安全隐患多、设施不安全,生产中极易发生安全事故。

④卖身合同。具体表现为一些用人单位与劳动者在合同中约定,劳动者一切行动服从用人单位安排,一旦签订合同,劳动者就如同卖身一样失去人身自由。在工作中,加班加点,强迫劳动,有的甚至连吃饭、穿衣、上厕所都规定了严格的时间,剥夺了劳动者的休息权、休假权,甚至任意侮辱、体罚、殴打和拘禁劳动者。劳动者的生活、娱乐和人身自由受到限制。

⑤双面合同。一些用人单位与劳动者签订合同时,准备了至少两份合同。一份是假合同,内容按照劳动部门的要求签订,对外应付有关部门的检查,但在劳动过程中并不实际执行;一份为真合同,是用人单位从自身利益出发拟定的违法合同,合同规定的权利义务极不平等,对内用以约束劳动者。

8)非法中介

一些不法分子冒充合法机构,通过广告宣传,虚构招聘岗位,收取中介费后便人间蒸发。更有些私人机构互相勾结、串通欺骗求职者,举办所谓招聘会,接收大量简历,并不招一兵一卒,意在敛取求职者的钱财。奉劝广大毕业生不要轻信那些无相应资质的中介机构和场所,求职应去政府举办或者政府审查许可的有信誉的人才市场和人才服务机构。

(2)怎样识别招聘陷阱

又到了毕业生求职的高峰期,但人才市场上,招牌林立,良莠难分。有些不负责任的招聘单位,利用年轻学子急于求职就业的心态,玩着各种花样,来诱惑一些涉世不深的求职者,带来很多负面的效应。面对招聘陷阱,畏惧退缩不是我们的选择,那就用我们智慧的双眼和逻辑思维来识别和预防招聘的陷阱吧!

图 4.5　招聘陷阱

1) 识别不同的招聘陷阱

陷阱一：精心包装，打擦边球

【案例解析】

营销总监

刘平刚大学毕业，到人才市场找工作，他被一家百货公司以"营销总监"的头衔招去，等他到单位去报道时，单位领导却派他和另一位推销员去推销电器，他还以为这是对他的锻炼，可是他干了一个多月，还是那工作，而且工资只有400多元，他问领导，领导说他业绩只有那么多，工资就是推销产品的提成。这时他才知道所谓的"营销总监"其实就是推销员。

一些企业单位为了提高知名度，就玩起文字游戏，用一些头衔来修饰包装。如明明是"保险公司"，却称作"跨国金融公司"；明明是"食品小店"，却号称"国际连锁公司"。招聘员工呢，本来是"推销员"，包装成"营销总监"；该是"面点师傅"，却成了"营养设计师"。这种作秀，让人一时难辨，应聘后才大呼上当。

对策：上网查找你想应聘的相关企业的网站及网页，了解该企业的知名度和社会影响，通过熟人和企业合作伙伴调查该企业在外界的口碑。网上查询结果有的也要慎重，有负面报道的更要放弃。要了解自己去应聘的企业在同行业中的地位以及自己应聘的职位是什么，不要被众多的名称迷惑了。

陷阱二：高薪诱惑，层层盘剥你

【案例解析】

高薪背后

小张看到某公司开出的薪酬很有诱惑力，"月薪三千，提供住房"，就签了合同。小琴呢，也不差，"底薪两千，外加提成"。殊不知，他们真的上班后，公司要么以各种理由不兑现，要么就是苛刻得很，稍有疏漏，连罚带扣，月底拿着可怜的薪水，欲哭无泪。更有一些"皮包"公司，高薪诱惑你交押金,第二天去报到,早已人去楼空。

对策:谨慎对待高薪。初入职场,没有工作经验,却拿到不寻常的高工资,背后肯定会有问题,如工种特殊、扣罚严厉、除了薪水外没有任何福利、学习培训要自己掏腰包等。高薪背后是一系列苛刻的条件,签订合同时一定要掂量一下自己,不要被所谓的高薪诱惑。

陷阱三:只招不聘,窃取智力资源

【案例解析】

如此招聘

林东在人才市场应聘时发现一家公司每次招聘会都参加,而且还在多种媒体上打过广告。公司招聘人数多,条件也颇具诱惑力,但从来也没有要求面试过。何平也发现他们几个应聘者的文案设计和计划书,怎么都成了招聘公司的广告创意了?后来,他们通过熟人了解到,这家公司只不过是想通过招聘人才扩大知名度,或者窃取他人的"智力资源",或者以此威胁在职员工,其实根本没有和任何人签订劳动合同。还有一家出版社更绝,让面试的打字员打书稿来完成紧急的任务,这样的招聘花样让人防不胜防。

对策:积极向有关管理部门反映,向媒体投诉其行径,在网站论坛上公开讨论,告诫其他同学不要上当受骗。应聘时的文案创意要从简,关键的地方要保密,不要解释得太清楚。面试时布置的任务和花样太多,一定要琢磨。对于一些上过"黑名单"的公司要坚决放弃。

陷阱四:巧设名目,赚昧心钱

【案例解析】

上岗培训的背后

刘亚军看中一家投资公司,投了简历后,公司通知要交上各种证件和不少的报名费才能面试。张向东面试后接到通知,要交微机培训费,可培训的内容他大学就学过。陈英试用期未满想辞职,却要求交一笔违约金。刘路更惨,试用期刚满就被解雇,不光没有报酬,而且还传来手脚不干净等一些风言风语。初入职场的大学生,有可能会真遇到这些恶意的骗局。

对策:要多学习相关法律法规,明白自己的权益,据理力争。如要你交很多培训费,可问:"能不能在薪水里扣?"或者当场演示自己所学,表明不用培训,以此来观察招聘者的反应。要学会向对方说"不",当他们无奈地把报名费和培训费减少时,那也就是你该说再见的时候了。

当然,招聘陷阱远不止这些,这里列出的几种,是影响较为恶劣的。

2)擦亮慧眼,预防招聘陷阱

面对越来越多的招聘陷阱,如何预防呢?

①要明确划定硬件要求。在自己心目中为招聘公司确定一个明确的标准。如大中企业是否有自己的办公楼和厂房,是否有自己的网站,招聘是否正规化,招聘地点是否在公司,公司是否有保安等。小公司是否有自己的办公地点,面试地点是否借来的,面试时间是否定在正式上班时间,联系方式是否只有手机一种,是否要交各种费用。如果有一两点你怀疑的,那么你就要小心。

②运用各种途径调查。阿林的做法是把自己心仪的公司列出来,一有空就通过各种媒体,了解各公司的发展史、企业文化、经营状况、人才观等,看自己的个性是否适合该企业。他还随时关注各公司的发展动态,有时还市场上了解各公司产品销售情况。而李翔则是走群众路

线,他通过熟人到应聘单位去参观,或向已经进公司的熟人打听,还没进公司,对公司的业务等就有了很多了解。对任何公司,都不要被优厚的条件吸引,不要操之过急。冷静下来仔细分析一下,认真考虑对自己以后的发展是否有利。因为没有调查就无法识别招聘陷阱。

③签订合同要慎重。大公司一般早就拟好合同等你签订,但千万不要以为是大公司,就不看合同内容,要特别注意的是霸王条款。如对于婚假、产假、病假和业务进修培训等,有的公司要求就很不合理,如果你签合同时没有注意,伤害到你的利益时才感到后悔就晚了。如果不适合自己就要果断拒绝。如是小公司更要把合同句句弄明白,一些似是而非的问题一定要问明白。要写清楚试用期的期限和合同期限。否则,你真的会是辛辛苦苦无偿为别人打工。最好咨询相关的管理部门和就业指导人士,在没有把握之前不要轻易签工作合同。

有段著名的歌词唱得好:"借我借我一双慧眼吧,让我把这看个清清楚楚、明明白白、真真切切。"对于刚走出校门的大学生,识别和预防招聘陷阱的慧眼具备后,还要想法让自己拥有识别和预防招聘陷阱的智慧,使自己在求职中立于不败之地。

【案例解析】

好工作

庞宇毕业于某财经大学计算机系,因在报纸上看到的一则电子商务招聘信息,被诱骗从事网络传销。庞宇在他的日记中写道:"这则招聘广告简直太适合我了,除了可以实习一下所学的计算机知识外,还能赚点钱让在农村的父母不必再为我的学费四处找亲戚借钱。我不会再给它们增添负担了!"

一些心理学家认为,"好工作"的诱惑是大中专学生被拉下水的第一"帮凶"。受当前形势的影响,一些在校学生求职心切,而传销组织宣扬的"好工作"、"高收入"使他们丧失了抵制诱惑的能力,加之传销组织采取的限制人身自由等手段,导致一些在校学生迷失于传销漩涡中难以自拔。还有一些参加传销的学生,对传销组织者宣传的"一夜暴富"理念产生兴趣,或被传销头目提出的"平等"、"关爱"等虚拟的东西所迷惑。因此,和众人一起睡地铺、一起捡菜叶、一起分享"成功"的感受,极易使涉世不深的学生从中得到被关爱、被赞美的内心满足。

4.毕业生就业权益及保护

在毕业生就业过程中存在信息独用,不公平录用等侵犯毕业生权利的情况。在对毕业生进行就业指导过程中亦经常有毕业生担心自己在就业中的合法权益能否得到维护,担忧自己因权益受到侵害而在就业竞争中处于不利地位。以下就毕业生权益及其保护加以简单介绍。

(1)毕业生就业权益

毕业生作为就业的一个重要主体,在就业过程中享有多方面的权益,根据目前就业规范的有关规定,毕业生主要享有以下几方面的权益。

1)获取信息权

就业信息是毕业生择业成功的前提和关键,只有在充分占有信息的基础上,才能结合自身情况选择适合自身发展的用人单位。毕业生获取信息权,应包括三方面含义。

①信息公开,即所有用人信息向全体毕业生公开。

②信息及时,也就是毕业生获取的信息必须是及时、有效,而不能将过时无利用价值的信息传递给毕业生。

③信息全面,毕业生有权获得准确、全面的就业信息,以便对用人单位有全面的了解,从而

作出符合自身要求的选择,而不是盲目的。

2）接受就业指导权

大学生有权从学校接受就业指导,学校应成立专门机构,安排专门人员对毕业生进行就业指导,包括向毕业生宣传国家关于毕业生就业的有关方针、政策;对毕业生进行择业技巧的指导;引导毕业生根据国家、社会需要,结合个人实际情况进行择业。使毕业生通过接受就业指导,准确定位,合理择业。

当然,随着毕业生就业真正市场化,毕业生也将由从学校接受就业指导而转为主动到市场接受就业指导,这种市场指导可以是有偿的。

3）被推荐权

高等学校在就业工作中的一个重要职责就是向用人单位推荐毕业生。历年工作经验证明,学校的推荐往往在较大程度上影响到用人单位对毕业生的取舍。

毕业生享有被推荐权包含这样几方面内容。

①如实推荐。即高校在对毕业生进行推荐时,应实事求是,根据毕业生本人的实际情况向用人单位进行介绍、推荐。不能故意贬低或随意捧高毕业生在校表现及评价。

②公正推荐。学校对毕业生进行推荐应做到公平、公正,应给每一位毕业生以就业推荐的机会,不能厚此薄彼。公正推荐是学校的基本责任,也是毕业生享有的最基本的权益。

③择优推荐。学校根据毕业生的在校表现,在公正、公开的基础上,还应择优推荐,用人单位在录用毕业生时也应坚持择优标准。真正体现优生优分、学以致用、人尽其才。这样才能调动广大毕业生和在校生学习的积极性。毕业生在就业过程中只能凭自身综合素质的提高来取胜。

4）选择权

根据国家有关规定,实行招生并轨改革的高校毕业生,在国家就业方针、政策指导下自主择业。毕业生只要符合国家的就业方针、政策,可以自主地选择用人单位,学校、其他单位和个人均不得干涉。任何将个人意志强加给毕业生,强令毕业生到某单位的行为是侵犯毕业生选择权的行为。毕业生可结合自身情况自主与用人单位协商,要求学校予以推荐,直至签订就业协议。

5）公平待遇权

在用人单位录用毕业生的过程中,也应公平、公正、一视同仁。但在当前,毕业生的公平受录用权受到很大的冲击,也最为毕业生所担忧。由于各项配套措施滞后,完全开放公平的就业市场尚未真正形成,用人单位录用毕业生还不同程度存在不公平、不公正的现象,如女生就业难仍然是困扰女毕业生就业的一大问题。公平受录用权是毕业生最为迫切需要得到维护的权益。

6）违约及求偿权

毕业生、用人单位、学校三方签订协议后,任何一方不得擅自毁约。如用人单位无故要求解约,毕业生有权要求对方严格履行就业协议,否则用人单位应对毕业生承担违约责任,支付违约金,毕业生有权利要求用人单位进行补偿。

毕业生享有上述权益,但在就业过程中往往会出现一些侵害毕业生权益的行为,毕业生可通过以下途径对自身权益实施保护。

①毕业生就业主管部门的保护。毕业生就业主管部门可通过制订相应的规范来确定毕业

生的权益,并对侵犯毕业生权益的行为进行抵制或处理。

②高校的保护。学校对毕业生权益的保护最为直接。学校可通过制订各项措施来规范毕业生就业指导和就业推荐,对于用人单位在录用毕业生过程中的不公平、不公正行为,学校有权予以抵制以维护毕业生公平受录用权。对于用人单位与毕业生签订不符合有关规定的就业协议,学校有权不予同意,未经学校同意的就业协议不发生法律效力,不能作为编制就业计划的依据。

③毕业生就业权益保护。毕业生权益保护的一个重要方面就是毕业生自我保护,毕业生自我保护体现在三方面。

a. 毕业生应了解目前国家关于毕业生就业的有关方针、政策和规范以及它们之间的关系,熟悉毕业生在就业过程中的权利和义务,这是毕业生权益自我保护的前提。如果在就业过程中因为所谓的公司规定或部门规定与国家政策法规有抵触,侵犯了自己的权益,则可以依据法规办事,维护自己的合法权益。

b. 毕业生应自觉遵循有关就业规范,接受其制约,保证自己的就业行为不违反就业规范,不侵犯其他毕业生的合法权益。

c. 毕业生如有下列情形之一,由学校报地方主管毕业生调配部门批准,不再负责其就业:不顾国家需要,坚持个人无理要求,经多方教育仍拒不改正;自派遣之日起,无正当理由超过三个月不去就业单位报到的;报到后拒不服从安排或无理要求被用人单位退回的;其他违反毕业生就业规定的。

d. 在用人单位接收毕业生的过程当中,毕业生也应对自身权益进行自我保护。如按照国家规定毕业生在报到后应享受正常的福利待遇,如养老金、公积金等;对某些工作岗位的特殊体质要求,用人单位应在与毕业生双向选择时就明确,否则不得以单位体检不合格为由(比如仅仅是肝功能表面抗原阳性等)将学生退回学校;另外,正常的人才流动应根据国家和当地的有关人才流动规定执行,不应受到限制;报到后毕业生发生疾病不能坚持正常工作的,则按单位在职人员有关规定处理,不能退回学校。毕业生应该对自己的权利有正确认识,切实依法保护自身权益。

【案例解析】

合同

在某外贸公司试工的李娟说,当初怕公司不肯录用自己,所以根本就没敢问有没有合同。上班以后不论自己加班到多晚,得到的薪金仍然是公司最早承诺的500元。工作了两个月后,李娟试着向公司提出签订就业合同,经理以"对她了解不够深入,争取更好表现"为由继续试用。直到工作近半年后,公司竟以其试用期"工作经验不够丰富"辞退了李娟。

依据《劳动法》第16、19条规定,劳动合同是劳动者与用人单位确立劳动关系、明确双方权利和义务的协议。建立劳动关系应当订立劳动合同。劳动合同应当以书面形式订立。李娟在没和用人单位签订书面劳动合同就匆忙上岗,因为之前没有约定试用期限,在工作近半年后再提出签订合同,让用人单位有机可乘,自己的合法权益没有得到保障。这种教训是惨痛的,也是刚入职场的大学生们容易犯的错误之一。

e. 毕业生应学会运用法律手段维护自身的合法权益。针对侵犯自身就业权益的行为,毕业生有权向用人单位上级主管部门和学校进行申诉并听取他们的处理意见,同时也可提交给当地的劳动争议仲裁机构进行调解和仲裁,也可以直接向人民法院提起诉讼。

【案例解析】

试用期

万斌被一家公司聘用,当时签订了两年的劳动合同,约定试用期为两个月,试用期满后转正。万斌十分珍惜这份工作,在工作期间多次得到部门经理的表扬,两个月后公司并没有对她提转正一事,万斌也不好意思问。现在试用期已经快4个月了,万斌实在按捺不住便去人事部询问,公司人事部答复:法律规定试用期为6个月,你尚未到6个月何谈转正。万斌十分疑惑,我的试用期究竟有多长?

试用期之所以称为试用,其含义就在于用人单位和劳动者均可在此期间内考察对方是否符合自己的要求,双方都具有较为自由的解除合同的方式。劳动合同第十九条规定:"劳动合同期限三个月以上不满一年的,试用期不得超过一个月;劳动合同期限一年以上不满三年的,试用期不得超过二个月;三年以上固定期限和无固定期限的劳动合同,试用期不得超过六个月"。公司与万斌签订的是两年以下的劳动合同,6个月的试用期显然是不符合有关法律规定的,万斌可以再次与公司协商解决,如不成,就应拿起法律的武器,以保护自己的合法权益。

(2)毕业生的义务

权利与义务是辩证统一的,为更好地维护自己的权利,就要先履行自己的义务。《普通高等学校毕业生就业工作暂行规定》中明确指出,毕业生在享有法律、法规和有关政策规定的权利的同时,也应当履行自己的义务,这些义务主要有以下几方面。

1)回报国家和社会的义务

按照"得之于社会,还之于社会、报之于社会"的原则,毕业生理应积极地、负责地履行自己的义务,回报国家、回报社会、回报家庭。

2)服从国家需要的义务

虽然毕业生在就业过程中具有很大程度的自主权,而且根据个人意愿选择用人单位也是就业政策的规定,但是作为当代大学生,上大学并不完全是一种投资未来发展的个人行为,况且所缴纳的学费也只是培养费的一小部分,国家为大学生的成才付出了很大的代价。因此,大学生的就业决不是单纯的个人行为,要首先服从国家的需要,是有条件限制的自主择业。

3)如实介绍自己情况的义务

毕业生在求职择业过程中,如实向用人单位介绍自己的情况,不仅是基本的道德要求,也是自己应尽的义务。

4)遵守就业协议的义务

表里如一、言行一致是做人的基本准则,讲诚信、遵守协议是毕业生应尽的义务。一旦签约,就不能随便违约,否则,不仅影响正常的就业秩序,而且会损害用人单位、学校、其他毕业生的利益。因此,毕业生必须增强诚信意识,为以后的工作、发展奠定坚实的基础。

5)按时报到的义务

毕业生在领取《报到证》后,一定要在规定的时间内按时到用人单位报到。

三、创业形势与政策

新时期大学生就业过程中的一种新选择——自主创业,它挑战了传统的就业观念,成为毕业生走向社会的一个全新的、更高层次的就业方式。就像萝卜、白菜各有所爱一样,虽然营养成分、味道各不相同,但它们都是蔬菜,都可以供给人们一定的营养成分,滋养身体,这是它们的共性。从当前各类创业者的实际来看,众多学者给出较为经典的总结,成功的创业者都是相同的,不幸的创业者则各有各的原因。因此对于大学生创业的形势也是一样,因为各地政策不同,因此对大学生创业的影响环境也不同,而目前的整体就业模式对大学生成长方面说,社会有巨大贡献,尤其是可以直接为大学生们创造更多的创业机会。大学生在校应该做好创业知识、能力、素质的准备,为未来成功创业做好充分准备。

1. 当前大学生创业形势

近年来大学生就业已成为非常突出的问题,在大学生就业形势极为严峻的情况下,创业不失为一种较好的解决就业的途径,而且大学生创业不仅利于促进科技创新与有效提高科学技术水平,还能在繁荣经济发展的过程中不断扩大就业。近年来政府与高校为促进大学生创业做出了积极的努力,也取得了一定的效果。但是受多种因素的限制,其创业成功的比例不到毕业生总数的1%,并且初次创业的成功率只有20%~30%,有必要通过社会、政府、高校与大学生等群体的共同努力,积极改善大学生创业环境,有效促进大学生创业。就大学生本身而言,其创业活动能否成功也受到多方面因素的影响。

为促进大学生创业,许多高校通过开设创业课程、成立创业指导中心与高科技创业园区等作法,并采取具有鲜明学校特色的创业措施,取得了积极效果。如北京大学创立了包括融资服务(MONEY)、营销服务(MARKET)与管理服务(MENTOR)于一体的3M创业模式,有效促进了大学生创业。黑龙江农垦职业学院在整合创业就业课程的基础上,成立了创业教育中心,对促进大学生创业发挥了积极的作用。但在大学生创业取得成效的同时,还存在一些来自大学生自身、相关外部环境等多方面的问题,使得大学生创业的整体效果并不令人满意。

同时,从社会上融资或获取无息及贴息贷款是必然选择。但是大学生创业由于风险较大,较难获得必需的资金。而且一般在获取资金方面也存在两种问题,一是急于获得资金而不惜贱卖技术,二是过于珍惜技术而不肯做出适当的让步。这些问题都决定了在资金方面难以获得相应的资助。

除了大学生自身决定创业不足的内因外,社会上还尚未形成利于大学生创业的氛围,政府出台的创业培训、创业扶持、政策支持与优惠措施等现有政策有待落实,而且需要进一步健全完善,高校在创业培训教育与创业促进方面有待进一步加强。虽然这些因素并非决定大学生创业成败的关键因素,但相关有利外部条件的缺乏,既直接影响到大学生的创业能力与创业水平,也对大学生创业前景产生了重要影响。

2. 当前大学生创业的相关政策

成功的90%取决于环境,个人努力只占10%,但这10%你错过了,给你90%的环境也没有用。机会不会等人,你在寻找它的同时要去培养自己的潜力。或许你的理想并不是做一名企业家,而是做一名医生,但环境不允许的情况下你却成为医生。由此可见环境在个人创业过程中起着不可忽视甚至在某些情况下发挥着决定性的作用。创业当然不可一蹴而就,但好的环境会让我们顺风顺水,而坏的环境也可能使我们事事皆空。

(1)大学生创业政策扶持

国家鼓励创业的相关政策主要从以下几个方面来体现。

①我国的创业法律环境不断改善。与我国的其他各种立法一样,有关创业的立法也经历

了一个由不完善到逐步完善的过程,在这个过程中,法律对于大学生创业活动的保护作用日益彰显,这方面将在后面详细阐述。

②国家各项优惠政策的出台使大学生创业的环境日益宽松。随着大学生就业形势的严峻和国家对大学生创业的重视,中央政府和各地方政府又出台了一系列扶持大学生创业的优惠政策。无疑,国家政策的驱动仍是大学生创业环境不断改善的最重要原因之一。

2002年,教育部、劳动与社会保障部、人事部等出台了鼓励和帮助大学生自主创业、灵活就业的政策,同时加大了户籍管理、人事管理、社会保障等领域的改革,以便与大学生创业机制相配套。

综观这些政策,可以把优惠概括为如下几个方面。

a. 注册登记优惠。一是程序简化。凡申请从事个体经营或申办私营企业的,可通过各级工商部门注册大厅优先登记注册。申请人只需提交登记申请书、验资报告等主要登记材料,可先予颁发营业执照,并在一定期限内按规定补齐相关材料。二是费用减免。除国家限制的行业外,工商部门自批准其经营之日起1年内免收其个体工商户登记费、管理费和各种证书费。对申办高新技术企业的,如资金确有困难,注册资本达不到最低限额的,允许分期到位。高校毕业生从事社区服务等活动的,一定期限内免予办理工商注册登记,免收各项工商管理费用。

b. 金融贷款优惠。一是优先贷款支持、适当发放信用贷款。对高校毕业生创业贷款,可由高校毕业生为借款主体,担保方可由其家庭或直系亲属家庭成员的稳定收入或有效资产提供相应的联合担保。对于资信良好、还款有保障的,在风险可控的基础上适当发放信用贷款。二是简化贷款手续。三是利率优惠。对创业贷款给予一定的优惠利率扶持,视贷款风险度不同,在法定贷款利率基础上可适当下浮或上浮。

c. 税费减免优惠。对新办的从事咨询业、信息业、技术服务业的企业或经营单位,对新办的独立核算的从事交通运输业、邮电通讯业的企业或经营单位,对新办的独立核算的从事公用事业、商业、对外贸易业、旅游业、仓储业、居民服务业、饮食业、教育文化事业、卫生事业的企业或经营单位,对到"老、少、边、穷"地区新办的企业,可以免征或减征一定年限、一定比例的所得税。

d. 员工待遇优惠。一是员工聘请和培训享受减免费优惠。在一定时间内,可在有关网站免费查询人才、劳动力供求信息,免费发布招聘广告等。政府人事部门所属的人才中介服务机构免费为创办企业的毕业生、优惠为创办企业的员工提供培训和测评服务。二是人事档案管理免一定年限费用。政府人事行政部门所属的人才中介服务机构免费为其保管人事档案两年。三是社会保险参保有单独渠道。高校毕业生从事自主创业的,可在各级社会保险经办机构设立的个人缴费窗口办理社会保险参保手续。

e. 大学毕业生享受创业优惠政策的办理程序主要有:从事个体经营的高校毕业生,应当向工商、税务、卫生、民政、劳动保障、烟草等部门的相关收费单位出具本人身份证、高校毕业证以及工商部门批准从事个体经营的有效证件,经收费单位核实无误后按规定免交有关费用。同时,自谋职业、自主创业的高校毕业生可将人事关系存放在政府人事部门所属人才服务机构、劳动或人事部门人才服务机构,这些服务机构将为其办理人事关系接转、人事档案管理、转正定级、党团关系、专业技术职务任职资格申报评审、社会保险金缴纳等服务,实行全方位的人事代理服务,以解除自主创业、灵活就业的高校毕业生的后顾之忧。

③资金来源多元化有利于创业者突破资金瓶颈。毫无疑问,启动资金仍是当前大学生创

业最难以逾越的障碍之一，其实很多人已经有了比较成熟的创业思路和相当合适的创业项目而雄心勃勃，但在资金瓶颈面前又无一不变的英雄气短、望洋兴叹。

但随着经济发展和政策驱动，与过去相比，大学生创业的资金来源日益多元化，多种融资渠道都为大学生创业提供了比较可靠的资金保障。当前有十余种融资方式可供大学生创业时考虑：银行贷款融资、信用担保融资、民间借贷融资、金融借赁融资、风险投资融资、补偿贸易融资、项目包装融资、高新技术融资、产业政策融资、专项资金融资、股权融资等。

当然可能不少人对上述融资方式还感觉相当陌生，也不是所有人都能轻松驾驭，但就目前来说，至少有以下几种方式可以成为大学生创业的资金来源。

　　a. 传统的融资方式。
　　b. 个人创业贷款。
　　c. 政府专门设立的大学生创业基金。
　　d. 风险投资。

由此可见，创业时代的资金渠道日益广泛，这种资金来源广泛化也暗合了经济体制改革时期投资主体与投资模式的多元。2004年国务院《关于投资体制改革的决定》出台，明确了投资体制改革的目标，即通过深化改革和扩大开放，最终建立起市场引导投资、企业自主决策、银行独立审贷、融资方式多样、中介服务规范、宏观调控有效的新型投资体制。

投资多元化带来的资金多元化有利于解决创业启动的资金瓶颈，无疑又是促进创业成功的又一利好前提。

④经济体制转轨、市场经济的不断发育和完善为创业者提供了日益公平的竞争环境。当前中国正处于一个深刻的社会转型期。

对于创业者来说，公平、高效、自由、开放的市场环境能有效降低创业的隐性成本，清除原来可能存在的体制性障碍，无形中增加了创业的成功系数。

除了上述一些政策之外，人力资源和社会保障部在2010年又提出了在全国启动实施"大学生创业引领计划"，目标是在2010～2012年三年内引领45万名大学生实现创业，使有创业愿望并具备一定条件的大学生都得到创业培训，使准备创业的大学生都得到创业指导服务。

(2) 大学生的创业知识准备

成功的创业者应该是综合型人才，应该具备扎实的专业知识和宽广的综合知识，只有这样才能正确分析形势，把握事物发展的全局，提出独到的见解和谋略，认清事物的本质，把握其规律，实现创业目标。作为一个创业者，在这之前应该对工商、税务、金融保险、经济法律及管理方面的知识必须有足够的了解，掌握知识的关键点，同时具备创业者的基本素质，才能处理在创业过程中各种各样、纷繁复杂的人和事。其具体知识及内容在创业实务中已经进行翔实的介绍。

1) 创业知识准备

决定创业，是个人职业生涯中的一个重要的转折点。作为创业者，除了应具有扎实的原专业知识和技能之外，还应掌握一定的管理、营销、财务、法律等方面知识。

①管理知识。一个初创的企业要想早日走上正轨并做大做强，或早或晚都要过"组织架构设计"这道关。而组织架构设计中最根本的问题就是决策权限的分配。简单地说，就是首先要解决"谁说了算"的问题。决策权限分配更准确地说是解决"什么事情谁说了算"的问题。只是简单地规定"谁听谁的"还无法应付日益复杂的经营管理问题，没有一个有效的决策权限

分配系统,上级不能有效的管理下级,这类企业在规模尚小时问题还不大,达到一定规模后效率则变得极其低下,甚至会危及企业的生存。根据管理学原理,组织架构设计主要包括三个关键方面:即决策机制、激励机制、评估机制。三者相互联系,互为依存。决策机制需要有相应的激励机制和评估机制加以配合,以有效鼓励拥有决策权的人做出有利于企业的决策,有利于监督和评估决策质量和决策效果;反过来,有了员工激励机制,也要给他们相应的参与决策、参与管理和监督的权利,以便员工按权限采取行动,并有相应的业绩评估体系来为自己的行动作参考。决策权限分配、员工激励机制和业绩评估体系三者相互协调,是理想的组织架构设计,是初创企业在设计组织架构时值得参考的重要原则。

此外,几个人合股的企业中,若开始没有界定清楚彼此的权利与义务关系,很容易引起经营过程中的争执,严重的还会反目成仇。因此在合资创业前,最好议定《合资协议书》,大家共同讨论出创业经营的目标与范围、管理制度的细节、执行业务股东的酬劳计算、利润如何分配或亏损如何补偿,以及万一企业停止营业时财产如何处理等原则,避免日后纷争。

②营销知识。营销管理是指分析、规划、执行和控制各种方案,以便与目标市场的顾客建立和保持互惠交易以实现组织的目标。营销管理的实质是制订一套开发客户、提供服务、收款及售后服务的企业运作流程。例如,如何选择成本最低、成效又最高的行销方法;如何找到可靠且成本低廉的供货商;如何提供成本最低却又能符合需求的产品与服务;怎样收款流程最顺畅,以及如何降低呆账率化解风险等。创业者可先试着找出同业中谁最赚钱,仔细观察其运作方式,然后根据自己企业的情况去调整这套运作模式,建立属于自己的营销制度。

③财务知识。企业正式运作后,要了解公司是否上轨道"让财务报表说话"是最好的方式。不少大学生创业者由于缺乏起码的财务管理知识,因而从企业初创阶段就没有养成良好习惯,既不了解自己一个月到底净赚多少,实际毛利率有多高,也没有充分考虑预留周转金,因而由于一笔款项周转不灵而导致创业失败的例子屡见不鲜。为此,创业初期除了启动资金外,预留一定的流动资金、发展基金是非常必要的。

此外,创业者要充分了解经营状况,最好要掌握一些账目管理的基本知识,翔实纪录收入支出、进货销货以及成本核算等。坚持以往,有利于创业者对于未来可能的利润和收支平衡点做到心中有数,并对降低生产成本、报税、调整经营方向等起到参考作用。

2)创业的能力准备

从事创业活动到底需要具备哪几个方面的能力呢?从对无数创业成功者的能力分析中可以看到,在创业实践活动中直接发挥效率有三种不同层次的创业能力,它们从低到高依次是:专业技术能力、经营管理能力、综合性能力。

①专业技术能力。创业者是以自己的服务式产品为社会作贡献的,其劳动价值要能得到社会的承认,当然要以精通专业操作为基本前提,所以,在创业能力中,专业技术能力(包括技能技术)是最为基本的能力,是人们从事某一特定社会职业所必须具备的能力和本领。一个具有丰富经验和较高水平的经营管理者,如果不熟悉、不了解某一专业或职业的特殊性就可能无法施展和发挥其经营管理或综合性能力。而只有把握住了某一专业、职业的特点,才能对症下药、因事制宜采取适当的经营管理方法。从这个意义上讲,专业技术能力是一种最基本的创业能力。

综观改革开放以来率先致富的人们,我们也可以看到,其中有相当一部分是能工巧匠、经营行家。这并非出于偶然,因为一般人往往是"想干不会干,想富没门路",而他们具有某一方面的专业知识和技能,所以较之一般人致富的门路要广;也正因为他们的专业知识和技能已经达到了精通的程度,所以其产品或服务往往质量较高,或成本较低,或兼而有之,从而在市场竞争中占有优势。所以,创业者若要从事创业活动并期望成功,必须根据自己的创业意向,掌握相关的专业知识和技能。

②经营管理能力。在创业能力中,经营管理能力是一种较高层次的能力。它从以上几个方面直接影响创业实践活动。一是它涉及创业实践活动的每一个环节:规划、决策、实施、管理、评估、反馈,影响到创业实践活动的全部过程。所以,有人认为经营管理就是控制和调节的艺术。二是它涉及创业实践活动中人的选择、使用、组合和优化,涉及群体控制的各个方面:群体目标、群体凝聚力、群体规范和价值等。所以,有人说经营管理就是人才的发现和使用的艺术。三是它涉及创业实践活动中资金的分配、使用、流动、培植等环节的过程,从而影响实践活动的规模和效益。所以,有人说经营管理就是资金的运筹艺术。因此,经营管理能力是创业能力中的运筹性能力,直接提供效率和效益。它大致可以概括为善于经营、善于管理、善于用人、善于理财这四个方面来具体阐述经营管理能力。

③综合性能力。在创业能力中,综合性能力是一种高层次的能力,具有很强的综合性特征。首先,它是由多种特殊能力与经营管理能力综合而成的。这些特殊能力主要有:发现机会、把握机会、利用机会和创造机会的能力;搜集信息、处理加工信息、运用信息的能力;适应变化、利用变化、驾驭变化的能力;公关、社会活动能力,等等。这些特殊能力一旦与经营管理能力结合,就从整体上全方位的影响和作用于创业实践活动,使创业实践活动的方式和效率产生根本性的变化。

四、就业指导实训

(1)实训项目

立足职场,从小事做起,加强团队意识之搭建人椅。

(2)实训目的

①让你体会当你走入职场,你就成为企业或部门的一个人椅,占了一个位置,这个位置不是孤立的,每一位职工都要扮演这样的人椅角色,工作才能正常运转。职业岗位的基本要求不是轰轰烈烈,而是忠于职守,做好自己的本职工作。

②帮助你充分理解个人利益和团队利益是完全统一的,做好每一件平凡的工作,对整体都有不能埋没的贡献。

③提高你主动、自觉融入团队的合作意识。

④让你体会职业岗位中每一个人都有不可忽视的重要性。

(3)实训内容

①学生分组:15人左右一组,男女生分开,也可以以宿舍为单位分组。

②比赛开始,安排一位同学计时,一位同学记录每组时间,看哪个小组可以坚持更长的时间。每组学生围成一圈,每个学生将手搭在前面同学的肩上,并轻轻坐在他后面同学的大腿上。坐下之后,各组为了鼓励士气,可以以口号、齐唱等形式,促使各组齐心协力,坚持到底。

③获胜的小组可以要求失败的小组表演节目。

④要求:时间为3分钟。

(4) 实训场地

选择空地、讲台前空地、大教室过道等。

(5) 考核方式

胜组陈述：

①在这个游戏中，你有过什么样的心理活动？说给大家分享。

②谈谈你现在如何理解完成本职工作的重要性。

讨论提示：

①阻碍这个游戏成功的最大原因就是产生懈怠心理。有人可能会认为，这么多人一块做游戏，自己稍微少使点儿劲不会产生什么影响。殊不知，如果大家都这样想，"人椅"是绝对建不成的，大家可能还会一起摔在地上。

②同样，在集体工作中也是一样，作为团队的一分子，每个人都应该贡献自己的最大力量去帮助团队工作，也只有这样才能达到个人利益和集体的统一，使得大家都获利。

所谓团队就是要求团队中的每一个人都要充分贡献自己的力量，不能存在任何偷懒、滥竽充数的思想。本活动可以充分体现这一点。

【知识导读】

金融危机下理性创业　毕业生在杭筹资办绿色餐饮

在杭州市余杭区，新开了一家冰果主题餐厅，推出的特色美食80%以上都是新鲜天然水果制成，而这家餐厅的主人则是4名余杭籍应届大学毕业生。在金融海啸影响就业的形势下，他们自筹资金、自谋职业，成功地开出了杭州第一家以新鲜水果为主题的绿色休闲餐厅。

陈鉴是北京外国语学院的毕业生，他说："去年8月底，我和俞世晓专程到福州考察源自台湾的'活力果子'休闲美食餐厅，回来之后告诉了姚路成和葛俊，不久他们俩也去了一趟福州，亲口品尝了新鲜健康水果为主题的绿色休闲餐饮。"于是，4名刚出大学校门的毕业生便开始酝酿引进这种独特的绿色休闲餐饮。回到杭州后，他们着手市场调查，发现杭州地区还没有一家类似的绿色休闲餐厅，就达成共识，要立马筹办一家像"活力果子"式的新鲜水果主题餐厅。

"当时最大的困难就是资金，后来是姚路成把父母亲将来给他的一套住房向银行抵押贷款30万元，投入'冰果'。我们其他人也通过各种途径借款"，葛俊欣然说道，"餐厅内的所有设施都是我们自己洽谈、选购的，我们还加盟'活力果子'，引进了技术、管理等"，2008年12月底，餐厅门面上"Bingo/bingguo"几个字亮了起来，姚路成、葛俊等人内心一阵激动：100多个日日夜夜的营建终于有了小小的成就。"当第一位顾客夸赞招牌芒果刨冰味道很不错的时候，我们创业信心更加坚定了"，俞世晓说，这是人生第一次创业，学到了很多东西，第三产业的服务态度很重要，要求服务员有一种从心灵透出来的微笑；就算是做一份饮料、一盘点心，都要用心去做、去体验。

点评：金融危机带来了就业寒潮，但"危"中有"机"，创业是大学生就业的一次机遇，专家提醒，创业之路应慎之又慎，大学毕业生要提高自身就业创业能力，要有独到的创新创意，要理性运作，才能扩大成功的机会。

【任务小结】

通过本任务的学习,使学生了解大学生就业的形势与相关政策;掌握影响大学生就业的关键因素,并能够结合学生自身实际,全面分析职场趋势,逐步寻找发展空间。能够运用国家就业政策,明确自己的职业目标,锻炼学生职业能力并根据求职目标收集就业信息并制订相应的求职信。

任务二　就业观念心理调试

教学导航

教	知识重点	了解大学生就业心理特点
	知识难点	大学生就业心理调试方法
	推荐教学方式	结合心理测评
	教学场所	多媒体教室或实训室
	建议学时	4学时
学	必须掌握的理论知识	了解大学生就业时心理上需要做好哪些准备
	必须掌握的工作技能	高职生如何克服在就业中的心理问题，正视就业观
	能力训练	了解就业心理问题，掌握心理调适的方法与途径，培养良好的就业心理素质
	考核方式	考核采用过程考核和终结性考核相结合的方式。最终成绩＝平时成绩×30%＋自荐材料×40%＋面试×30%

【单元寄语】

求职择业是一个双向选择的互动过程。作为毕业生，要在分析就业形势，了解政策法规，熟悉就业市场，客观地认识自身的基础上，树立正确的择业观。求职择业也是大学生人生发展中的重大转折点，是大学生从"校园人"向"社会人"过渡的重要阶段，大学生群体是个体由青年期到成年期成长过程中一个特殊的群体。因此，大学生需要了解就业心理问题，培养良好的就业心理素质，为就业做好充分准备，对成功顺利迈入社会非常重要。

●一个哈佛大学的毕业生走出校门后高兴得手舞足蹈。他逢人便说:"我是哈佛大学2000届毕业生。"一次,他搭乘一辆出租车,兴奋地对出租车司机说:"你可知道我是哈佛大学2000届毕业生,我一定会找到薪水很高的工作,祝福我吧,为我高兴吧。"可是司机白了他一眼道:"我是哈佛大学1980届毕业生。"

【问题】

你是否也像上面的例子中的同学一样,对自己的前程充满着兴奋与自信呢?你是否也认为你的学校直接决定了你工作的好坏呢?

 练习:请你写出你目前就业所具备的能力,以及如何培养自己这些能力?

_____

_____

一、大学生常见的不良就业观

有句谚语说到:"如果你想种植几天,就种花;如果你想种植几年,就种树;如果你想流传千秋万世,就种植观念!"

不错,观念是打开我们成功之门的钥匙,它直接决定了人的言行举止,在任何时候都起着先导的作用。从奔月传说到载人宇宙飞船遨游太空,从飞翔的梦想到飞机的诞生,从苹果落地到地心引力,说到底都是观念更新、思想进步的结果。而我们的工作也是如此,不同的就业观念将造就我们不同的职业轨迹。

1. 就业观差异化分析

(1)我为什么工作

亲爱的同学们,就在我们即将告别昔日熟悉的象牙塔,开始谋求人生第一份工作的时候,你有没有思考过这样一个问题:"我为什么工作?"

也许你会告诉我:"当然是为了钱喽!"

或者是:"为了让我的父母过上好日子,他们太辛苦了!"

或者是:"为了出人头地!"

……

正如有一千个读者就有一千个哈姆雷特一样,我想一千个人也会有一千个答案,因为每个人的所思所想都不同。没有关系,先暂且抛开问题的答案,让我们来看一则案例。

【案例解析】

瓦工的命运

有三个瓦工,在炎炎烈日下同样辛苦地建造一堵墙。一个路过的行人问他们:"你们在干什么?"

"我在砌墙。"第一个瓦工答到。

"我在挣钱,1小时5元钱。"第二个瓦工答到。

路人又向前走了几步,来到第三个瓦工面前,提出同样的问题。第三个瓦工仰望着天空,以富有幻想的表情凝视着远方,答到:"我正在修建一座大教堂。建造一座对本地区产生巨大精神影响的、能够与世长存的教堂。"

多年以后,起先的两个瓦工庸庸碌碌,无甚作为,还在砌墙,而第三个瓦工则成了一位享誉世界的建筑工程师。

点评:同样的工作,是什么改变了三个人的命运呢?

答案又回到我们开始的问题——"你为什么工作?"其实它并不是一道数学题,没有统一标准的答案,但造就三个瓦工不同命运的原因正是他们对这个问题的回答。因为,你为什么工作,工作就将给予你什么。

(2)机会就在身边

随着持续几年的高校扩招,大学生人数急剧增加,关于大学生就业难的问题也不再是什么新鲜事了。走在校园中我们经常能听见一些毕业生抱怨就业机会越来越少,每一条路似乎都是为别人准备的。但事实真的如此吗?难道我们就真的没有机会了吗?

【案例解析】

机会之神

在一个画室里,一个青年站在众神的雕塑面前。他指着一尊塑像好奇地问到:"这个叫什么名字?"那尊塑像的脸被头发遮住了,在他的脚上还生有一对翅膀。

雕塑家回答:"机会之神。"

"那为什么他的脸藏了起来呢?"年轻人又问道。

"因为在他走近人们的时候,人们却很少能够看见它。"雕塑家回答说。

"那他为什么脚上还生有翅膀呢?"青年又追问道。

"因为他很快就会飞走,一旦飞走了,人们就再也不会看见他了。"雕塑家回答道。

点评:看过许多对机会的描述,但这个故事却是我认为最生动、最贴切的了。他告诉我们机会是有的,而且对每一个人都是平等的,问题是你把握了吗?问题是你把握的能力有多大呢?想想,当你走近"机会之神"时,你看到他的脸了吗?你认真地看清楚他的脸了吗?再想想,机会不就正像故事中说的一样经常在我们身边与我们捉着迷藏吗?而且机会出现的时候像闪电一样短暂,但正是他的短暂,才使得他珍贵。

(3)我是最棒的

【案例解析】

法兰西士兵的故事

有一次,一个士兵骑马给拿破仑送信,由于战马跑的速度太快,在到达目的地之前,猛地摔了一跤,那马就一命呜呼了。拿破仑接到信后,立刻写了封回信,交给那个士兵,吩咐他骑上自己的战马,快速把信送回。

士兵看到那匹装饰的无比华丽的骏马,便对拿破仑说:"不,将军,我只是一个平庸的士兵,实在不配骑这匹华美而强壮的骏马。"

拿破仑回答到:"世上没有一样东西是法兰西士兵所不配享有的。"

点评:仔细想想,我们身边到处都充满了这样的法兰西士兵,也许现在的你就是其中的一个,总认为自己不能与那些成功人士相提并论;总认为自己事事、处处不如人;总认为世界上的幸福、成功都是留给那些命运的宠儿来享受的。

其实,就像树如果没有阳光的沐浴、土地的养分就无法生长一样。对于一个人来说,自信正是我们获得成功的阳光和养分,如果没有了自信我们就会失去神采,自甘平庸,离成功越来越远。相反,当你拥有了坚定不移的自信时,这种力量将会带你攀上成功的巅峰。

(4)懂得放弃

【案例解析】

考考你

在一个暴风雨的夜晚,你驾车经过一个车站。车站上有三个人在等巴士,其中一个是身受重伤,急需医治的老妇人;一个是曾经救过你性命的医生;还有一个是你长久以来的梦中情人。但你的车子只能带上其中一个人走,你会选择哪一个呢?

老妇人,医生,还是自己的梦中情人?也许你还在道义及感情之间徘徊,但我要告诉你最好的答案就是:把车钥匙给医生,让医生带老人去医院,然后你和你的梦中情人在一起等待巴士。同学们,你们答对了吗?

点评:其实困扰我们答题的最大因素并不是老妇人、医生和梦中情人之间的选择,而是你手中的那把车钥匙,因为我们不想放弃自己所拥有的。不错,放弃原本就是一件痛苦而又挣扎的过程,但你有没有意识到,在我们的生活中,许多事情都不是一成不变的,例如我们的住处、我们的朋友圈子、我们的工作,等等,所有这些都可能发生改变。而我们的每一次变化总是由选择,同时也是由放弃引起的。

(5)比别人多做一点

【案例解析】

"幸运"的小王

小王刚从学校毕业,分到某企业办公室。起初,大家都挺照顾他,小王也觉得初来乍到应多干一些事,擦桌子、扫地、跑腿儿都干。时间一长,他发现就只有自己一个人干这些事情,觉得挺亏,但后来一想,这些事总得有人干吧,如果都不干岂不引发更多的内部战争,吃亏就吃亏吧,反正也用不着费多大的劲儿。

一年以后,小王被调到经理办公室当秘书,小王挺吃惊,论资排辈也轮不上他啊。经理揭开了谜底,说:"我就喜欢不怕吃亏的人,你和一些人不一样,能够顶住压力做别人不愿意做的事情,说明你有奉献精神,也有胆量,企业的发展需要你这样的人。"

点评:我们的工作中常常有很多像"照顾"小王那样的人,他们总觉得自己非常聪明,甚至还在为自己能少干点活、多一个休息日而沾沾自喜,殊不知像"小王"那样不怕吃亏的精神才是真正的大智慧,而他获得经理秘书的秘诀也正是这再简单不过的一条——比别人多做一点。

(6)学习的脚步不能停歇

【案例解析】

生死奔跑

在广袤的非洲大草原上,每当羚羊醒来的时候,进入它脑海里的第一个念头就是我要向着太阳升起的地方奔跑,一定要比跑得最快的狮子还要快,不然我就会被吃掉。与此同时,狮子也从睡梦中醒来,它的第一个想法也是我要向着太阳升起的地方奔跑,一定要比跑得最慢的羚羊快,不然我就会被饿死。所以就有这么一个景象:当东方刚露出鱼肚白的时候,羚羊和狮子都张开他们矫健的腿向着太阳升起的地方跑去。

点评:就像故事告诉我们的一样,优胜劣汰不仅是自然界生存的基本法则,也是我们职场竞争中的法则。

(7)热爱我们的工作

【案例解析】

擦街牌的工人

在欧洲某国际大都市里,有一位擦街牌的工人,他每天擦着一些自己不懂其由何而来的街牌,直到有一天,有几个候车的人在街牌下说着闲话,从他们的对话中,他才知道这条街名是以一位杰出的诗人的名字命名的,而其他街名有的是以政治家的名字命名的,有的是以音乐家的名字命名的,等等。这才引起这位工人的兴趣,便到图书馆借书来研究。十多年来,他研究了许多诗人、政治家、音乐家……又因怕忘掉某些内容,便在擦拭不同街牌时,反复背诵相应名人的历史。有一次,这位工人边工作边复述名人历史时,碰巧被几个路人听到,他们便停下脚步去聆听。慢慢地,听的人越来越多了,而且是一个街牌接着一个街牌地听,最后,有大学及图书馆来函,邀请他去演讲。他去了几场,没有想到他的演讲是那样地吸引人,受到了人们的欢迎。可是,后来他却婉拒了如潮涌般的演讲邀请,因为他自己更乐于当一个擦街牌的工人。他之所以去了解那些名人,只不过是让自己更热爱这份工作。这位擦街牌工人为什么放弃了有着优厚待遇和容易获得良好名声的演讲工作,而愿意从事辛苦的、卑微的擦街牌工作呢?原因只有一个,他乐于做自己想做的事,因为这样做更能给他带来快乐。事实上也如此。当然,在收获快乐的同时,他也收获了成功——他从擦街牌中学到了很多有关名人的历史知识,而且成了一位颇受好评的演讲家。

点评:同学们,让我们像故事中那位擦街牌的工人致敬吧,因为他告诉了我们一个在工作中永远快乐的观念——热爱我们的工作。

问问自己:你热爱你现在的工作吗?你正在做的是你想做的事情吗?如果是,即使目前的工作有困难,也不要放弃,要坚持,要全力以赴,要付出热情,要有积极的行动,要有健康的心态。当你拥有这一切时,成功便顺理成章。

(8)心怀梦想

【案例解析】

不再攻击的鳄鱼

心理学家将一条饥饿的鳄鱼和一些小鱼放在水族箱的两端,中间用透明的玻璃板挡开。

刚开始的时候,鳄鱼毫不犹豫地向小鱼发动攻击,它失败了,但它毫不气馁;接着,它又向小鱼发动更猛烈的攻击,它又失败了,并且受了重伤;它还要攻击,第三次、第四次……多次攻击无望后,它不再攻击了。

这个时候,心理学家将透明的玻璃挡板拿开。

同学们,请问:鳄鱼还会攻击那些小鱼吗?

它不再攻击小鱼了。它依然无望地看着那些小鱼在它眼皮底下悠闲地游来游去,放弃了一切努力。

点评:就像这条鳄鱼一样,我们的身边还有一些人,特别是那些初入社会的毕业生,刚开始的时候充满激情,满脑子的梦想等待实现。但在残酷的现实面前,在多次的挫折、打击和失败面前,就逐渐失去了战斗力。

激情死了,梦想死了,剩下的只有黯淡的眼神和悲伤的叹息,他们开始感到无奈、无助、无力,最终放弃了自己的梦想。

没有了做梦的念头,人生就注定不会成为赢家。因为在这个世界上,有许多事情我们无法预料,每天给自己一个希望,我们就有勇气和力量面对生活的种种不幸。

把梦想高擎在手中,让它照亮自己的生命之路。这样,你永远会活得生机勃勃,激昂澎湃,你的人生也会因此而丰盈富足。

二、大学生常见的不良就业心理

面对就业,大学生的心理是复杂多变的。通过几年大学生活,同学们在知识、能力与人格方面有了积极的显著发展,有着强烈的就业意愿和积极的就业动机,为能尽快实现自己的人生价值而感到由衷的欢欣;而就业岗位和就业方式的多样化也为大学生就业提供了更多的机遇和更大的自由度,许多大学生都摩拳擦掌,跃跃欲试,准备在所学专业领域一展身手。但是在就业过程中,又难免出现种种心理矛盾、心理误区和心理障碍。

然而,当你结束了多年的寒窗苦读,终于怀着兴奋而忐忑不安的心情,踌躇满志地开始了自己的职业生涯时,但情况却往往不是我们想的那样乐观。随着1998年我国高校实行扩招政策以后,中国的高等教育体制已经在从精英教育转向大众教育,大学生的数量急剧飙升。目前中国城市劳动力中很大一部分人持有大学文凭,但很多人的心理却还停在过去的状态,死抱"天之骄子"的观念不放。再者,加上毕业生家庭的因素,使得不少大学生们在求职中产生诸多不良心理,具体来说,要想真正就业必须消除以下八种不良心态。

羞怯心态:在求职现场丢了自荐书就跑,面对招聘者结结巴巴、面红耳赤,这样的人自然难受用人单位的赏识。

仕途心理:"学而优则仕",觉得当官才是正道,削尖脑袋往"衙门"里钻,哪知这些地方是实力和关系的大比拼,远非平常人所能进入,结果大都未获成功。

攀比心理:一些学生讲"级别",觉得在校园期间我成绩比你好,荣誉我比你多,"官职"比你高,理所当然工作也应比你好。却不知用人单位并非以此作为录用人才的唯一标准,这些热衷于攀比的"高材生"最终只能在"高处不胜寒"的日子中体会孤独。

依赖心理:一些大学生缺乏独立意识,出外应聘总爱拉父母、同学相伴,或一帮学友共同应聘一个单位,希望日后相互照应,这种无主见和无魄力的毕业生只会被用人单位抛弃。

依附心理:自己不急于找工作,整天想着攀哪个亲戚朋友的关系,拿点钱买个职位,这样买来的职位恐怕难做长久。

乡土心理：这些大学生不愿出远门，只愿在眼前的"一亩三分地"里就业，另一些人早早登上爱情方舟，毕业后为与另一半留守同一战壕而死守一方。这样的人鼠目寸光，难有作为。

低就心理：与保守心理相反，这些人总觉得竞争激烈，自己技不如人，遂甘拜下风，不敢对自己"明码标价"，找个买家草草卖出。对于一些单位开出的不平等协议也闭着眼睛签订，给日后工作带来严重隐患。

造假心理：假学历、假证书、假荣誉等并非敲开就业大门的救命稻草，假的终究真不了，最终只会误了自己名声，毁了自己前程。

1. 大学生就业心理特点解析

大学生就业心理需要每一个大学生都必须面对的，下面介绍几种当下大学生的就业心理特点。

（1）大学生就业心理特点

1）择业期望过高，但与社会需要存在矛盾

记得唐代诗人白居易在踏春季节曾写下过这样的诗句："乱花渐欲迷人眼，浅草才能没马蹄。"现在，对于即将步入职场的不少大学应届毕业生而言，也恰如使人进入了春天的百花园一样，怀抱着一种踌躇满志的心态，可是因为花朵太多太艳而反倒不知如何下手，不知哪一朵花才是最适合自己的，以至于在选择用人单位时，往往这山望着那山高，不能客观地根据自身情况选择，而陷入择业期望值过高的误区。

【案例解析】

钓　鱼

有一个青年人和一位老人出海钓鱼。鱼竿抛出以后，他发现老人每钓起一条鱼，就用尺子量一下。如果鱼大于七寸，就放回海中。青年人越看越不懂，就问："为什么不要大鱼要小鱼？"老人说："因为我们家的锅只有七寸大，鱼太大没法煮，所以只要七寸以下的。"

点评：经常有一些即将毕业的年轻人抱怨工作难找，拿着简历没人要，投了简历没人理，或者一次一次面试之后的败北，沮丧的情绪厚厚地贴在脸上，一层一层撕不掉。有的人干脆就坐在招聘会拐弯的楼梯上，以垂头丧气的沉默来面对会场里汹涌的人流。

其实就像故事中说的一样，我们自身的能力和素质，便是我们手中的锅。而那些我们希冀获得的职位，便是我们渴望钓到的大鱼。如果我们只有七寸的锅，却要去收获八寸、九寸的鱼，显然是有些勉强的。但若我们有十寸甚至更大的锅，却要去收获八寸、九寸的鱼，却也有着机会。"量体裁衣"，"论锅捕鱼"，你的底气就会更足。

症状：在择业过程中有些大学生以"天之骄子"自居，不能正确认识自我，过高估计自己的知识和能力水平；不能认识社会职位的要求，很难给自己找到一个准确的社会定位。表现在就业过程中主要有：脱离实际，怕吃苦，不愿承担艰苦的工作；不愿到经济欠发达地区和基层单位去工作；择业目标与现实之间存在着巨大的反差；双向选择变成了单向选择；不切实际地挑选用人单位。

处方：要克服期望值过高的心理并不难，只要我们正确认识就业形势，根据自己的实际情况出发，从小事做起，把远大的理想落实到现实的努力之中，一步一个脚印地做好本职工作，为今后的发展作准备即可。

2）盲目从众

【案例解析】

你在干什么

说一个人流鼻血了，就用手捂着，并且向上仰起头。周围有几个人见他仰头看天，不知道他在看什么，于是也仰着头向天上看，慢慢的周围的人全部都在仰着头看着天空。一会他的鼻血不流了，就放下手，也不仰头了，就看见周围的人都在仰着头看着天空，就问旁边一个人，你们在看什么呀？那个人说，不知道，大家都在看。

点评："从众"心理，就像故事里那些人一样。由于对目标认识不清，完全被外界环境所左右。这是一种比较普遍的社会心理和社会行为现象。通俗地解释就是"人云亦云"、"随大流"；大家都这么认为，我也就这么认为；大家都这么做，我也就跟着这么做。而对于每一位大学生来说，我们都应该克服"从众"心理，在决定从事什么职业，去哪家公司时，不要盲目随大流，乱"扎堆"。

症状：大学生处于人格逐渐完善和成熟的阶段，更容易陷入"从众"心理的怪圈，受社会思潮和社会观念的影响，表现在就业过程中主要有：宁愿放弃所学专业，留在经济发达地区和中心城市打工，也不愿去经济落后，但有发展潜力，急需专业人才的地方发展；一味追求所谓的热门单位、热门职业，没有从职业发展、自身特点、能力和社会需求去考虑等。

处方：要想克服求职中的"从众"心理，我们可以在找工作前先想想下面几个问题。

我有什么才能？

我能够做什么？

我的追求是什么？

什么是我梦寐以求的，可以使我迸发激情？

究竟哪些事情我愿意一展才华？

什么样的环境使我感到如鱼得水？

什么样的环境最适合我发挥自己的才能？

在充分了解自身条件及今后职业的发展方向后，再做出正确的选择。

3）盲目攀比

【案例解析】

钻石的故事

从前有位富足的波斯人，他拥有大片的兰花花园、稻谷良田和繁盛的园林。有一天，一位他曾经救助过的农夫前来拜访他，并向他讲述了自己因为发现钻石而从穷人变成富翁的神奇故事。

送走农夫后的那天晚上，波斯人就变成了一个穷人——不是因为他失去了一切，而是因为他开始变得不满足。他想："我也要拥有一座钻石矿。"因此，他整夜难以入眠，第二天一大早就跑去询问别人在什么地方可以找到钻石。于是他卖掉了农场，将利息收回，把家交给了一位邻居照看，然后就出发去寻找钻石了。

他先是前往月亮山区寻找，然后又来到巴勒斯坦地区，接着又流浪到了欧洲，后来他身上带的钱全部花光了，衣服也又脏又破。最后，这位历经沧桑、痛苦万分的可怜人怀揣着那位农夫所激起的得到庞大财物的诱惑将自己投入了迎面而来的巨浪中,结束了自己的生命。

几十年后的一天,当波斯人的继承人牵着他的骆驼到花园里去饮水时,他突然发现,在那浅浅的溪底白沙中闪烁着一道奇异的光芒,他伸手下去,摸起了一块黑石头,石头上有一处闪亮的地方,发出彩虹般的美丽色彩。他把这块奇异的石头拿给有经验的人去请教,当别人看到这块石头时,惊奇的叫到:"这是一颗钻石!这是一颗钻石!"

于是他兴奋的奔向花园,用手捧起河底的白沙,发现了许多比第一颗更漂亮、更有价值的钻石。

点评:其实,就像故事中的波斯人一样,大部分年轻人都不能清晰地意识到,自己手头的平凡工作就是一座宝贵的钻石矿,只要好好挖掘——全力以赴地做好目前所做的工作,就能找到属于自己的钻石——包括职位的晋升和财富的增加。

症状:大学毕业生在选择单位时,往往是拿自己身边同学的就业标准来定位自己的就业标准,从而导致不同程度的攀比心理。表现在就业过程中主要有:忽视自身特点,对自我缺乏客观正确的分析,不从自身实际出发,不考虑所选单位是否适合自己。而是与同学盲目攀比,过多把注意力集中在他人的就业取向上,自己的既定目标受到他人的干扰,特别是看到与自己成绩、能力差不多的同学找到令人羡慕的工作、获得可观的收入时,觉得自己找不到理想职业,很没面子。常常会出现"他(她)都能找到那样的工作,凭什么我不能"的心理。为了获得心理上的平衡,将自己就业的目标定位过高,其结果是高不成、低不就,陷入苦恼中。

处方:要克服攀比心理,就应该像克服从众心理一样,从职业发展、自身特点、能力和社会需要去考虑最适合自己的工作。

4)自卑心理

【案例解析】

黑色圆点

老师在黑板上挂了一张"画",白纸中画了一个黑色圆点。

"你们看见了什么?"老师问。

全班学生一起回答:"一个黑点。"

老师说:"只说对了极少一部分,画中最大的部分是空白。只见小,不见大,就会束缚我们的思考力。成千上万的人不能突破自己,原因正在这里。"

点评:"自卑"就是你把别人看得比自己好。如果换一个角度来理解,"自卑"就是你有一个消极的自我形象,你在心理上觉得自己比别人差。我们不喜欢"自卑"这个词,但我们发现,许多大学生都有某种程度的自卑心理。有时候可能因为自己长得不如别人,因为自己穿着不够好,因为学习和工作不够出色,因为没有自己的爱好和特长,因为自己学校的牌子不如别人……

就像故事中说的一样,我们不能总盯着一个黑点——我们的缺点看,而忽视了大部分的空白——我们的优点。

症状:对很多人而言,自卑就像站在太阳底下的影子,总是如影随形,时刻影响着毕业生的心理和行为。而一旦他们因为自卑而有了一个糟糕的自我形象,就如同在黑暗中照镜子,总感到这个世界对自己总是那么灰暗无光。表现在就业过程中主要有:对自己缺乏自信,过于拘谨,缩手缩脚,优柔寡断,不能向用人单位充分展示自我,从而坐失良机;更有甚者,悲观失望,抑郁孤僻,觉得自己事事不如他人,不敢参与就业竞争。

处方:克服畏惧,战胜自卑,需要的是面对现实的勇气,需要的是自我解脱的决心。如何面对,如何自我解脱,就成为能否战胜自卑、走向自信的关键。而克服自卑最快、最有效的方法,就是去做自己不敢做的事,直到获得成功。具体方法如下。

突出自己,挑前面的位子坐。

睁大眼睛,正视别人。

昂首挺胸,快步行走。

练习当众发言。

学会微笑。

5)依赖心理

【案例解析】

田羽的"幸福"生活

田羽出生在一个条件优越的家庭,父母从小就对她宠爱有加,什么事情都帮他安排得井然有序,所以也养成了她毫无主见,事无巨细均向家人请示的依赖心理。随着年龄的不断增长,她也开始要面临就业的问题了,但是长期养成的依赖心理使得她根本没办法去适应残酷的竞争,每一次不但要父母找好单位,还要他们一同陪伴参加面试,她的面试结果也就可想而知了。

点评:父母来陪着参加面试的情况在这个社会似乎并不少见,然而,人总有一天要学会长大,长期依赖家长的同学,一定要注意了,这种情况是不可能得到工作单位的认可的。

症状:

①在没有从他人那里得到大量的建议和保证之前,对日常事物不能做出决策。

②无助感。让别人为自己做大多数的重要决定,如在何处生活,该选择什么职业等。

③被遗弃感。明知他人错了,也随声附和,因为害怕被别人遗弃。

④无独立性,很难单独展开计划或做事。

⑤过渡容忍,为讨好他人甘愿做低下的或自己不愿意做的事。

⑥独处时有不适和无助感,或竭尽全力以逃避孤独。

⑦当亲密的关系中止时感到无助或崩溃。

⑧经常被遭人遗弃的念头所折磨。

⑨很容易因未得到赞许或遭到批评而受到伤害。

处方:对依赖性人格障碍的治疗,可以采用如下方法。

习惯纠正法。

重建自信法。

6)害怕失败

【案例解析】

幸运女神

瑞典的化学家塞夫特穆,在1830年发现了一种新的化学元素——钒。

其实,当初和他一起研究的,还有他的好朋友维勒,可是维勒受不了一再失败的打击,所以在中途退出了研究。塞夫特穆仍然继续坚持,最后终于获得成功。

在发表这个重大发现的时候,塞夫特穆以轻松风趣的笔调,像童话一般地写到:
"在宇宙的极光里面,住着一位漂亮又可爱的女神,有一天,有人来敲女神的门,因为女神正在忙,所以没有开门。女神正等着那个人再来敲门,可是这个人只敲了一次,就离开了女神的家。女神心想:这个匆匆忙忙的冒失鬼,一定是维勒!其实,如果维勒再敲一下,不就可以见到女神了吗?

过了几天,又有人来敲女神的门。这个人很固执,一次敲不开,就一直继续地敲下去,最后女神终于开了门,发现是塞夫特穆。塞夫特穆见到了女神,钒就因此被发现了"。

点评:其实,人生之路,一帆风顺者少,曲折坎坷者多。世界充满了成功的机遇,也充满了失败的可能。而成功正是由无数次失败构成的,正如故事中不断敲着女神之门的塞夫特穆。所以我们应随时做好迎接失败的心理准备,不断提高自我应付挫折与干扰的能力,调整自己,增强社会适应力,坚信失败乃成功之母。

症状:大学生在就业过程中的一个普遍心态就是害怕失败,自信心不足。特别是上门咨询,应聘面试,总是忐忑不安,害怕自己的一个疏忽或失误导致求职失败。部分女生及性格内向或有生理缺陷的毕业生往往表现得尤为突出。表现在就业过程中主要有:经历失败后总是忧心忡忡,对用人单位的诸如笔试、面试等程序胆怯心虚,产生回避心理,失去自信心,不会正确认识自己的优势,往往不能适当地向用人单位展示自己专长,使其素质和能力水平得不到应有地发挥,在众多的竞争者面前自我设限,错失许多机会,从而严重影响了就业。

处方:一个孩子要学会走路,总是在不断的跌倒中学会如何站起来。
解除失败给我们带来的不良情绪可采取如下方法。
自我转化法。
自我适度宣泄法。
自我慰藉。

7)失落心理

【案例解析】

学习部长

李莎是一个性格比较内向的女生,在学校时学习非常认真,各项成绩都不错,还是商贸系学习部部长。

随着毕业的临近,她也开始为自己的工作忙碌起来,每次有单位来学校招聘,她都积极去面试,可是每次都是空手而归,看着别的同学甚至有些成绩比她差的都找到了工作,心里不禁酸溜溜的不是滋味。于是本来性格就内向的她变得越来越自闭,不愿意和别人打交道,更不用说去参加面试了。

点评:像李莎这样的大学生还不是少数,其实导致他们心理失衡的就是失落心理,它不仅会涣散人的斗志,影响人的追求,还容易引发其他问题的发生,所以,我们应及早克服。

症状:有时候求职者对用人单位的等待就像在黑暗中向情人暗送秋波那样,可是却久久没结果,这是失落;有时候求职期望与现实所得相差太远,这是失落;有时候求职未成,反受欺诈,这又是失落。一旦失落降临,我们就会体验到不安、不悦、忧郁、无精打采,甚至变得愤怒和不可理喻。表现在就业过程中主要有:影响就业者个体的身心健康,而且也影响到大学生的整体形象,增加就业障碍。

处方:"失落"是人生当中的一种顿挫感,每个人都会碰到。要克服它并不难。我们可以参加一些娱乐活动,换换环境,放松自己;也可以向亲人和朋友倾诉苦衷,合理宣泄,听取他们的劝告,或进行积极的心理调节与控制,进行自我激励,尽快摆脱不良情绪,重新树立起自信心。

(2)大学生成功就业的心理准备

健康的心理是成功就业的重要因素之一,在求职过程中保持良好的心态和健康的心理准备将直接影响毕业生的就业,正确地认识和评价自己,做好积极的就业心理准备,是每个毕业生在求职前需要认真对待的问题。

1)对自己的正确认识和评价
2)对就业环境的正视
3)坚强地面对就业挫折
4)着眼职业未来发展
5)就业中的心理误区

2. 高职生就业心理障碍分析及对策

【案例解析】

A 某的困惑

A是某高职院校三年级的学生,在班级中担任班长一职,正面临就业的考验。A所在的班级是全校出了名的班风较差的班级。二年级时,A通过竞选当上了班长,他善于处理各种复杂的关系,在他的带领下班级情况有所好转,算得上是个称职的班长。可是,在即将毕业之际,他回想自己大学三年来的生活,好像并没有学到有用的知识,也没掌握过硬的技能。与A相处多年的女朋友在英国读书,希望他毕业后也能到英国留学。A也希望和女朋友在一起,于是努力考英语四级,准备了几个月却没能考过。"连四级都考不过,还谈什么出国留学!"A的女朋友提出了分手。对逝去的大学时光的惋惜和情感受到挫折使他对自己失去了信心,他知道,如果依靠家人,他可以找到一份不错的工作养家糊口。可他又觉得,这样的生活又有什么意思呢?

【问题】

请你帮助分析一下,A同学心理出现了什么问题,你认为应该如何解决。

_____

_____

(1)心理障碍的概念和表现

心理障碍是指一切心理不健康的现象和倾向,它是由于心理压力和心理承受力相互作用,使人失去应有的心理平衡的结果。在就业过程中,作为高职生的大学生完全步入社会,面对新的环境,心理上出现的波动或者心理障碍,主要表现为以下几个方面。

1)焦虑
2)自卑
3)怯懦
4)孤傲

5)冷漠

6)急躁

7)抑郁

(2)心理障碍的调试方法

就业过程中的心理问题和障碍,对于高职生来说,更多地需要自己来进行调适,正确认识自己,管理自己,适应环境,通过自身努力保持良好的心态、积极面对生活。

调整就业期望值,树立正确的人生观、价值观与择业观。

大学生就业时期望找到理想职业本来是可以理解的。但要使期望变为现实,必须认清形势,正确把握就业期望值。从目前的就业形势来看,毕业生已经被全面推向就业市场。下岗分流人员不断增加,大学急剧扩招,使就业形势异常严峻。大学生在择业时,要认真考虑所学的专业和方向,了解社会对该专业的需求情况,要根据自己的职业兴趣、专业特长、实际能力、性格气质特点、家庭情况等来确定职业期望值。在择业时要以自己所长择社会所需,以实现职业理想。

同时,大学生要树立正确的人生观、价值观和择业观。大学生择业过程中出现的急功近利、求闲怕苦、虚荣攀比等心理误区,在一定程度上影响了他们的职业发展,错误的择业观制约了大学生认知水平的提高。择业观是大学生人生价值观的重要成分,它与大学生的世界观、道德意识及心理认知水平相互影响、相互制约,我们要在大学生中加强择业观和思想教育,引导学生正确处理国家、集体和个人发展之间的关系,发扬艰苦创业精神,把个人职业发展与社会要求有机结合起来,在正确的择业观指导下促进大学生全面素质的提高。

(3)进行有效的心理调节和控制

1)适度宣泄法

2)自我转化法

3)松弛练习法

4)理性情绪法

5)自我安慰法

(4)全面客观地认识和评价自己

正确地认识和评价自己。大学生只有对自己进行全面客观的评价,给自己准确定位,才能树立正确的择业目标。正确认识和评价自己,可以从以下几方面着手:首先自我反省。大学生面对择业中的各种矛盾和问题,要正确认识和评价自我,自己的优势与不足在哪里,最适合干什么,应明确自己未来职业发展的方向是什么,自己的性格特点怎样,等等。只有通过理智、冷静的自我思考,才能客观地评价自己,使自己在择业过程中处于主动、有利的地位。其次进行社会比较。人不可能脱离社会而存在,可以与社会其他人员作比较,特别是与自己条件、情况相似的人进行比较,避免孤立地认识和评价自己。然后进行心理测验。大学生可根据自己的需要,在专业人员的指导下,对自己的性格、气质、能力等进行测验,选择心理学和标准化测验表。通过结果分析,明确自己的个性特征,减少择业的盲目,找出适合自己的职业类型。

 思考:大学生就业时心理上要做好哪些准备?

三、调整就业观,主动适应社会

随着我国高等教育大众化进程的不断加快,大学生就业的内涵已经发生了很大的变化,大学生的就业呈现出主体性、社会化等特征。毕业生就业的结构性矛盾也日益显现,一方面是部分用人单位招人难,另一方面是毕业生有业不就,这种结构性矛盾的产生,源于毕业生的主体选择与社会实际需求之间的冲突。由此可见,毕业生就业过程就是毕业生处理个人与社会之间关系的社会化过程,是迈向社会的第一步。观念就是就业力,态度决定结果,性格决定命运。因此,毕业生能否顺利就业,取决于毕业生的就业观念能否随着社会的不断发展变化,主动作出适应性调整。树立正确的就业观,须处理好个人与社会的关系,每个大学毕业生都应自觉遵循服从社会需要的原则。正确处理国家、集体和个人发展之间的关系,在正确的择业观指导下实现职业理想。

四、就业能力增强的途径

1. 做好个人职业生涯设计

如今,大学生从一年级开始就上职业生涯规划课程,这对大学生具有特别重要的现实意义。首先,职业生涯设计可以使大学生明确自己的理想,合理地利用时间,增强实践的动力,提升成功的机会。许多同学的职业生涯受挫,就是由于生涯设计缺乏明确的目标和目的。其次,职业生涯设计能提高个人竞争力。只有先做好职业生涯设计,有了清晰的认识与明确的目标,才能把求职活动付诸实践、提高效率并取得成功。再次,职业生涯规划可发掘自我潜能,增强个人实力。科学合理的职业生涯设计能引导大学生正确清楚地认识自我,挖掘自身潜力,从而实现职业目标与理想。所以,职业指导教师应该正确引导学生从大一开始进行自己的职业生涯设计,通过不懈的努力进行合理的职业流动,逐步实现自我价值,获得事业的成功。

2. 不断增强就业心理能力

良好的心理品质和健全的人格特征是成功就业的基础和保障,大学生作为就业压力的承受者,应学习掌握科学有效的心理调节方法,使自己能够自我缓解、校正可能出现的各种心理异常现象,及时解决日常心理问题,维护和保持心理健康。另外还应培养坚强的意志和良好的性格。

3. 构建合理的知识结构

构建合理的知识结构,就是根据职业和社会发展的具体要求,将已有知识科学重组,建构合理的知识结构,最大限度地发挥知识的整体效能。合理的知识结构是满足现代社会职业岗位的必要条件,是人才成长的基础,也是求职择业的基本保证。作为当代大学生,不仅需要掌握尽可能多的知识,同时还应具备创造更多、更新知识的本领,掌握学习专业知识与提高技能有机结合的方法,通过塑造自己、发展自己,不断适应现代社会就业的要求,使自己能够紧跟时代步伐,顺应择业的需要,不断提高就业能力。

总之,大学生一定要认清形势,正确定位,科学规划,不断完善自我,增强职业能力,提高自身生存能力,主动适应社会发展的需要,并学会调适自己的心态,走出就业心理的误区,保持良好的就业心理,最终找到一份适合自己的工作。

☺ **练习**:如果你从现在开始为自己制订一个求职计划,请把你此时的心态写下来。

_____

_____

五、创业者应该具备的心理素质

【案例解析】

香港超人——李嘉诚

第一份职业:推销员

创业资金及来源:做推销员积蓄的 5 万元

创业年龄:22 岁

成功秘诀:别人做 8 个小时,我就做 16 个小时,开始别无他法,只能将勤补拙

李嘉诚于 1928 年 7 月 29 日出生于广东省潮安县府城(现潮州市厢桥区),书香世家;1940 年初,11 岁的李嘉诚随家人为逃避日军侵略战祸,辗转迁徙香港。

李嘉诚的父亲要求李嘉诚首先"学做香港人",先攻克语言关。李嘉诚遵秉父旨,勤学苦练。几年后,李嘉诚终于熟练地掌握了广州话和英语。

李嘉诚 14 岁时,其父早逝。从此,他嫩弱的双肩挑起了一家生计的重担。他毅然辍学求职。此时,他的舅父庄静庵让李嘉诚到他的中南钟表公司上班,李嘉诚独立、自信、倔犟的秉性使他拒绝了舅父的好意。李嘉诚不愿受他人太多的荫庇和恩惠,哪怕是亲戚。正是这样一种永不言败永远进取的血性,促使李嘉诚步步走上商界的巅峰。

李嘉诚 17 岁时,去一家五金厂负责推销镀锌铁桶,颇有业绩。

李嘉诚毅然决定加盟塑胶公司,投身塑胶行业。李嘉诚强调推销员自身的包装,同时,广交朋友。李嘉诚凭借自己的勤勉和机灵,取得了出类拔萃的销售业绩。18 岁那年,李嘉诚被提升为部门经理,统管产品销售。

两年后,李嘉诚又以其杰出的成就,成为塑胶公司的经理。

但是,李嘉诚再一次选择了离开,因为他心中有着自己的计划:创办自己的塑胶厂。

1950 年夏,22 岁的李嘉诚创立了长江塑胶厂。取名"长江",其寓意为"长江不择细流,故能浩荡万里",足见李嘉诚的胸襟与抱负。李嘉诚的创业资本仅 5 万港元,他量体裁衣,到远离市区地方找廉价的厂房。

李嘉诚奉行的人生准则是"勤能补拙"。工厂草创期间,李嘉诚依旧是初做"行街仔"(推销员)时的老作风。每天一大清早,李嘉诚就外出推销或采购。赶到办事的地方,别人正好上班。他从不坐出租车,距离远就乘公共巴士,路途近就双脚行走。中午时,李嘉诚急如星火赶回工厂,先检查工人上午的工作,然后跟工人一道吃简单的没有餐桌的工作餐。李嘉诚深信"文武之道,一张一弛"的道理。一旦长江厂有盈利,他就抽出钱来,尽量改善伙食质量和就餐条件。

李嘉诚常说自己是悭吝之人,而他的部属却说他"悭己不悭人"。

李嘉诚诚待员工,使企业具有凝聚力。善待员工,是很重要的一条赚钱术。

创业初期,李嘉诚既是老板,又是操作工、技师、设计师、推销员、采购员、会计师、出纳员,几乎什么事都是他一手操持。李嘉诚坚持业余自学,塑胶业的发展日新月异,原材料、新设备、新制品、新款式源源不断地被开发出来。李嘉诚事必躬亲,节省了许多不必要的开支,同时对全厂员工起到率先垂范的榜样作用。随着生产规模的扩大,李嘉诚招聘了会计、出纳、推销员、采购员、保管员,开始实行层级管理。同时,又扩大招聘工人,并实行三班倒工作制,开足马力生产,昼夜不停地出货。

李嘉诚的盲目冒进一度导致了严重的质量问题,致使长江塑胶厂面临银行清盘、遭客户封杀的严峻局势。他首先稳定内部,然后一一拜访银行、原料商、客户,获得他们对欠款还期的宽限。接着,清查积压产品,分门别类、选优汰劣,集中精力推销,使资金得以较快回笼,偿还债务,解了燃眉之急,缓了一口气。李嘉诚百般努力,熬过难关。1955年,长江塑胶厂出现转机,产销渐入佳境。

挫折和磨难,使李嘉诚逐渐成熟。李嘉诚为自己立下了这样的行为准则:"稳健中寻求发展,发展中不忘稳健。"

成熟后的李嘉诚,居安思危,思考着长江厂的未来。他将目光放向全球。

李嘉诚从《塑胶》英语杂志上读到欧美市场已经出现塑胶原料制塑胶花的消息,嗅觉敏锐的他立刻与另一本英文杂志上另一则消息挂上了钩。他在推想,欧美家庭都喜爱在室内户外装饰花卉,但是快节奏的生活使人们无暇种植娇贵的植物花卉,而塑胶花正好弥补这个缺陷。李嘉诚立即作判断,塑胶花的面市,将会引起塑胶市场的一场革命。他更长远地看到,欧美人天性崇尚自然,塑胶花革命势必不会持久。因此,必须抢先占领塑胶花市场,否则就丧失先机。

于是,1957年春天,李嘉诚满怀信心地飞往意大利,学习制造塑胶花的技术。他经常以购货商、推销员的身份,有时甚至出苦力打短工,一点点的收集技术资料。不久,他完全掌握了制作塑胶花的各项步骤和技术要领。

返回香港后,开始生产当时在香港尚属"冷门"的塑胶花,并大力进行广告宣传。他的塑胶花产品很快打入香港和东南亚市场。同年底,欧美市场对塑胶花的需求也越来越大,订单成倍地增长。世界塑胶花市场的这种旺势一直持续到1964年,在前后7年时间里,李嘉诚获得了数千万港元的利润。长江公司成为世界上最大塑胶花生产基地,李嘉诚也以"塑胶花大王"的美誉而声名大噪。

然而,李嘉诚头脑是冷静的。当塑胶花生产仍炙手可热的时候,他就预料到这种局面维持不了几年。他相信物极必反的道理。于是,他急流勇退,及早动手,不知不觉地将生产重点重新转移到了已逐渐被人们冷落了的塑胶玩具上面,并很快跻身国际市场。一两年后,当所有塑胶花厂商为产品严重滞销而苦不堪言的时候,曾经是世界最大塑胶花生产基地的长江公司,却正在国际玩具市场中大显身手,每年出口额高达1 000万美元,在香港塑胶玩具出口业中独占鳌头!

李嘉诚牢记当年的教训,视质量如生命。他多次对手下说,不论何时,都要确保一流的质量,即使延误了交货期,宁可按合约向客户交付罚款也在所不惜。在一次管理例会上,李嘉诚严肃地说:"我们长江要生存,就得要竞争;要竞争,就必须有好的质量。只有保证质量,才能保证信誉,才能保证客源,才能保证长江的发展壮大。"

在狠抓质量的同时,李嘉诚还大幅度降低售价,实行薄利多销的经营策略,以便进一步提高自己产品的竞争能力。他提出:"价廉,保质、创新"的口号。他的绣球花产品,在欧美市场上是意大利产品价格的一半,而质量却难分上下。

塑胶花为李嘉诚掘得第一桶金,使他成为"塑胶花大王",并使他赚得盆满钵满。

关于李嘉诚的创业故事,几乎是家喻户晓;其他创业成功者的创业故事,可能我们每个人都能够讲出很多。如果我们需要进一步理解作为一名创业者应该具备哪些心理素质呢,在这里不是简单的概念或严格的定义,更需要的是了解创业者的特质。

思考:请你试分析李嘉诚创业成功的主要因素有哪些?一个成功创业者的特质你认为应该包括几个方面?

_____

_____

1. 创业者特质

曾经是赤手空拳身在香港的少年,在历经了半个多世纪的磨砺与奋斗之后,奇迹般地在变幻莫测、号称大鳄潭的香港商界脱颖而出,一跃成为香港首富,李嘉诚无疑创造了一个神话。霍英东、包玉刚、卡耐基、福特、普洛斯特、希尔顿、比尔·盖茨等人们熟知的超级巨富,是世界经济界叱咤风云的一代天骄。从我们中国近代工业开始的创业者,比如范旭东、侯德榜、王进喜等老一辈创业者,到改革开放后的第一辈创业者,如柳传志、王选、张瑞敏、张朝阳以及不能一一道出名字的创业者,他们出身不同,性格各异。他们的创业成功,固然不能否认天时、机遇、环境等诸多客观因素的作用,但在他们身上都具有一些创业者所具有的共同特征。

(1)风险意识与创业精神

创业者都需要承担一定风险,只有具有风险的意识,才能够在创业初始就能够合理地规避风险,并把握创业过程中核心要素管理;也只有具有一定的风险意识,才能够使新产品、新技术或新的服务走向实际化运作,才能够使新创企业度过艰难的创业过程而迅速成长,走向创业成功。

(2)特定的成长背景

尽管现在很多研究表明,人的气质与遗传相关。但是,创业者的成长之路是与其成长的背景紧密相连的,也就是说,创业者是可以培养出来的。主要途径为以下两方面。

①家庭背景。

②教育背景。

(3)吃苦精神

(4)良好的商业品德

(5)战略眼光

(6)脚踏实地、雷厉风行

(7)勤奋与工作狂

(8)自信

(9)机敏

(10)关心政治

2. 成功创业者的心理要素

创业者应该是生活的强者,他们不满足自己走过的路,要为自己的生活增加一点颜色、开辟一条新的航线,对创业者来讲,应该树立先是生存,然后是发展的胸怀,人生的道路是漫长的,关键的时候只有几步,在这过程中首先是生存,然后是发展。大家都知道,电视剧"北京人在纽约"中的王启明,是个大提琴演奏家,他抱着想演奏,想成为艺术家的理想来到美国,刚到纽约时,面临生活的窘迫,他需要打工到饭店洗盘子、给人家送邮件,对于他来讲,首先是生存,然后是发展,这是许多创业者所面临的问题。温州人的理念和大连人是完全不同的,他们白天当老板,晚上睡地板,意思是能享福,也能吃苦,很多大企业家没有华丽的衣着,但是,为国家和社会作出很大贡献,他们的发展历史证明他们不微小,世界上有个著名哲学家说过一句话,"世界上真正美的东西,不是小也不是大,是从小到大",我非常喜欢这句话,我们每个创业者也应该有这样的胸怀。

今天的创业者可能面临许多问题,有资金的困难,知识水平的困难,还有许多意想不到的困难,对于这些,创业者要有强者的心胸,对自己要有积极的心理暗示。拿破仑当初在西西里岛走出来的时候,当时十万大军围困着他,他只身一人,怎么出来?面临十万大军,他以积极心态,大摇大摆走出西西里岛。这个道理就像空城计中的诸葛亮一样,从这可以得出简单的道理,我们创业者应该有积极的心理暗示,尽管面临许多困难,从达尔文学说来看,其精华就是适者生存。具体说,当外界环境发生变化的时候,能够生存下来的,不是强者,不是大者,而是能迅速适应环境者,灵活的反应者。我想在这个问题上,我们应该把握好这样一种心态。为此,大学生创业的心态要把握以下几点。

(1)独立思考、判断、选择、行动的心理品质

创业既为社会积累物质财富和精神财富,又是谋生和立业。创业者首先要走出依附于他人的生活圈子,走上独立的生活道路。因此,独立性是创业者最基本的个性品质。这种品质主要体现在:一是自主抉择,即在选择人生道路,选择创业目标时,有自己的见解和主张;二是自主行为,即在行动上很少受他人影响和支配,能按自己主张将决策贯彻到底;三是行为独创,即能够开拓创新,不因循守旧,步人后尘。当然,我们提倡创业者具有独立性的人格,但这种独立性并不等于孤独,也不是孤僻,因为,创业活动尽管是个体的实践活动,但其本质是社会性的活动,是在人与人之间的交往、配合、协调中发生、发展并且取得成功的。因此,创业者具有独立性品质的同时还应具有善于交流、合作的心理品质。

(2)善于交流、合作的心理品质

在创业道路上,必须摒弃"同行是冤家"的狭隘观念,学会合作与交往。通过语言、文字等多种形式与周围的人们进行有效的交流与沟通,可以提高办事效率,增加成功的机会。在创业过程中,需要与客户和顾客打交道,与公众媒体打交道,与外界销售商打交道,与企业内部员工打交道,这些交往、沟通,可以排除障碍,化解矛盾,降低工作难度,增加信任度,有助于创业的发展。

(3)敢于行动、敢冒风险、敢于拼搏、勇于承担行为后果的心理品质

在市场经济大潮中,机会与风险共存。只要从事创业活动,就必然会有某种风险伴随,且事业的范围和规模越大,取得成就越大,伴随的风险也越大,需要承受风险的心理负担也就越大。立志创业,必须敢闯敢干,有胆有识,才能变理想为现实。只要瞄准目标,判断有据,方法得当,就应敢于实践,敢冒风险。对瞄准的目标敢于起步,选定的事业敢冒风险的心理品质又称敢为性。敢为性的人对事业总是表现出一种积极的心理状态,不断地寻找新的起点并及时付诸行动,表现出自信、果断、大胆和一定的冒险精神;当机会出现的时候,往往能激起心理冲动。敢为不是盲目冲动、任意妄为,不能凭感觉冲动冒进,而是建立在对主客观条件科学分析

的基础上的。成功的创业者总是事先对成功的可能性和失败的风险性进行分析比较,选择那些成功的可能性大而失败的可能性小的目标。创业者还要具备评估风险程度的能力,具有驾驭风险的有效方法和策略。

(4)敢于克服盲目冲动和私利欲望的心理品质

在创业过程中,创业者要善于克制,防止冲动。克制是一种积极的、有益的心理品质,它可使人积极有效地控制和调节自己的情绪,使自己的活动始终在正确的轨道上进行,不会因一时的冲动而引起缺乏理智的行为。创业者在创业过程中要自觉接受法律的约束,合法创业、合法经营、依法行事;自觉接受社会公德和职业道德的约束,文明经商、诚实经营、互助互利。当个人利益与法律和社会公德相冲突时,要能克制个人欲望,约束自己的行为。

六、就业指导实训

(1)实训项目

角色扮演。

(2)实训目的

为了使学生了解就业前应该做好哪些心理准备并有效地进行心理调适。

(3)实训内容

小母鸡在谷场上扒着,直到扒出几粒麦子,她叫来邻居,说:"假如我们种下这些麦子,我们就有面包吃了。谁来帮我种下它们?"

牛说:"我不种。"

鸭说:"我不种。"

猪说:"我不种。"

鹅说:"我也不种。"

"那我种吧。"这只小母鸡自己种下了麦子。

眼看麦子长成了,小母鸡又问:"谁来帮我收麦子?"

鸭说:"我不收。"

猪说:"这不是我应该做的事。"

牛说:"那会有损我的资历。"

鹅说:"不做虽然饿一点,但也不至于饿死。"

"那我自己做。"小母鸡自己动手收麦子。

终于到了烤面包的时候,"谁帮我烤面包?"小母鸡问。

牛说:"那得给我加班工资。"

鸭说:"那我还能享受最低生活补偿吗?"

鹅说:"如果让我一个人帮忙,那太不公平。"

猪说:"我太忙,没时间。"

"我仍要做。"小母鸡说。

她做好五个面包并拿给她的邻居看,邻居们都要求分享劳动成果,他们说小母鸡之所以种出麦子,是因为在地里找出了种子,这应该归大家所有,再说,土地也是大家的。但小母鸡说:"不,我不能给你们,这是我自己种的。"

牛叫道:"损公肥私!"

鸭说:"简直像资本家一样。"

鹅说:"我要求平等。"

猪只管嘀嘀咕咕,其他人忙着上告、要求为此讨个说法。

村长到了,对小母鸡说:"你这样做很不公平,你不应太贪婪。"小母鸡说:"怎么不公平?这是我劳动所得。"村长说:"确切地说,那只是理想的自由竞争制度。在谷场的每个人都应该有他该得的一份。在目前制度下,劳动者和不劳动者必须共同分享劳动成果。"

从此以后他们都过着和平的生活,但小母鸡再也不烤面包了。

(资料来源:http://www.gdppla.edu.cn/xlzx/showart.asp?id=125)

(4)实训场地

实训室。

(5)考核方式

职场中会有哪些压力?你将如何面对职场中的各种心理压力?写下一份感想,针对这个故事,你如何看待"公平与不公平"?

【知识导读】

给大学生的七条建议

祝贺你们!跨入大学的校门。大学录取通知书标志着新生活的开始,也意味着你们已满18岁,拥有选举权。

大学不是青少年时代的最后一个阶段,而是步入成人的第一阶段,你们中的许多人也是第一次离开父母独立生活。大学不意味着快乐的夏令营,有丰富的夜生活,便宜的啤酒和免费的逛街,而是你们成长和学习的中心。你们打算如何最有效地度过大学生活呢?

首先,你们得学会自己安排时间。这的确不大容易,你们中的大部分人习惯于一天七节课外加补习的固化的时间表。大学里除了不多的正式讲课、研究班课程及指导课外,你们要干什么完全由自己的动机、承诺及良心来决定。所谓的"空余"时间并不意味着你们可以用父母及纳税人的钱酗酒作乐或赖在床上一觉睡到中午。

只有三分之一的同龄人上大学。这意味着三分之二的同龄人无法上大学。因此不要浪费你们所拥有的珍贵机会。你们和/或父母将每年付出总计人民币七千元左右的学费。实际大学的费用远远不止这些。每个大学生在实实在在地享受纳税人的资助。因此你们有责任有效地运用时间。

优先考虑大学图书馆。浏览再浏览,别气馁。当然要运用指定的书目,但也要准备围绕课题扩大浏览范围。

别忘了期刊部。每年有几千种的杂志、期刊、报纸出版,它们是珍贵的信息来源。图书馆还保存有过刊。

投资自己的藏书。购买你经常要用的书。同许多人共用一份重要的复印的图书馆的文件,没有比这更令人不快了。如果你拥有这本书,只要你愿意,你可以任意在书上作注释。

许多学生诉苦说,他们买不起书。但据去年的一份权威统计,学生平均每周花费于饮酒、娱乐及服装的钱,数倍于购书款。

维持你所能达到的工作量。每天花相当的时间学习。然后开始下一个任务,即便该任务事先暂时未布置。请记住实干者总比拖延者获得更好的成绩。

有效地利用科技。学会电脑编辑打印论文;运用因特网和光盘上数量巨大的资料。但要注意不要过分依赖技术。将他人的文章不经消化剪贴到自己的文章里,这是很容易的事。任何要记录下来的东西必须至少经过大脑的事先过滤。

没有谁身体一直不适却能够有效率地工作。要对自己的饮食负责;保持睡眠充足;饮酒要适度。当然啦,交朋友和参加大学的集体生活也是大学生活的一部分。但也仅仅是部分而已,要注意把握住度的问题。

因为诚实工作,你们的休闲就不会有压力和内疚的感觉,这样的休闲也许更有乐趣。

(资料来源:xljk.ncu.edu.cn/jpkc/new/asset/kj/yl/02.ppt)

【任务小结】

通过本任务的学习,使学生了解如何顺利地完成学业,寻找到有利于自我发展的职业,把自己所学的知识和技能最大限度地服务于人类,贡献于社会。面对大学生如此重要的转折时期,不仅社会对大学生的要求会发生许多变化,而且大学生的内心世界也会出现种种反应。此时,毕业生自觉加强就业心理,努力增强就业心理的调适能力,对于成功就业至关重要。

任务三　求职信息材料准备

教	知识重点	根据求职目标制订相应的求职信及个人简历
	知识难点	制订简历的常规技巧
	推荐教学方式	教师讲授与自学相结合
	教学场所	实训室
	建议学时	4学时
学	必须掌握的理论知识	了解应聘的基本要件、原则、方法和内容
	必须掌握的工作技能	能够制作个人求职简历
	能力训练	通过了解应聘的基本要件、原则、方法和内容,成功进行个人简历制作
	考核方式	考核采用过程考核与终结性考核相结合的方式。最终成绩=平时成绩×30%+自荐书×40%+面试×30%

【单元寄语】

在现代社会中,关于毕业生的简历组成,有这样一种说法,即"求职简历是由个人简历和自荐信组成的"。毕业生求职信和简历是求职材料的重要组成部分,写求职信和制作个人简历是求职过程的重要环节,所以不能马虎从事,务必认真慎重地准备,真实展示自己的情况,争取在众多求职者中领先一步,成功就业。

一封求职信

亲爱的先生/女士：

　　广告上得知你们公司需要秘书，我打算申请这份工作。我是厦门大学经济管理系的学生。我叫李敏，23岁，今年夏季即将毕业。我能熟练运用计算机。我认为这一点对于办公室工作是非常重要的。我学了十年英语，我英语很好，所以在过去的两年里我一直是本系英语报的一名编辑。我的成绩在系里名列前茅。另外，我非常喜欢办公室工作而且我能胜任这个工作。如果我得到这个机会，我会非常感激。谢谢您的考虑，我希望不久就能得到您的回信。

您忠实的朋友
李敏

练习：请同学们思考一下求职信应该怎么写，请问同学们，从上面的求职信中，你能总结出求职信写作的几个特点？用几个词来概括一下。

一、求职指导

1. 求职材料准备

（1）求职材料的内涵

　　求职材料可以说是自我推荐的工具，是求职的入场券。准备求职自荐材料的直接目的就是为了使用人单位能够对自己感兴趣，最终被录用。自荐材料一般包括封面、自荐信、简历、就业推荐表以及一些其他相关证书与材料。因此，材料是否齐全，直接影响毕业生的就业水平和就业成功率，它主要包括求职信息材料收集、准备及求职信的撰写等。具体的细节内容将在后面详细介绍。

（2）求职前的准备

　　磨刀不误砍柴工。要找一份好的工作，你必须做好如下准备。

1）看清形势，降低要求

　　不要好高骛远，要根据自己实际能力和水平去选择适合自己的行业或岗位；对工资和福利待遇要求不能太高，也不一定要进著名企业；有时专业不对口，能找一份工作先做也是可以的，不丢人，比没有事做要好。

2）基层做起，循序渐进

　　就算是名牌大学或特别优秀的应届生也要有从基层（做文员或一般职员、技术员）做起的准备，很少有企业一下就聘一个刚毕业没有实际经验或经验不足的人为一个重要岗位的负责人（主管或经理）。

3）知己知彼，发挥优势

　　社会上具有各种能力和技术的人很多，可称得上是山外有山、人外有人。你要知道自己的优势和劣势，利用优势取胜。

4）一般希望，不懈努力

由于刚刚毕业，或没有相关经验、或文凭不算高、或无亲无友等原因，找一份适合的工作比较难，可能要几周到1~2个月，也有可能更长时间。找一次两次、找一星期两星期就算找不到也没有关系，还是要继续努力找，直到成功。挫折困难是正常的，也是必经之路，但一定要坚持下去和充满自信，抱一般的希望（不要指望投几份简历或有单位通知复试就以为找到一份工作了），做不懈的努力，最后才能成功。始终要相信中国这么大，一定有你的立足之地！

5）屡败屡战，信心百倍

刚刚毕业，到处碰壁纯属正常，要有经得起受挫的勇气，诚如当年曾国藩对太平天国的战争；信心是成功应聘的基础，有信心不一定成功，但没有信心则一定失败。记住：你面试时最大的敌人不是主考官，不是那些难题，而是你自己！所以，要有受挫的思想准备，要有越挫越勇的精神。

2. 如何收集就业信息

当今是信息时代，信息的重要性不言而喻。谁能够以最快捷的方式占有最广、最准确、最有效的信息，谁就掌握了成功的机遇，大学毕业生的求职择业也是如此，求职择业是所有大学生必过的一个门槛，是人生面临的一个重大选择。每个大学毕业生都渴望找到一个好职业、获得一份好工作，以便充分发挥自己的聪明才智，成就一番事业。那么，在就业机制日趋市场化，就业渠道逐渐多元化的今天，如何才能找到理想的职业呢？

可以说，求职择业是一项系统综合的工作，也是对求职者综合素质的一次检验。每一位求职者都应根据自我的实际情况和用人单位的具体要求，充分做好信息准备，掌握必要的求职技巧，勇敢面对现实，积极迎接挑战，努力地去实现自己的求职愿望，从而充分体现自我的人生价值。

（1）求职信息分类

信息是现代科学的一个重要概念，而所谓就业信息就是与就业有关的消息和情况，包括宏观就业政策、社会对人才的需求、未来行业的发展趋势、社会就业、人口资源等。我们所理解的就业信息一般有以下几类。

①政策信息。即有关就业的方针、政策、规划等方面的信息。

②社会需求信息。指各级、各类用人单位对毕业生需求的情况。

③用人单位信息。指具有用人单位内部特点的信息。

④口头信息。指通过与人交谈获取的信息。

⑤书面信息。指通过书面材料获取的信息。

⑥媒体信息。指通过各种正式公开发行、发布的媒介载体获取的信息。

（2）求职信息整理的方法和步骤（以报纸上刊登的职业广告为例）

①收集。购买或向他人索取刊登招聘广告和就业政策的报纸，以积累原始信息。

②筛选。将有关的广告和报道用笔圈出或剪下来，去粗取精。

③分类。将剪报、材料分为具体的和宏观的职业信息两大类，并将具体的职业信息整理、编辑为用人单位直接招聘的广告、招聘洽谈会举办信息和中介机构的广告三种。

④提炼加工。用红笔在广告和报道上，将与自己关系密切的句子或段落勾画出来，进行浓缩、提炼加工。

⑤存贮。把经过加工的剪报，分门别类地粘贴或装订，存好备查。在此基础上，还可以将

后收集来的信息再补充进去,这就等于建立了自己的"信息库"。

【案例解析】

命运青睐有准备的头脑

毕业生小郭来自农村,在江西某民办院校就读。刚进大学时,他就看到师兄、师姐和高年级的老乡们为找工作辛苦奔波的情景,他心中也暗暗为自己的将来着急。因为他知道父母能供他读大学已属不易,将来自己的工作只有靠自己找,父母是无能为力了。从大二开始小郭就有意识地收集求职方面的资料。有一次,一位即将毕业参加工作的老乡在临别时,除告诫小郭寻找工作的艰难外,还将一些介绍用人单位的资料、发布就业信息的报纸、就业指导方面的刊物和一本职业指导书送给了小郭。小郭利用课余时间把资料翻了一遍,对有关的求职知识和技巧有了大概的了解,他还细心地把用人单位的通讯地址、网址和联系方式用一个小本抄了下来,准备将来派上用场。

从那以后,一有师兄、师姐和老乡毕业,他就主动向他们索取剩下来的有关求职就业方面的资料,并请求他们将来在自己找工作时多提供有关信息,师兄、师姐和老乡们都爽快地答应了他。平时,学校就业指导中心发布的就业信息他每期必看,并将用人单位的有关信息抄在自己的小本上。一年来,这些信息已经汇集起厚厚的一大本了。从对这些信息分门别类的整理中,他了解到哪些单位是学校主要用人单位、哪些地区需要的毕业生较多,他甚至对同一个单位三年不同的需求情况都一清二楚。有了这本求职宝典,他对自己以后的求职充满了信心。

大三第一学期,小郭就不动声色地忙开了。他先是给一些在广东和浙江工作的师兄、师姐和老乡们打电话,请他们提供本单位年度的需求信息;然后,他去班主任及亲戚家,留下了自己的自荐材料;最后,他到学校就业指导中心查询了本学期就业工作的安排和即将举行的各地人才交流会的信息。做完这些之后,他又根据自己收集的需求信息,对学校的主要用人单位需求情况作了一份分析和预测,估计今年有可能需要他这个专业毕业生的用人单位,他就发过去一份求职信。

春节前,各种渠道的信息慢慢地反馈回来。出乎他的意料,有六七家单位愿意接收他,许多单位都对他如此熟悉本单位的情况惊讶不已。小郭最终选择了一家自己满意的公司,并决定先去那儿实习。就这样,当其他毕业生还在毫无头绪、忙着收集信息的时候,他已经在计划着怎样才能迈好走向社会的第一步了。

点评:有一句名言说得好,"命运青睐有准备的头脑"。毕业生小郭知道在求职就业上没有优势可言,只有未雨绸缪,早作准备,才能抢占先机,捷足先登。因此大学二年级起,他实际就已经开始了就业信息的收集工作,从用人单位的背景材料、需求情况到有关求职的知识和技巧,他都主动去熟悉和了解,并进行分析、研究。另外,他也重视通畅各种就业渠道,以他为中心,师兄、师姐、老乡、班主任、就业指导中心等各种渠道的信息都畅通无阻地向他汇集。功夫不负有心人,他所做的这一切使他从一开始就占据了比其他同学更大的信息优势,从而为他赢得了时间和机遇,也占据了比其他人更多的主动。

(3)获取求职信息的途径

1)学校主管部门

2)各地人才交流中心

3)计算机网络

4) 实习、实践机会

5) 各种社会关系

6) 各种传播媒体

(4) 就业信息的分析

1) 分析鉴别

2) 分清主次、重点把握

3) 选择决策、处理及时

(5) 就业信息的使用

1) 运用信息的途径

2) 使用信息时的注意事项

3) 要捷足先登

4) 要人职匹配

5) 要锲而不舍

6) 忌拖泥带水

【案例解析】

用人单位的真实性

以自己以往在学校优秀的表现,某高校法律专业2005届毕业生小黄在求职过程中很是自信,他希望进入待遇好、有前途的事业单位,找一个"铁饭碗"。

在一次招聘会上,他对山东省某市一家职业学校感兴趣。该学校向小黄许诺了很好的待遇,并声称自己是山东省政府批准成立的学校,在城区内,并承诺课时费、津贴和工资合计在3 000元左右。小黄认为没有问题,就在招聘会上将《就业协议书》签字后交给了该学校。毕业前夕,小黄的《就业协议书》由该市一家企业盖章后送到学校。不久,小黄了解到,该学校招聘人员的宣传并不完全属实,该学校在城郊,地理位置较偏僻,而且原先承诺的工资待遇也不可能实现。

小黄蒙了!几经交涉,该学校同意放人,但不愿做任何补偿。小黄人生地不熟,投诉无门,只好黯然回到学校,重新择业。此时已经到了7月份,择业的高峰已过,再求职谈何容易,至今他仍在打零工度日。

点评:毕业生作为签约的主体,在签订就业协议书前应该有对用人单位基本情况、劳动条件、劳动待遇等事实进行了解的权利,即民法上说的"知情权"。毕业生也应主动了解、询问用人单位的情况,判断该单位提供信息的真实性,招聘单位也有告知的义务。毕业生要利用知情权,保护自己的合法权益,保障就业的顺利进行。

用人单位的招聘广告、招聘简章、书面承诺是毕业生和用人单位建立劳动关系的许诺,是签订劳动合同前的承诺,将承诺写入就业协议后,就业协议可以说是签订劳动合同前的预备性合同,如果用人单位提供的信息和招聘待遇与事实不符,就可以追究用人单位的责任。

求职材料是毕业生介绍自己基本情况、全方位展现自己风采的各种说明性和证明性材料。它是择业过程中的敲门砖,推荐、面试、录用都离不开求职材料。它呈现的形式既可以是书面文字,也可以是网络电子版本的。求积材料在就业中有着不可替代的作用,毕业生应当重视自荐材料的准备,切不可草草了事。

二、求职材料的内容

求职材料的内容主体包括求职信、学生个人简历、推荐表或推荐信。针对应届毕业生求职材料应该包括：个人简历、求职信、成绩单、外语等级证书、技术等级证书、职业资格证书、各级荣誉证书、其他相关资料等8个方面的内容。

三、求职信与个人简历的制作

1. 求职信的撰写

（1）求职信

求职信是一种附带个人简历的介绍性信件，是毕业生求职过程中常用的一种形式，其目的就是推销自己。一封好的求职信是打开就业之门的敲门砖，因此，在写一份求职信时，毕业生必须思考"你要干什么？""你会干什么？"两个问题。要明确你想要什么工作，你最适合什么工作，确定你具有从事此项工作所必需的知识与技能，这是很关键的。

1）毕业生基本情况

一般包括毕业生的姓名、年龄、籍贯、政治面貌、生源类型、所学专业、爱好特长和择业意向。针对应聘的不同专业和要求，还可以加上身高、体重等项目，表格式的情况介绍还应在右上角贴上免冠照片。

2）学业成绩、知识结构

它包括成绩、主修课、选修课、实训实习、外语水平、计算机水平等内容。由于专业课程不一样，各专业可根据具体情况进行课程的合理排列，只要清楚准确、排列有序即可。

3）社会实践、获奖情况

这部分指毕业生所参加的各种形式的社会实践活动和围绕自己的专业取得的各种科研成果，在校、系、班级各种活动中的获奖情况，可按奖项大小顺序排列。

4）自荐信

一份好的自荐信应该能使招聘者感到一种积极的人生，一双能为团体带来活力、作出贡献的有力的手。它主要表述毕业生的主观愿望与专业特长，首段要力争引起招聘者的注意，可以开门见山地告诉招聘者申请求职的背景。要自我推荐，让招聘单位明白自己的这些能力可以满足他们的需要，但没有必要作过分具体的陈述，因为简历会涵盖相关的内容，应强调自己的能力和经验将会有助于该公司以后的发展。最后毕业生可以表达自己的期望和对用人单位的谢意等。自荐信应避免过于浮夸、过分谦虚、缺少自信，对薪水随意开价，在文字、排版、格式上出现错误。

（2）求职信的写作技巧

1）格式规范，言简意赅

2）富于个性，针对性强

3）朴实诚恳，以情动人

4）传递有效信息，争取面试机会

(3)求职信模板

护理专业自荐信

尊敬的领导:

您好!

感谢您在百忙之中阅读我的自荐信!

我叫×××,是××学院护理专业××××届毕业生。

我是个平凡的女孩,但不甘于平庸。我乐观、自信、上进心强,爱好广泛,能够很好地处理人际关系,有协调沟通方面的特长,并且有很强的责任心与使命感。现在,我即将毕业,面对新的人生选择和挑战,我信心十足。

从大一开始,我就特别注重在认真学习好专业课的同时,努力培养素质和提高能力,充分利用课余时间,拓宽知识视野,完善知识结构。在竞争日益激烈的今天,我坚信只有多层次、全方位发展,并熟练掌握专业知识的人才,才符合社会发展的需要和用人单位的需求,才能立于不败之地。通过努力的学习我获得了奖学金,在学习的同时,我积极参加院校组织的各项活动,并在"莫负青春"全院演讲比赛中获三等奖。在四年的学习生活中,我锐意进取、乐于助人的作风和表现赢得了领导、老师和同学们的信任和赞誉。并在中日联谊医院实习期间获得患者及家属的高度好评。看到自己所付出的辛苦与汗水换来患者的康复与微笑,这是对我最好的奖励。

尽管在众多应聘者中,我不一定是最优秀的,但我仍然很有自信。"怀赤诚以待明主,持经纶以待明君"。我不乞求信任,只愿用行动来谋求信任。愿贵医院给我一次尝试的机会,施展自己潜能的空间,我会尽心尽责,尽我所能,让贵医院满意,让患者满意。

　　此致

敬礼

自荐人:×××

××年××月

2. 简历制作

(1)个人简历

个人简历的写作技巧包括以下几方面。

1)换位思考,有的放矢

2)文字简明,主题突出

3)措辞得体,表意适度

4)精心编排,反复修改

(2)简历包装四忌

1)"熟练使用"英语、计算机

2)"很强"的团队合作能力

3)"突击提拔"自己的职务

4)把芝麻说成西瓜

(3)个人简历的内容

1)基本情况

姓名、地址、邮政编码、电话号码,这些一定要填写正确、清楚,以备准确无误地联络。

2）求职目标

简述你目前的求职目标。如果面临多种机会的选择,最好将它们定为一个概括性的目标,这样就为自己创造了一个广阔的择业机会。

3）资格

简述承担你意中职位的资格,写有成绩的经历不要吝啬。描述时,不要公开自己的坏消息或劣势,而要择优选用,但不是说假话。

4）成就

将自己的主要成就列成一览表。具体办法是将自己的成就列成几个小条目,每个条目后附上几个例子。在描绘成就时,可以用以下表现能力的有一定分量的词,如:开发、研制、创造、完成、组织、设计、策划、协调、管理、训练、节省、有效等。

5）就业经历

首先列出最后一份工作,然后依次向前追溯。所列内容包括:每次就业的日期(写出季节、月份即可)、头衔、公司名称和工作地点、所从事的工作。对多数大学生来讲,就业经历大多是业余时间打短工或假期勤工俭学的经历。

6）有关课程

列出你所学过的用人单位或雇主可能感兴趣的各种课程,并把它们编组、排序,不一定要将所有课程全部列出,在编组时把最能体现你所选职位的课程列出,然后按与此相关程度的大小依次排列。

7）附件

包括履历表、学历证书、培训证书、获奖证书、其他证明材料。如果再附上一些能反映个人特长的近期照片,效果就会更好。在求职信的最后,应列出一份附件的清单,以引起招聘人员对附件的注意。

写简历特别要注意:

定位明确——要找什么工作。

突出重点——有什么能力,有哪方面经验。

(4)个人简历制作的七不要

1）不要像写论文那样准备厚厚的一本

企业看一份简历的时间一般不会超过 5 分钟,没有哪个企业领导会有耐心读你的"专著",要善于抓住要点,建议长度不要多于 2 页 A4 纸。

2）不要把那些跟职位和工作无关的兴趣爱好都一股脑地写进去

比如旅游、看小说、唱歌、钢琴等,这些兴趣爱好通常不会给你加分。

3）不要把在学校的各科成绩单都附上

你是去企业应聘,不是申请出国留学。当然,如果你的学习成绩特别优秀,那你就写上曾经连续几年拿过一等奖学金或者成绩全年级第几名等,这就足够了。

4）简历不要设计得过于华丽

过于华丽会让用人单位觉得你太会包装自己,把工夫都用在了外表上,甚至认为你的简历是请专门的美术人员"装潢"出来的。

5）与应聘职位无关的工作经验不要写

根据用人单位的性质、对职位的要求,提供出足以向用人单位证明自己能力的背景资料就可以了。

6)简历中不要面面俱到地展示你的所有方面才能,这样用人单位会抓不住重点

7)建议不要在简历中写明最低薪水要求及职位要求

否则你可能失去面谈的机会,不要自己给自己设定过高的门槛。

(5)个人简历的制作模板

财务人员简历模板

本人概况

姓名:×××

性别:女

民族:汉

政治面目:团员

学历(学位):本科

专业:财会专业

联系电话:12345678

手机:13901111234

联系地址:北京市东城区××大街10号

邮编:100007

E-mail Address: 12345678@sohu.com

教育背景

毕业院校:北京金融学院 1993.9~1997.7 财会专业

业务及特长

*助理会计师职称,熟悉国家财务制度和相关政策法规

*英语六级水平,熟悉各种英文商务书函的写作格式

*熟练掌握计算机基础知识,并能熟练运用 Powerbuilder、SQL 语言、FOXPRO、Powerpoint、office97、Foxbase 等进行计算机软件应用与开发,并具有较好的计算机网络知识与技能

*头脑灵活,性格稳重,责任心强,具有较强的团队精神

工作经历

1999.3~至今 ××集团公司出纳、会计

*负责工业企业材料成本核算,销售往来账目核算,应收、应付账款核算,各项销售指标核算、统计

*协助主管会计进行其他日常工作,现金管理

1997.9~1999.1 ××科技有限公司助理会计

负责分公司与总部之间的资金电汇工作/完成日记账的登录和处理/处理每月与中国银行之间的对账单/及时送达根据总账编制的税务报表

本人性格

开朗、谦虚、自律、自信(根据本人情况)

另:最重要的是能力,相信贵公司会觉得我是此职位的合适人选!

期盼与您的面谈!

四、如何筛选求职材料

自荐材料是求职者与用人单位取得联系、"投石问路"、推荐自己的最常用手段之一。在双向选择过程中,大部分用人单位安排面试的依据是有关反映毕业生情况的求职材料,通过这些求职材料来判断和评价毕业生的学习成绩、工作潜力。毕业生成功地向用人单位推销自己,拟定具有说服力和吸引力的求职书面材料是成功择业的第一步。

(1)求职信息收集途径

任何人在进行求职过程中,信息的收集是必不可少的一个环节,信息的灵敏有利于就业效率的提高,所以,大学毕业生应该充分利用各种途径,收集就业信息,促进就业。

1)就业信息政策性文件内容

①就业政策。
②相关的就业法律法规。
③地方的用人政策。
④学校的有关政策。
⑤就业形势与人才需要信息。

2)就业信息来源

就业信息是指求职者利用各种渠道获悉在一定的时空和条件限制下招聘单位的人才需求信息以及与此相关的情况,是经求职者理解、加工处理后用以作为择业参考的消息、知识、资料与情报。主要包括就业政策与形势、就业法规、就业途径、行业信息、用人信息等。

就业信息作为求职的重要依据,是求职者就业择业的基础和起点,关系到求职择业能否最终实现。所谓知己知彼,百战不殆,在求职过程中,谁搜集的信息越及时、越全面、质量越高,谁的视野就越开阔,求职的主动性、把握性就越强。因此,毕业生在开始求职之旅时,首要环节就是关注就业信息,并且逐步培养就业信息的搜集、整理加工、储存以及运用的能力,为成功求职做好充分的准备。

信息必须依赖一定的载体才得以传播,让人感知。搜集就业信息,关键要掌握并且畅通信息渠道。当前,搜集就业信息的渠道主要有以下几个方面。

a.学校主管部门。
b.网络。
c.人才招聘会。
d.社会关系。
e.社会实践和毕业实习。
f.各种大众传媒。
g.电话查询。
h.人才中介代理机构。

综上所述,就业信息有多种来源,各种来源的信息是互补的。每个信息渠道各有特点,毕业生要熟悉掌握,灵活运用,在搜集信息的过程中,要注意投入和产出的关系,不同类型和不同层次的求职者,应当尽量选择适合自己的收集求职信息的渠道,降低求职成本。同时还要注意把握以下原则。

第一是目标性原则。目标性原则要求求职者首先必须对自己的职业生涯有一个初步的规划,在此基础上再去搜集有关的就业信息,要求小放大,避免打游击战,集中力量向制订的目标前进。

第二为计划性原则。搜集就业信息必须制订相应的计划,确定搜集范围,分区域、分门类进行搜集,广撒网又要兼顾重点,讲究策略,要根据就业信息的反馈渠道及时调整计划。

第三是连续性、系统性原则。求职者要获得最终对自己有价值的信息,就得做个有心人,综合灵活运用各种信息渠道,完整地、连续地收集大量零散的资料,并注意把握整体与部分、部分与部分间互相依存、互为因果的密切联系。

第四为价值性原则。价值性原则要求求职者要根据信息的时间(When)维度(时效性)、信息的内容(What)维度(真实性与准确性)、信息的形式(How)维度(完整性和呈现性)来衡量就业信息的价值。

第五为二八定律。一方面从信息的传递角度看,毕业生搜集的就业信息大约80%来自学校渠道或官方渠道;另一方面从信息的传播范围来看,所搜集的信息80%是来自公开信息渠道。求职者要综合考虑人力、物力、财力和信息可得性等要素。

(2)求职材料准备

1)内容翔实、格式规范

2)突出重点、言简意赅

3)设计美观、杜绝错误

(3)求职材料的基本结构

1)封面

2)求职信

3)个人简历

4)就业推荐表

5)其他辅助性材料

(4)求职信息的整理

就业信息的整理就是对搜集到的就业信息进行加工、分析、综合、归类、过滤,从中筛选出适合自身需求的有用信息,作为求职的重要依据和基本前提,更好地为自己求职择业决策服务。就业信息的整理,是就业信息全部工作的核心。它是对搜集到的原始信息在数量上加以浓缩,在质量上加以提高,在形式上加以变化,使之真正有利于自己、符合自己的职业目标和需求。亦即去粗取精、去伪存真、由此及彼、由表及里的改造制作过程。一般有三个步骤。

1)真伪辨析

利用各种渠道获悉大量的就业信息后,不要急于联系发简历或打电话,由于就业信息的来源、信息的传播渠道比较复杂、形式多样,搜集到的就业信息有的带有一定的模糊度、多余度、滞后度,有的甚至是虚假信息或骗人的广告。建议求职者首先要判断这些信息的真伪,避免走弯路,对难以把握的就业信息进行认真分析,可通过网络搜索或追电查询甚至现场调查等办法来确认它的真实性和准确性。比如当你觉得用人信息可疑时,利用百度搜索引擎输入用人单位名称或地址,通常有不少提示。虚假或骗人的就业信息一般有以下特征,毕业生要严加防范。

①公交车站、大马路、广场等一些公共场合胡乱粘贴的招聘小广告。什么月薪过万,都是胡扯,千万别上当受骗。

②门槛很低，薪酬开得很高，设置责任底薪，要求你必须完成公司规定的业务额，当你达不到目标，不仅拿不到报酬，还白白浪费了时间和金钱，有些公司甚至会找借口炒你鱿鱼。这类公司目前不少，如某些贸易公司或保险公司。

③莫名而来的就业机会。一些骗子公司或传销公司在网络上搜集毕业生资料，主动约会面试，并以此施以行骗、抢劫。比如一些所谓的星探公司、电子公司。毕业生或异地求职者应该多加提防。

④要求毕业生交一定费用作为工作保证金。当前不少公司有这种做法，严重违反《劳动法》有关规定。这些公司可以视国家法规法纪不顾，试问有什么诚信可言。

⑤不透露公司的名字或者名字像化名，如经常使用"某公司"、"某单位"等字眼。公司的基本资料不完整，找不到地址等。

2）筛选

在真伪辨析、删掉无效、内容残缺不全的信息的基础上，毕业生要根据自己的实际情况、专业和特长等设置一套标准，对信息进行进一步筛选，把力量真正用在刀刃上，记住适合自己的才是最好的。因此，首先要对自己进行分析，可以通过以下问题。

①我的核心竞争力是什么？
②我具备哪些专业理论知识和技术能力？
③我的兴趣爱好是什么？
④我的性格特征适合从事哪些职业？
⑤这份职业是否可以挖掘和提升我的能力？
⑥什么是别人做不到而我做得到的？

其次，比较排列出质量较高、较完整的就业信息。一般就业信息应该包括以下八个要素。

①用人单位的名称及其所有制。用人单位的名称往往包含着所属的行业、业务范围、所在地区、企业级别、所有制形式等，比如"珠海市梅溪牌坊旅游有限公司"、"广州市新华人寿保险公司天河直属支公司"等。

②用人单位的主管部门及其发展趋势。随着改革的发展，某些事业编制单位也可能成为私有企业，其主管部门也会相应变化，一般主管部门不同，劳动人事管理办法也可能存在区别，而且工资、福利、医疗、养老、住房等待遇也有区别。

③用人单位所属行业及其发展趋势。毕业生供职于不同行业，职业生涯发展也各不相同。

④意向的职业岗位在用人单位中的地位和作用。如保险公司的业务员、内训人员、精算师、会计、出纳、保安、司机等多种岗位，都有特定的地位和作用。

⑤用人单位及意向岗位的工作环境和福利待遇。工作环境包括人际关系、工作时间（有无夜班等）、户外还是户内、编制还是合同、流动还是固定以及工作场所的温度、湿度、噪音等。福利待遇包括工资、奖金、三保一金、退休等，有无入职培训、进修机会和晋升可能也应包括在内。

⑥用人单位的地理位置和发展前景。地理位置不仅与求职者就业后每天上下班的距离有关，往往还关系到一个单位的发展前景，交通不便、位置偏僻，是发展的不利因素。用人单位的固定资产、流动资金、科技含量、人才构成等因素，与发展前景密切相关。

⑦用人单位对求职者的具体要求。如学历、专业、性别、身高、相貌、体力、户口，以及职业资格、技术等级方面的要求。有些用人单位还对心理素质、能否经常出差等方面有特殊要求。

⑧招聘数量和报名办法。用人单位本次招聘哪些岗位的从业者,每个岗位招聘的数量,报名的时间、地点、方式、应准备哪些证书(如身份证、户口本、学历证书、职业资格证书等)和材料(如简历和有关证明等)。

求职者可按照这八个基本要素对搜集到的大量就业信息进行甄别,经过初步分析和研究,淘汰过时、用处不大、不符合自身实际情况的信息。

3)加工分类与编制储存

加工分类与编制储存是就业信息整理的最后阶段,其意义在于理清事实,便于记忆,便于实践。如果没有有效的分类方法,大量的就业信息就会陷入杂乱无章的境地,这项工作可以说既简单又相对繁琐。建议求职者准备一本专用笔记本,根据本人实际情况与择业理想有针对性地分类整理,然后保存下来,以便于查询。网络上的就业信息则可以用 word、EXCEL 或写字板保存起来,也可以通过 OFFICE 办公软件的自带功能迅速进行分类和储存。

①就业政策信息整理。就业政策信息整理可以分成国家就业政策信息与各地方政府就业政策信息两类。国家就业政策信息较为稳定,对其主要内容要了解掌握,并注意最新的动态。如国家支援西部的有关优惠政策、"基层就业奖励计划"、广东省的"三支一扶",建议毕业生适当了解。地方政府就业政策是各不相同的,发达地区、欠发达地区、沿海地区或者西部地区所实施的就业政策通常也是因地制宜。因此,求职者一旦确定求职地域后,应关心当地的人事政策,如就业优惠政策、晋升待遇、户口迁移、养老保险、社会保障、公积金、应届大中专毕业生准入条件等相关内容。比如去上海就业的学生可以关心一下《关于 2002 年上海市引进非上海生源高校毕业生进沪就业工作的规定》。此外对于就业法规信息如《中华人民共和国劳动法》、《劳动合同法》等也要有相当了解,这样在求职就业过程中就会知道如何维护自己的权益。

②单位分布区域整理。单位分布区域整理方便求职者查阅,省时省力。求职者可以按就近原则和可行性适当安排自己的行程。以广东省为例,广东省有地级市 21 个,市辖区 54 个,县级市 23 个,县 41 个,自治州 3 个。单位分布区域整理一般可以分为珠江三角洲、粤北、粤西、粤东。分布在珠江三角洲地区的单位又可以分为:广州、深圳、珠海、佛山、东莞、中山、江门、惠州。粤东地区的单位可分为:汕头(6 区)、潮州、揭阳、汕尾、河源、梅州。粤西地区的单位可分为:湛江(4 区)、茂名(2 区)、阳江、云浮、肇庆。粤北地区的单位可分为:韶关、清远及偏远山区。

③企业品牌知名度分类整理。企业品牌知名度分类整理是在调查研究的基础上,对企业的所有制、知名度、资产规模、产品的市场占有率、发展潜力等进行综合排序,适度归类整理。如世界 500 强企业、国内 500 强企业。行业分类如国内房地产前 50 强、广州广告行业 100 强等。

④职位信息分类整理。职位大概可分为 35 种大类,分别为:市场营销类、技工类、文教法律类、餐饮娱乐类、医学类、地矿冶金类、园林类、服装纺织与皮革制作类、物流类、计算机类、金融保险类、机械与设备维修类、广告与设计类、交通运输类、理科类、测绘技术类、农林鱼牧类、旅游类、汽车类、电子信息技术类、财务类、动力电气类、行政与人事类、化学工程类、能源水利类、金属材料类、客户服务类、公关与媒介类、经营管理类、工厂类、外语类、房地产建筑类、轻工类、生物工程类、环境保护类、贸易类、零售类、其他类。求职者不用每个类别都涉及,要做到重点突出,方便找准自己的职位类别。

就业信息分类和储存后要根据信息变动性和时效性的特点,进行及时更新,否则信息变成"档案"难以发挥作用。

(5) 就业信息的运用

就业信息的运用是指对经过求职者理解并加工处理后的信息的一个转换过程,即依据信息进行择业的过程。毕业生要学会合理、充分地利用这些有效信息。就业信息的使用必须做到以下几点。

1) 确定职业目标

求职者使用就业信息进行择业时,首先是分析自身条件和实际状况,然后确定职业目标。职业目标的确定是求职者的专长、兴趣、能力、性格、气质、期望值、价值观与社会职业需求之间不断协调的结果。确定职业目标还应把行业目标、收入目标、岗位目标、地区目标等考虑进去。最终确定最合适自己的职业发展目标,然后迅速做出决策,制订最佳实施方案和备选方案,必要时征求专业人士或亲友团的意见。记住适合自己的才是最好的。

2) 了解信息背后的启示

招聘信息往往反映了一个用人单位的发展需求和目标,求职者必须要深入分析思考,转换角度,了解招聘信息背后的动机和启示。用人单位最需要的是安全和保障,希望招进来的人能为他们创造业绩,创造利润,节省成本。他们害怕在招聘上犯了错误,用错了人,对他们而言,招聘用人也是一种风险投资。了解信息背后的启示必须站在用人单位的角度上考虑问题,记住不要以自我为中心。

3) 及时准备

就业信息有很强的时效性,又为众多求职者所共有,因此需求信息一旦选定,就要及时主动与用人单位主管人员联系,不要犹豫不决,更不能守株待兔,否则"机不可失,时不再来"。应主动询问面试的方式、时间、地点和要求,并准备好一套自己完整的求职材料,使需求信息尽早变成供需双方深度沟通的重要桥梁。根据筛选出来的需求信息的要求对照检查自己的不足,及时调整自己的期望值以及智能结构。完成这些尽管在毕业前的有限时间内有些仓促,但无动于衷依然故我的做法却是极其错误的。因为你现在缺少的是你今后必须补上的。记住,这时犹豫不决会使你痛失良机。

4) 共享信息资源

有些信息对自己不一定有用,可是对他人十分有用,遇到这种情况,要及时输出对他人有用的信息,千万不要抓住这些信息不放,你能主动输出对他人有用的信息,不仅对他人是个帮助,同时也增加了与他人交流信息的机会,说不定你也会从别人手中获得对自己十分有益的信息,帮别人就等于帮自己。因此和其他的求职者组成一个团体,一起搜集信息,发出求职申请,问他们是否需要能够胜任的职位。

五、就业指导实训

(1) 实训项目

两封求职信的比较。

(2) 实训目的:通过比较,了解求职信的写作技巧与方法。

(3) 实训内容

如果你是一家公司的人事部经理,在报刊上刊登了招聘物流员的广告后,收到了上百封求职信。现将其中两封原文照录,你用招聘者的心态去看这两封信,哪一封会让你产生兴趣?想一想为什么这封信会打动你的心?

王念文的求职信

负责同志:

您好!我很想到贵单位从事物流工作,我的具体情况是:

姓名:王念文

性别:男

年龄:20

出生年月:1988年6月22日

政治面貌:共青团员

毕业学校:××学院

所学专业:物流管理(三年制)

主要学习课程:经济学、会计学原理、商品流通导论、运筹学基础、经济法学、营销学、国际贸易、统计学、金融理论与实务、物流管理学、物流系统分析与规划、经济地理、现代海关实务、边境贸易概论等课程。

受过何种奖励:优秀学生干部,三好学生

特长:会弹吉他

家庭主要成员:

父亲:王×× ××单位高级物流员

母亲:孙×× ××商店售货员

通讯地址:××省××市××路××号

邮编:××××××

电话:××××××(住宅)

此致

敬礼

王念文

20××年×月×日

李秀艳的求职信

尊敬的徐××先生:

您好!去年众多新闻媒体曾报道过贵公司上属公司股票上市的消息,据悉贵公司正筹备扩大业务,招聘新人,且昨日又在《××××报》第七版读到贵公司的招聘广告,获悉贵公司招聘助理会计员,特冒昧写信自荐。

两个月后,我即将从××职业学校财会专业毕业。在三年的学习期间,曾学过会计原理、商业会计、工业会计、成本会计、经济法和会计法规等专业课以及计算机、英语等文化课,各科学习成绩优秀,连续三年被评为校级三好学生,并已获得珠算一级证、会计上岗证和财会电算化证。我利用业余时间参加了计算机培训和金融专业自考的辅导,取得了计算机文字录入处理员初级证书和三门高等自考合格证,我认为从事会计工作的人懂一些金融知识,有利于企业与银行之间的业务来往。冒昧寄上自荐信及其英文副本,是我使用基于 windows 2000 的 word2007 排版制作的,请您指正。目前我正学习有关上网操作的知识,准备明年参加《国家级

internet证书考试》,争取拿到internet网络操作员证书。我的英文水平有限,但有幸在××公司实习时受到注册会计师蒋××点拨,曾做过一些使用英文进行财务处理的练习,并使用过铂金公司的财务软件。

我性格内向,办事认真,喜欢硬笔书法,由我负责的班级板报曾多次受到学校表扬。我父母分别担任推销员、保管员,工作性质都与财务有联系,我从小就喜欢会计工作。

欣闻贵公司招聘助理会计员,为我提供了难得的机遇和挑战,我十分渴望参加贵公司的面试,希望您能给我这个机会。如果会计助理员已有其他合适人选,我还愿意从事贵公司招聘广告中提到的出纳员、打字员等工作。

兹奉上履历表、毕业证书、会计上岗证、财会电算化证、计算机文字处理员证、高等自考单科合格证、成绩单、照片、获奖证明和蒋先生的推荐信等资料。

如蒙约期面谈,请惠告时间、地点,我自当准时拜见。如还需要其他证明材料,请您赐告,自当迅速奉送。

我的邮编和通讯地址是:65××××,××省××市××路××号

电话:×××××××

此致

敬礼

李秀艳
20××年×月×日

(4)实训场地

课下完成。

(5)考核方式

写出比较分析报告。

【知识导读】

求职材料:切莫华而不实

小张是某重点大学的学生,学的又是热门专业,还自学了几种计算机语言。这样的条件按说应该很受用人单位的青睐,可是他参加了十几个单位的招聘活动后,不是没取得面试机会,就是在面试中被刷了下来。接连失败后,他仔细分析了一下原因,发现问题就出在自己的个人材料上。为了把自己推销出去,他的个人材料不光花哨,而且还加进了一些不真实的成分。几次面试,被有经验的考官一问,再加上紧张,就露了马脚。总结了教训,小张重新做了一份"朴实无华"的简历,很快就有单位相中了他。

小张的情况在求职的大学生中并不少见。为了找到理想的工作,一些大学生想尽办法,各出奇招,希望能够吸引用人单位。而个人材料作为求职的敲门砖,更被摆到了重要位置。于是有些人的个人材料越做越厚,从几页、几十页到上百页;装帧越来越精美,全部彩色打印,还加上图片和高档的封面。

在内容上,除了一些不能注水的硬性指标外,在社会职务、个人爱好等方面,有人就会做一些手脚,比如说找熟人开具在某单位社会实践的证明。南京某高校的一名学生,为了使社会职务这一项没有空白,自己杜撰了"阳光文学社"这样一个学生社团,自封社长。

北京某大学的一位学生告诉笔者,大家一般不会无中生有,主要是在一些字眼上"有技巧

地操作"。比如说"精通计算机",至于精通到什么程度,通过了国家一级还是二级,就只有学生自己心里明白;再如"英语达到六级水平"和"获得六级证书"又有很大的区别。

但是,注水的个人材料很难闯过招聘单位一道道的关卡。尤其是现在越来越多的用人单位招聘新人时都要举行严格的笔试和几轮面试。即使是有的人靠个人材料赢得了面试机会,但在面试中,虚假的内容很难逃过经验丰富的面试官的眼睛。

像普华·永道这样著名的会计事务所则提出了"不要任何纸质材料"的口号。参加过他们招聘活动的某重点大学国际会计专业的李锋龙告诉笔者,事务所已经设计好了表格放在网上,你要应聘就到网上去填,里面都是一些客观的硬性指标。然后事务所会通知你去参加笔试和第一轮的面试,通过了这两关以后还有一个名为 WORKSHOP 的测试。一些应试者组成一队,完成一个项目,有专门的考官看你在这个团队中的表现,再决定你能否进入下一轮面试。这种考试,需要的是应变能力、团队的协作精神,在个人材料上做文章不仅毫无意义,也是根本不可能的。只有凭自己的能力,才可能过关斩将。因此,前不久在首都高校举办的"大学生职业生涯规划"活动中,到场的人力资源经理们都告诫毕业生,个人材料一定不能弄虚作假,如果用人单位发现你有这样的行为,必然对你的人品打上问号,即便你能力很强,也不敢聘用你。

对于一些学生在个人材料中注水的做法,学校里指导就业的老师也是坚决反对的。北大学生就业服务中心的一位老师告诉笔者,学校虽不干预学生制作个人材料,但是学校有统一的推荐表,一些反映学生真实情况的重要指标都在那里面,而且现在单位都要通过考试、面试来决定录取与否,企业有判断的能力。

资料来源:《中国青年报》2000 年 12 月 06 日

【任务小结】

通过本任务的学习,使学生能够认识到求职材料准备是求职成功的关键。同时要清楚地了解自荐材料是求职者与用人单位取得联系、"投石问路"、推荐自己的最常用手段之一,因此学生要注重求职材料的准备,包括材料的筛选、来源途径等,以便于更好地在市场大潮中立足。

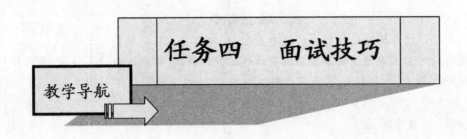

任务四　面试技巧

教	知识重点	了解面试之前必须做的相关准备
	知识难点	熟悉面试时应该注意的事项及禁忌
	推荐教学方式	角色扮演与模拟招聘
	教学场所	多媒体教室或实训室
	建议学时	2学时
学	必须掌握的理论知识	面试技巧与面试时应该注意的事项
	必须掌握的工作技能	面试问答技巧
	能力训练	通过模拟招聘大赛或课堂模拟实训进行项目训练
	考核方式	考核采用过程考核与终结考核相结合的方式。最终成绩＝平时成绩×30%＋自荐材料×40%＋面试×30%

【单元寄语】

面试是通过当面交谈、问答、场景考查等方式对应试者进行考核的一种方式,具有更大的灵活性,它不仅能考核一个人的业务水平,而且可以面对面地观察应聘者的口才、应变能力和综合素质等。对多数大学生来说,上学期间各种笔试不断,大多数能应付自如,而对面试则因为经历少,常常会不知所措,心里打怵,尤其是现在用人单位在面试考查方面别出心裁,不断改变形式,难倒了不少毕业生。学会面试,是毕业生求职择业时面临的新课题。

如此面试

国际函授学校丹佛分校经销商的办公室里,戴尔正在应聘销售员的工作。

经理约翰·艾兰奇先生看着坐在面前的这位身材瘦弱,脸色苍白的年轻人,忍不住先摇了摇头。从外表看,这个年轻人显示不出特别的销售魅力。他在问了姓名和学历后,又问道:"干过推销吗?"

"没有!"戴尔答道。

那么,现在请回答几个有关销售的问题。约翰·艾兰奇先生开始提问:

"推销员的工作目的是什么?"

"让消费者了解产品,从而心甘情愿地购买,"戴尔不假思索地答道。

艾兰奇先生点点头,接着问:

"你打算跟推销对象怎样开始谈话?"

"今天天气真好"或者"你的生意真不错"。

艾兰奇先生还是只点点头。

"你有什么办法把打字机推销给农场主?"

戴尔稍稍思索一番,不紧不慢地回答:"抱歉,先生,我没办法把这种产品推销给农场主。"

"为什么?"

"因为农场主根本就不需要打字机。"

艾兰奇高兴得从椅子上站起来,拍拍戴尔的肩膀,兴奋地说:"年轻人,很好,你通过了,我想你会出类拔萃!"

此时,艾兰奇心中已认定戴尔将是一个出色的推销员,因为测试的最后一个问题,只有戴尔的答案令他满意,以前的应聘者总是胡乱编造一些办法,但实际上绝对行不通,因为谁愿意买自己根本不需要的东西呢?

启示:

或者有人会说这个故事只是教条地告诉了我们诚实的重要性。然而,也有人从中考虑到面试的意义所在。

信息化时代,求职者在参加面试的时候,总会预先做好很多准备,包括如何回答面试官的提问。我们经常看到很多企业使用一些特殊的考核题目或考核方法,以达到"攻其不备"的目的,这些手段很快就会被其他同行模仿,甚至有的HR干脆从网上下一套面试题应对求职者。

然而,故事中面试官的态度给了我们新的思考:量才使用和结构化面试才是正确的理念。企业文化与个人理念的契合度、岗位素质模型下的品行要求、技能掌握状况,才是我们面试的重点所在。若偏离了这个方向,一切新奇或与众不同的面试问题和面试手段都只能是摆设。大巧若拙,大智若愚,只有真正符合企业实际需求的面试,才能招揽到符合企业发展需求的人才。

【问题】

你是否对上面面试的内容有异议,那么,请你思考一下,如果是你面对这样的面试,你又如何应对呢?

 练习:请同学们写下自己目前存在的困惑。

_____

_____

面试是求职过程中进行考核的一种重要方式,主要是通过一定的方式,比如面谈等形式考察考生的组织协调能力、人际交往能力、领导能力、决策能力,同时还考察其灵活性、自信心等,一般用人单位喜欢用面对面的形式考察应聘者的口才和反应能力,所以,成功面试是打开就业之门的有效方式之一。

一、面试技巧

1.面试及面试准备

面试是一种经过组织者精心设计,在特定场景下,以考官对考生的面对面交谈与观察为主要手段,由表及里测评考生的知识、能力、经验等有关素质的一种考试活动。面试是公司挑选职工的一种重要方法。面试给公司和应招者提供了进行双向交流的机会,能使公司和应招者之间相互了解,从而双方都可以更准确地做出聘用与否和受聘与否的决定。

面试准备一般是指求职者在面试之前要充分了解自己、分析企业、解读职位、改进简历、了解求职渠道、准备面试问题、熟悉面试礼仪并为了通过面试所要做的各项准备,在面试之前做到"一切准备就绪"。

2.面试的意义

(1)可以弥补笔试的局限

可以考察到笔试人员甄选手段难以考察到的内容。笔试是以文字为媒介,考察一个人的知识水平素质能力,但很多素质特征很难通过文字表现出来。比如一个人的仪表风度、口才、反应的敏捷性等。有些素质特征虽然可以通过文字形式来表达,但因为应试者的掩饰行为或其他原因没能表达,但却可以通过面试来考察。例如,对某些隐情,应试者往往不愿表露,对这些不愿表露的东西,在文字性的笔试、问卷等测试中,可以做到天衣无缝,但在面对面、眼对眼的面试中,就很难做到了,因为我们的身体不容易撒谎。面试可以弥补笔试的失误,并有效地避免高分低能者和冒名顶替者。有人在笔试过程中没发挥好,如果仅以笔试成绩作为录用依据,那么这些人就很难会被录用。但如果再辅之以面试形式,就给这些人一个再次表现的机会。沈阳市在一次干部录用考试中发现,有些人虽然笔试成绩不算很高,但在面试中对答如流,表现极佳,显示出了很大的发展潜力,从而成为理想人选。笔试还存在一定局限性,笔试中难免有高分低能者甚至冒名顶替者。在一些省市的干部录用考试中,有些人笔试成绩很高,但面试时却言语木讷,对所提问题的回答观点幼稚、没有深度;有的则只能背书本知识,分析问题和解决问题的能力很差。

(2)可以测评应聘者多方面素质

从理论上讲,面试只要精心设计、时间充足、手段得当,可以准确地测评出应试者的任何素质。如果说心理测验中的许多问卷是测评应试者的智力、心理、品德等的有效手段,往往会收到与笔试不同的效果,那么把这些心理测验中的问题以口头问答的形式表现出来,由于信息量利用的频率高,其测评质量会更高。如果在面试中引入无领导小组讨论、角色扮演、管理游戏等情景模拟的人员甄选手段,还可考察应试者的组织能力、领导能力等;如果引入工作演示的方法,还可直接考察出一些应试者的实际工作能力。甚至,就应试者的身体状况,通过面试也可以获取大量直观的信息。

二、面试的目的、种类

1. 面试的目的

面试是一种经过精心设计,以交谈与观察为主要手段,以了解被试者综合素质有关信息为目的的一种测评方式,同时也是供需双方相互了解的过程。通过面试,一方面用人单位了解应聘者,另一方面应聘者也了解了用人单位,有利于双方的相互选择。简单来说,面试是指招聘单位面对求职者的测试,通过这种测试,使用人单位找到最合适的人选,也使求职者找到最理想的职位。一般来说,对于用人单位,面试有以下几个目的。

(1)考核求职者的动机与工作期望

(2)考核求职者仪表、性格、知识、能力、经验等特征

(3)考核笔试中难以获得的信息

2. 面试的种类

面试的方法很多,根据不同的分类标准,可以划分出很多具体的面试类型。根据面试的标准化程度可以划分为结构化面试和非结构化面试;根据面试实施的方式分为单独面试和小组面试;根据面试题目的内容可将面试划分为情景面试和经验面试;根据面试的气氛设计可分为压力面试和非压力面试。在这里我们不作一一详述,只把关键的几种面试类型向大家介绍一下。

(1)根据面试官人数分类

根据面试官人数的多少,可以将面试的方法分为个人面试法和集体面试法。

1)个人面试法

个人面试法是面试官与应试者一对一单独面谈的方法。这种方法是企业招聘采用的最普遍也是最基本的方式。该面试方式又有两种类型:一是只有一个面试官负责全过程。这种面试多在小型单位或招聘职位较低的职员时采用,或当应试者太多时,也会采用这种方法进行初选。二是由多个人分工负责面试的整个过程,但每次均由一个面试官与应试者面谈。

个人面试法的优点是能够提供一个面对面的机会,让面试双方较深入地交谈了解,可以就细节和个人特殊问题进行交换意见。但由于面试官只有一位,由一个人对应试者下结论,有可能会出现偏差,容易受个人因素影响,失去公平性。

2)集体面试法

集体面试法就是由面试小组集体对应试者进行面试的方法。各位面试官同时围绕面试的重点内容,依据拟定的基本面试问题及应试者的回答情况,对应试者进行提问或续问。每面试完一人后,面试官们依据应试者的应答情况进行打分,填好面试成绩评定表。每位应试者面试结束后,面试小组核定出它的面试总成绩。

集体面试法优点是由面试官一起参与面试评分,可以减少因面试官个人偏见产生的误差。面试官提问可以互相补充,这样可以更全面、从容地掌握信息,透明度高,较为客观公正。集体面试的不足主要在于:面试小组由多名面试官组成,难免给应试者造成心理压力,可能影响水平的正常发挥。另外主要面试官一般由单位主要领导担当,这样会给其他面试官造成心理压

力,会以主要领导的意见作为评分标准。

(2)根据结构化程度分类

根据面试的结构化程度,可以将面试的方法分为结构式面试法、非结构式面试法和混合面试法。下面重点将结构式面试法、非结构式面试法介绍如下。

1)结构式面试

结构式面试又称直接面试,是带有指导性的面试。一般是按照预先确定的内容、程序、分值结构进行的面试。对于同类应聘者,主考官用同样的语气和措辞、按同样的顺序、问同样的问题、按同样的标准打分,并且所问问题的结构就是招聘岗位所需要的人员素质的结构,有时候还会预先分析这些问题可能的回答,并针对不同的回答划分标准,以帮助考官进行评定。

结构化面试一般应用于行政部门、事业单位、政府机关以及公务员等比较正规场合的面试。因为每个应聘者都被问相同的问题,评分标准也相对固定,所以由于这种面试的客观性、规范性、相对准确性、便于掌握评分标准等优点表现的比较突出,这种方式的面试受到人们的普遍信赖。

2)非结构式面试

非结构式面试又称间接面试。面试时有面试官根据具体情况随时提问,鼓励应试者多谈,再根据应试者对问题的反应,考察他们是否具备某一职务的任职条件。尽管面试内容没有事先确定,但可以围绕不同的方向展开,但问题必须与招聘和录用有关。因此,对于不同的应试者,提出的问题、测试的过程和问题的答案都是因人而异的。也就是说,在面试过程中,考官有很大的主动性,他可以根据被试者的具体情况随机提出问题,以获得自己想要得到的信息。在外企、三资企业或者民营企业面试时,一般会采取这种比较轻松的非结构化面试。

非结构化面试有四个特点:面试问题的不确定性。主试者起初提出的问题是相同的,一般是从个人介绍开始话题,但后面的追问部分则有很大的不确定性;面试答案的非标准性:同一个问题可能有不同的答案,但这些答案在一定条件下都是合理的,所以无法给出"标准答案"。面试过程的分散性:结构化面试的过程是线型的,一样的问题让应聘者回答;而在非结构化面试中,却是一种树型的过程,一个问题往往有多种答案,根据每一种回答可以再次提出不同的问题,所以整体方向很散,追问可以多个方向展开。面试评分标准的模糊性:非结构化面试的评分,没有一个明确的标准,他可以根据面试者的答题方式、风格等特征来评分,所以评分标准比较模糊,主试官的主动性较大。

3)混合式面试

混合式面试法是将结构式面试和非结构式面试结合起来运用,即应试者回答同样的问题,但同时又根据他们的回答情况做进一步提问,以求更加深入、细致地了解应试者。混合式面试也是当前单位招聘中常使用的一种典型面试方法。

(3)根据面试气氛与情景分类

根据面试气氛与情景,可以将面试的方法分为压力面试法和非压力面试法。下面只介绍压力面试法。

压力面试法是在面试过程中逐步向应试者施加压力,以考查其能否适应工作中压力的面试方法。压力面试法对面试官的面试技巧要求较高,在对岗位分析的前提下,确定岗位的主要情节,根据岗位工作中可能遇到的压力,设计一些问题。压力面试一般适用于独立性强、难度大、责任重的岗位,如质检、审计等。这种面试法经常采用集体面试的形式,事先设计一个或几个问题，面试官采用穷追不舍的方法提问并逐步深入，直至应试者处于无法回答的境地，以考察其机智程度、应变能力及心理素质。

例如：提问应试者"你认为自己的最大优点是什么？"，假如应试者回答"我认为自己最大的优点是肯吃苦。"，面试官又会接着问："在我们单位吃苦就意味着经常在休息时间加班，你又如何理解"？或者问"在我们公司最欣赏会巧干的人，而不是只会苦干的人，你如何理解？"等等，面试官会这样顺着你的回答不断为难你，直至你无法应对。

压力面试法的最大优点是能够观察应试者的心理素质，在适度的批评之下是否有高度的机敏反应。心理素质好的应试者会表现的理智、大度、从容、灵活，而心理素质较差的人，则会显得紧张、烦躁，沉不住气，无法控制。压力式提问在我们的面试过程中是经常遇到的。

三、面试各个阶段的准备及关键问题分析

1. 面试准备程序

求职面试这个在国外具有悠久历史的人才考核形式，近年来在国内不仅越来越普遍地被外商投资企业、外商驻华机构及国内单位所采用，在各类事业单位招聘、公务员招考中也被普遍采用。这种考核形式改变了长期以来沿用的从档案看人、以一张考卷定终生的单向的、静态的传统考核办法，而使面试者和应聘者相互之间建立起一座沟通了解的无形桥梁，更使用人机构能多维的、动态的、直接地考核和了解应聘者的资历、能力、志向、个性、事业心、责任感及职业目标，等等，然后作出是否录用的决定。求职者也可通过面谈了解用人单位的情况，最后作出是否签约应聘的决策。因此，求职面试对于招聘、应聘双方都事关重大。这里，我们只着重谈谈求职者面试前的准备。

（1）了解面试单位及岗位

为了保证使面试前的准备工作做得更充分、更主动，面试前应试者必须对面试单位进行摸底调查，全面了解，做到心中有数，尽可能把一些问题处理得合理一些，其工作思路应从以下几方面着手考虑。

1）了解面试单位概况

用人单位的性质、规模、产品、效益、发展前景、应聘岗位职责、待遇、违约金、单位主管部门等问题都要详细地了解。如果应聘单位是企业，应从单位性质、注册资金、资产总值、职工人数、专业技术人员层次结构、产品经营、人事制度、工资奖金等方面予以较全面的了解；若是应聘学校等事业单位，应从学校的性质、规模、师资、学生状况、工资待遇、发展前景等予以了解；若是应考公务员，应熟知所报考公务员位置的基本情况、职责、任务、待遇及发展前景等。

2）实地考察

面试前，如果面试单位确实是你想去的工作单位，那么有必要去实地考察，进一步增加自己的感性认识。主要了解一下该单位所处的地理环境、员工的工作环境以及企业文化和企业精神。去学校应聘者还要了解学校的软硬件设施、学生学习及校园文化氛围等情况。

总之，在面谈前最好弄清你想去单位的各种情况，以便理清思路，明确该采取什么策略，从而在面谈时把握主动。

（2）语言能力训练

对应试者来说，流利自如、文雅幽默的谈吐是面试成功的必备条件。在面试前应作如下准备。

1)口头表达能力训练

自从跨进大学校门,就要积极参加各种集体活动,有意识地加强语言表达能力的训练,逐步养成与陌生人自如交谈的习惯,多参加集体活动,课堂讨论大胆发言。也就是说:口头表达能力的训练不能等到面试时才去锻炼,否则,见人脸红、遇事心慌、心中无谱、口中无词,说不上几句话,摆在面前的就业机会就会白白流失。

2)书面表达能力训练

面试单位要对应试者的文学水平、书法水平进行考察,也就是说,要考察应试者是否具备一定的人文素质,对文字的理解能力如何。字相当于一个人的外表,也是工作过程中最基本的能力。如果这方面的能力欠缺的话,往往就会给用人单位留下文学修养不高,字也写的不怎么样的印象,直接影响面试结果。

3)交流协调能力

面试主考官出一道工作难度较大、人事关系较复杂的问题让你解决,即在复杂的人际关系中如何协调工作中的各种矛盾,就是直接考察你交流、沟通、协调能力如何。因此,作为高校毕业生应该善于处理好在校期间学习、工作、生活中的各种矛盾,遇到问题不要回避,久而久之,这方面的能力就会提高。

4)问题归纳能力

表达一件事或做一个自我介绍时,如果讲了半天,听者不知道你在讲什么,那就说明你的表达没有抓住重点,思路比较乱。因此,面试前,要将需要表达的问题进行重点和一般的分类,按照前后次序加以整理归纳,以此来提高面试效果。

(3)自我介绍准备

面试时,自我介绍不可能拿着书面讲稿读给对方听,在口头自我介绍时,应从以下几点去准备。

1)重点突出

把在大学里擅长的内容表达出来,也就是说把一个人最为突出的才能表达出来。如果荣誉称号很多,那么就讲层次最高的,没有必要统统报出来。

2)语言精练

自我介绍时,语言简短、清楚、准确,切忌漫无边际、不着主题的瞎扯。古人云:"言不在多,达意则灵。"语言是传递信息和交流思想的工具,求职者的技巧和表现手法主要体现于语言的运用上,要语不烦,字字珠玑,简洁有力,能使人不减兴味;冗词赘语,语绪唠叨,不得要领,必令人生厌。

3)一分为二

介绍自己时不能只讲优点,不讲缺点,有时把缺点讲得恰到好处,会收到事半功倍之效果。例如,某毕业生在几位考官面前介绍自己时,打破常规、独辟蹊径,先介绍自己的缺点,然后介绍自己的优点,扬长避短,掌握较好,一下子得到了考官的好感,立即产生了该生诚恳、谦虚、实事求是的面试效果。

4)用词恰当

自我介绍时,讲一句就是一句,讲话要严谨,如果出现不切实际的话,易被面试考官提出质疑,几个问题一问,有时会把整个思路搞乱,往往慌了手脚,会影响面试效果

2. 面试中应注意的问题及面试技巧

(1) 面试需要注意的几个问题

1) 不要紧张,表现要自然、有礼貌

2) 举止要大方,要保持自信

3) 微笑可以减轻你内心的不安,更可以令面试的气氛变得融洽愉快

4) 让主考官知道你珍惜这次面试的机会

5) 让主考官先打开话匣子

6) 假如不太明白主考官的问题,应该有礼貌地请他重复

7) 在适当时机谈出你自己的优点和特长

8) 不要自己急着提出薪酬、待遇等问题

9) 准备一些与贵单位和你申请的工作岗位有关的问题,在面试结束之前提出

10) 最后要问清楚多久才知道面试结果

(2) 面试技巧

【案例解析】

谦虚过头了

小梁是大学数控专业的毕业生,在开发区一家中外合资企业应聘面试数控工程师时,公司考官问他:"你觉得你能胜任你应聘的职位吗?"小梁谦虚地答道:"现在我还谈不上能胜任,但我可以多向领导请教,向同事学习,在实践中边干边学,积累经验。"考官又带他到生产车间实地参观,小梁显得有点惊讶地说:"哇,这么先进的设备,我还从没有见过呢,如果我能应聘上,一定好好学习,钻研这些先进设备和技术,希望公司能给我一个学习的机会。"就因为小梁的这些谦虚话,他应聘失败。公司考官对他说:"我们招聘的是能胜任本职位工作的人才,要能立即派上用场,而不是招收培训生。"小梁从考官的话语中领悟到含意,悔之晚矣。原来,小梁在学校实习时也接触过类似的先进设备,完全有能力胜任应聘职位。只不过小梁试图以谦虚博得考官的好感,没想到弄巧成拙。

点评:求职者应聘不能过于谦虚,而应实事求是,有多少才能、能否胜任应聘的职位以及其他工作,都应如实地表达出来,行就说行。过于谦虚、客气,面试官会认为你真的无能。求职者应聘时,一定要充满自信,充分地展示自己的才能,表现自己完全能胜任所应聘的职位,从而取得考官的信任,实现自己的求职就业愿望。

面试总的目的是力争给主考官一个好的第一印象。从前面列举的常见面试问题可以看出来,在面试前做一些必要的准备工作,并不是可要可不要,而是必须要且必须要做好的一项工作。正所谓"有备无患",充分的准备工作能够大大提高成功率。

1) 思想重视,目标清楚

求职者在经过了对就业需求信息的收集、筛选后,将会最终确定自己愿意应聘供职的目标单位,而一旦确定了求职目标后,求职者应当克服犹豫、胆怯、顾虑心理,义无反顾地为应聘做好各项准备工作。应当说,目标单位的确定过程非常复杂,这里面既要考虑政治、经济、地域、文化等因素,很可能还要考虑习惯、情感等因素。求职择业最忌讳的是没有目标或目标过多。

在求职择业过程中,大学生还需要经过精心设计、递交简历、面试甚至笔试直到洽谈签约等环节,这些环节环环相扣,都非常重要,但面试在这一过程中起到承前启后的作用,它既是对

前面所做各项准备工作是否有效的集中检验,更是能否进一步与用人单位进行洽谈的试金石。得到面试通知,意味着求职者递交的书面材料得到了招聘单位的认可,而高质量的面试无疑会有力地促进应聘的成功。

用人单位招聘人员,学习成绩、在校表现等理所当然是考虑的重要因素,但近几年来,用人单位在招聘人才时往往追求"最适",而不是"最好",应聘者的性格特征、思维方式、言谈举止、形象气质等"活"的因素,在求职简历、推荐表格上难以直观感受得到。所以,在当前尚没有更好办法的情况下,招聘单位对求职者心理素质、表达能力、文明素养、应变能力等弹性指标的考察,主要还是要通过面试的方式予以确认。所以,面试具有决定性意义。

因此说,每一个求职者都必须端正面试态度,应当从思想上真正认识到面试的重要性。而思想上的重视、认识上的到位,关键还要落实到具体的措施和方法上,全面细致的准备是求职取得成功的关键。准备工作做好了,就等于求职成功了一半。

例:小孙是个具有双学士学位的应届毕业生,很快与一家大型建设集团 A 经过双向选择签订了就业协议,但不久后他又看中了另一家很有实力的电气公司 B,于是他隐瞒与 A 已经签约的事实,积极与 B 相关部门接触,并以自己生病为由拖延与 A 的履约时间。在他与 B 公司达成就业意向后,又通过其他渠道弄了份协议书欲与 B 签订。但很快,A 单位知道了他的意图,于是将此事通知了校方和 B 公司。就这样,两家单位都表示不愿再与小孙签约,为此,小孙不但支付了违约金,在规定时间内也没能再落实单位,从而错过了就业机会,他的户籍和人事档案关系均被迁回原籍。

2)深思熟虑,准备充分

在面试活动中,语言无疑是最重要的工具,除了一些特殊岗位或有特殊要求的面试外,"听"与"说"几乎占据了整个面试过程。说什么是问题的关键。对应试者来说,流利自如、文雅幽默的谈吐是面试成功的必备条件,所以有必要准备一份简短精练的自我介绍,打好腹稿。面试开始,往往是以主考官提出"请简要介绍一下你自己"问题开始的,这个头开得好,会吸引考官的注意力和兴趣,索然无味、平铺直叙式的叙述,只能给人以平淡无奇的印象。所以,设计好自我介绍,非常关键,这需要研究应聘单位和岗位性质。事实上,大学生求职择业需要有较强的语言表达能力,而真正踏上社会后,事业的成功在一定程度上也有赖于此。所以,大学生在平时就应该有意识地加强语言表达能力的训练,主动养成与人交谈和沟通的习惯。多参加集体活动,多有意识地参与讨论和发言,必将有助于讲话能力的提高。同时,提前为一些典型的提问准备好答案,或进行必要的模拟面试训练,也有助于面试的成功。

例:著名演员李雪健因出演《焦裕禄》而获得最佳男演员奖,在授奖仪式上,李雪健抱着奖杯激动地说:"苦和累都让焦裕禄受了,名和利都让傻小子李雪健得了!"这样别具一格的发言,让人耳目一新,博得了满场的掌声。但我们应当清楚,这两句精彩演讲是经过充分准备和深思熟虑的。

3)知己知彼,有的放矢

主考官提问的出发点,往往与招聘单位有关。因此,应尽可能多地了解一些招聘单位的情况,对单位的性质、业务范围、发展情况等做到心中有数。另外,了解招聘单位具体岗位对知识技能的要求也有利于有针对性地展示自己的特长。

例:一家沿海城市的家用电器公司是以质量第一享誉国内外的著名企业,他们在北京招聘应届毕业生时,总要问及一个问题:"你对我们公司有何了解?"回答了解不多或不了解的人很快就被"淘汰出局",那些对公司有深入了解的毕业生备受青睐。一位受到考官连连赞许的应试者是这样回答的:"贵公司最大的特点就是高度重视质量,用质量去占领市场,用质量去获得信誉,用质量赢得市场高价位,用质量去进行国际竞争,贵公司老板曾因此应邀去美国哈佛大学授课。我本人性格内向,对任何事情都严谨认真,一丝不苟,符合贵公司的企业文化要求,我愿为贵公司的发展贡献微薄之力。"能够如数家珍般地讲述对用人单位的详细了解,极大地缩短了双方之间的距离,给人以"未进厂家门,已是厂里人"的亲切感觉,这样的毕业生当然备受欢迎。当然做到这一点并不容易,需要事先大量调查研究和精心地准备。

另外,通过这位毕业生的回答我们还可以总结出一点:只对求职单位深入了解还不够,因为有些主考官往往会追问"你能为我们单位做哪些贡献"、"你感觉自己应聘这个岗位有哪些优势"等问题,所以还要结合自身特点申明自己的优势,这样才算是比较完整的回答。

4)机智应变,从容不迫

面试官往往将询问应试者的有关情况作为面试的切入点。这个问题看似简单,其实往往不是所有的人都能应付自如的。有时难免会在面试官出乎意料的询问下手足无措、张口结舌。再就是为了考察应试者的心理素质和综合水平,面试官往往会提一些"高难度"的问题,故意"刁难"应试者。遇到此类问题,应试者应当保持冷静,否则会给人一种不成熟、"长不大"的印象。

例:小刘在参加公务员选拔面试时,主考官问他,"古代人为什么爱鸟?"这个问题看似与公务员选拔风马牛不相及,但这个问题一方面是要考察小刘的知识面,另一方面也是有意考察他的应变能力和心理素质。回答此类问题,无论是否知道答案,关键是要保持镇静,不能慌了阵脚。如果不知道确切答案,在回答前不妨予以声明,然后再根据自己的理解试着回答。当然,即便是猜测也要做到自圆其说。

5)仪表端庄,举止大方

穿着、仪表和言谈举止是一个人内在素养的外在表现,得体的打扮不仅体现求职者朝气蓬勃的精神面貌,表现求职者的诚意,还能反映出一个人的修养。仪表往往左右着面试者的第一印象。因此,面试前应注意自己的着装打扮。衣着不整、蓬头垢面,会被认为是邋遢窝囊;过于超前的服饰,也可能会被认为不可信赖。大学毕业生在求职面试过程中应力求给人以整洁、大方、朝气蓬勃的印象。应该说,大多数用人单位还是喜欢朴素端庄的毕业生。为了慎重起见,应试者面试前,最好征求一下老师和同学对自己着装的意见。

例:计算机及应用专业的毕业生小张是学习标兵,成绩优异,自我感觉良好。但该生平时对穿着不是很在意。在求职过程中,小张接到好几家单位的面试通知,可结果都是"落花有意,流水无情"。最后,在辅导员老师的帮助下,终于找出问题所在。经过一番准备和打扮,小张最终被一家大型IT公司看中,圆了工作梦。

在这里,有必要介绍一些相关的行为举止方面的知识,供毕业生面试时参考。

一是举止要优雅。举止是指人的动作和表情,主要包括日常生活中的站、坐、行、表情、手势、致意、鞠躬、递物接物、进出房间、介绍和自我介绍等内容。举止是一种不说话的"语言",它反映着一个人素质、受教育的水平以及能够被人信任的程度。哲学家培根有句名言:"相貌的美高于色泽的美,而优雅合适的动作美又高于相貌的美。这是美的精华。"举止是展示自己才华和修养的重要的外在形态,恰到好处的举止能够帮助一个人走向成功。

①站姿。要做到头正,双目平视,双肩放松,躯干挺直,双臂自然垂于身体两侧,双腿立直、

并拢,脚跟相靠,两脚成60度。

②坐姿。入座时要轻要稳;嘴唇微闭,下颌微收,面容平和自然;双肩平正放松,两臂自然弯曲放在腿上,也可放在椅子或是沙发扶手上,掌心向下;坐在椅子上,要立腰、挺胸,上体自然挺直;双膝自然并拢,双腿正放或侧放,双腿并拢或交叠(男士坐时可略分开);坐在椅子上,应至少坐满椅子的三分之二,脊背轻靠椅背;离座时,要自然稳当,右脚向后收半步,而后站起。

③行走。注意协调稳健,轻松敏捷;双目向前平视,面容平和自然;双肩平稳,双臂前后自然摆动,摆幅以30~35度为宜;上身挺直,收腹,立腰,重心稍前倾;注意避免内外八字;注意步幅适当。

④表情。表情在人与人之间的沟通上占有相当重要的位置。一个善于通过目光和笑容表达美好感情的人,可以使自己富于魅力,也给他人以更多的美感。在人际交往中要做到:目光坦然、亲切、和蔼、有神,与人交谈时,目光要注视对方,不要躲闪或游移不定,要面带微笑。

⑤手势。打招呼、致意、告别、欢呼、鼓掌等都属于手势范围,应该注意其力度的大小、速度的快慢、时间的长短,不可以过度。例如鼓掌时应用右手掌轻拍左手手掌心;在任何情况下,不要用大拇指指自己的鼻尖和用手指点他人;介绍某人,为某人指示方向,请人做某事时,应该手心向上,手臂伸平,手指自然并拢,以肘关节为轴,指示方向,上身稍向前倾,以示敬重;在生活中要避免出现令人反感的动作,如当众搔头皮、掏耳朵、搓泥垢等。

⑥握手。标准的握手姿势(纯礼节意义上握手姿势)是:伸出右手,以手指稍用力握住对方的手掌(手掌应与地面垂直),持续1~3秒钟,双目注视对方,面带笑容,上身要略微前倾,头要微低。

⑦致意。是一种常用的礼节,表示问候之意。致意的方法有:起立致意、举手致意、点头致意、欠身致意等,致意要注意文雅,动作必须认真。

⑧鞠躬。意思是弯身行礼,是表示对他人敬重的一种郑重礼节。其方法是首先立正站好,保持身体的端正,同时双手在体前搭好(右手搭在左手上)面带微笑;然后以腰部为轴,整个腰及肩部向前倾斜15~30度,目光应该向下,同时问候"您好"、"欢迎光临"等。

⑨递物和接物。应双手递物和接物。如递送名片时,应该用双手恭恭敬敬地递上,名片的正面应对着对方;接受他人名片时,应恭恭敬敬,双手捧接,接过后要仔细看一遍。

⑩进出房间。进入他人房间或办公室,都应轻轻叩门,得到允许后方可进入,切不可贸然闯入。叩门时应以指关节轻叩;进入房间脚步要轻,如果需要关门的话,要回身把门关好。走出房间应该回身把门带上,不能扬长而去。

除了上述的具体细节之外,应试者还应该注意介绍和自我介绍。介绍:作为介绍者为他人作介绍时,应先把晚辈介绍给长辈,把地位低者介绍给地位高者,把男士介绍给女士。接待客人,把客人介绍给主人后,一般是把晚到的客人介绍给早到的客人。介绍时,注意要把手掌伸开去(手心向上),向着被介绍一方。作为被介绍者,应当表现出结识对方的热情,双目应该注视对方,不可东张西望。自我介绍:在一些场合需要做自我介绍,比如求职或新到一个环境中,自我介绍时要掌握以下几个要点:举止庄重、大方。讲到自己时可将右手放在自己的左胸上,不要慌张;表情坦然、亲切。眼睛应看着对方或是大家,不要显得不知所措,面红耳赤。

在人与人交往的过程中,第一印象常常是最深刻的,社会心理学称之为"首因效应"。相互介绍和握手,是人们接触的最初几分钟进行的,这时一个人的举止,往往决定着在他人眼中的交际形象。

二是谈吐要礼貌。语言是人们交流思想、联络感情的工具和手段。俗话说"言为心声,语为人镜"。语言是人心灵的体现。语言所代表的是一种道德文明。它集中反映了人的思维能力,文化素养,道德品质等诸多内在素质。一个善于使用语言与他人沟通的人,本身就具备了取得成功的可能性。

①语言声音。声音在语言中的地位相当重要,要注意做到:语音适度、语调柔和、速度适中、抑扬顿挫、吐字清晰。

②称呼。称呼是当面招呼对方,以表明彼此关系。国内最普遍使用的称呼是"同志",不论是何种职业、年龄、地位的人均可以称为"同志";知识界人士在其工作场合或与之有关系的场合,可以直接称其职称或在职称前冠以姓氏;对新结识的人,对于年长于自己的,可以称之为"老师";要注意"您"和"你"的使用区别,做到尊重对方,不伤感情。

③礼貌用语。主要包括问候、感谢、道歉、征询、赞美、慰问等用语。常用的有:表示问候时用"您好"、"你好"、"早上好"、"晚上好"等;表示感谢时用"谢谢"、"麻烦你了,非常感谢",并注意说明感谢原因;表示道歉用"对不起,实在抱歉"、"真过意不去"、"真是失礼了"等;征询语有"您有什么事情吗"、"我能为您做些什么吗"等;赞美语有"很好"、"很不错"、"太好了"等;慰问语有"您辛苦了"、"给你们添麻烦了"等;要特别注意"请"字的运用,如"请您指教"等。

④交谈。交谈的基本原则是诚恳、大方、平等、谨慎多思、朴实;交谈的语言要准确、亲切,要注意语言的幽默感、机智感、博学感,注意使用礼貌用语,保持口语的流畅;要注意选择话题、适时发问、少讲自己等交谈技巧;交谈中不要涉及令对方不快的事情。

三是着装要得体。服装,大言之是一种文化,它反映着一个民族的文化素养、精神面貌和物质文明发展的程度。小而言之,服装又是一种"语言",它能反映出一个人的职业、文化修养、审美意识。也能表现出一个人对自己、对他人乃至对生活的态度。因此,在社交和日常生活中要注意着装。着装的原则应是得体、和谐。

要做到着装的得体与和谐,首先要依据自身的条件,如身材、肤色、气质、年龄、身份等特点选择服装,着装时还要考虑到服装本身的搭配和礼仪活动的特定场合的需要。此外,还要考虑到发型和化妆。着装时要特别注意服装与体型、服装的色彩、服装的格调等,尤其是穿西装时要注意,必须合体,领子应紧贴领口而且低于衬衫领口1~2厘米。上衣的长度宜于垂下手臂时与虎口相平。袖长至手腕,使衬衫袖口露出1~2厘米。肥瘦以穿一件厚羊毛衫后松紧适宜为好。上衣的下摆应平整,裤子的裤线应挺直。

四是仪容要整洁。清洁是仪容的关键,是礼仪的基本要求,也是当今社会与人交往、取得事业成功的必要条件。主要应做到:面容清洁、口腔清洁、头发清洁、手要清洁、服装鞋帽要整洁、身体勿带异味、男子不蓄胡须等,还应注意适当美容和美发。

6)关注细节,彰显素质

"情景面试"是当前经常被使用的一种面试方法。情景,即招聘方提前设计好面试环境,随时对面试进行过程控制的面试方法。设置情景的目的,是让求职者在这个特定的环境中自由表现,再通过其言行举止来确定应聘者的综合素质,以达到全面测试应聘者的目的。"情景面试"更多的是对应试者细节方面的考察,在这种面试里面,由于周围的环境和测试过程是提前精心布置好的,并且事先并不会告诉应试者面试的形式和内容,全凭应试者在一种自然状态下自由发挥,所以更能将应试者最本质、最自然的一面展现给大家。这种面试有时会给人一种错觉,即不像是在面试,而像是在"走过场"或是"演戏"。有的情景面试设置的让人感觉非常轻松,轻松得甚至有可能根本见不到面试官;要么则会异常紧张。事实上,这种面试往往是在不知不觉中就已经开始了。比如,面试方在面试地点外走廊的地上放一个拖把或其他什么物件,看应试者如何处理;再比如,面试方让应试者有机会一个人呆在接待室,有"客人"来访,看他如何处理接下来发生的一些事;又比如面试方临时要求应试者帮助做一些小事情,如传送文件、接听电话等;还比如面试方干脆把应试者安排到一个地方,不再管他的事,看他如何处理,等等。

另外,即便不是情景面试,对于应试者来讲,在整个面试过程中注意自己的言行举止,也是十分必要的。因为人的综合素质总是反映在一举手一投足等细节当中,在面试过程中大大咧咧、"不拘小节",面试结果是不会很理想的。

例:"沙漠求生"测试法。某大公司要招聘一位销售经理,应聘者按要求每5个人一组被安排到一间空房子里,门随即关上。在房子里面,他们被告知此时此刻自己正处在沙漠中,能够支配的物品有1个苹果、1个望远镜、1个指南针、1瓶矿泉水,可能还有1把雨伞和一些其他道具,要求他们集体讨论如何实现自救,并最终把大家安全带出沙漠。10分钟后每个组各选出1名代表阐述讨论结果。事实上,在讨论结束后那个被推选出来的发言代表往往首先是招聘方想选择的人。因为在集体讨论过程中,这个被选出来的人发挥了自己高超的组织和领导才能,而且见解比较独到,语言表达能力比较强,还能够团结大家,显然他首先比较符合招聘方的要求。

7)注重礼仪,增加好感

①要提前5~10分钟到达面试地点。这样可以表示求职者的诚意,给对方以信任感,同时也可调整自己的心态,做一些简单的仪表准备,以免仓促上阵,手忙脚乱。为了做到这一点,一定要牢记面试的时间、地点,有条件的同学最好能提前去一趟,这样,一来可以观察熟悉环境,二来便于掌握路途往返时间,以免因一时找不到地方或途中延误而迟到。如果迟到了,肯定会给招聘者留下不好的印象,甚至会丧失面试的机会。

②进入面试场合时不要紧张。若门关着,应先敲门,在得到允许后再进去。开关门动作要轻,以从容、自然为好。见面时应向招聘者主动打招呼问候致意,称呼应当得体。在面试官没有请你坐下时,切勿急于落座。面试官请你坐下时,应道声"谢谢"。坐下后保持良好的体态,切忌大大咧咧,左顾右盼,满不在乎,以免引起反感。离去时应询问"还有什么要问的吗?",得到允许后应微笑起立,道谢并说"再见"。

③对面试官的问题要逐一回答。对方给你介绍情况时,要认真聆听。为了表示你已经听懂并对面试官所提的问题感兴趣,可以在适当的时候点头或适当提问、答话。回答面试官的问题,口齿要清晰,声音要适度,答话要简练完整,尽量不要用简称、方言、土语和口头语,以免对方难以听懂。一般情况下不要打断面试官的问话或抢问抢答,否则会给人急躁、鲁莽、不礼貌的印象。问话完毕,听不懂时可要求重复。当不能回答某一问题时,应如实告诉面试官,含糊其辞和胡吹乱侃会导致面试失败。对重复的问题要有耐心,不要表现出不耐烦。

④在整个面试过程中,要保持举止文雅大方,谈吐谦虚谨慎,态度积极热情。如果面试官有两位以上时,回答谁的问题,你的目光就应注视谁,并应适时地环顾其他面试官以表示你对他们的尊重。谈话时,眼睛应适时地注意对方,不要东张西望,显得漫不经心,也不要眼皮下垂,显得缺乏自信。激动地与面试官争辩某个问题也是不明智的举动,冷静地保持不卑不亢的

风度是有益的。有的面试官专门提出一些无礼的问题试探你的反应,如果你"一触即发",乱了方寸,面试的效果显然不会理想。

例:小王到一所著名中学应聘,虽然此前经过了精心准备,但在面试前还是控制不住紧张情绪,于是到洗手间整理仪表来放松自己,恰与一位貌似老师的人相遇,两人自然而然地交谈起来。老师问他:"今天是不是有什么大事,这么多年轻人聚集在这里?""哦,今天是贵校在招聘大学毕业生,我也是来应聘的。"小王客气地回答。"是吗?一大早就跑来,可是够辛苦的。""这没什么,因为我想得到这份工作,再辛苦也值得。""是吗?那你可要多努力啊,祝你成功!""谢谢!我会努力的。"简单聊过几句后,两人就一起走出洗手间,到门口时,小王很自然地替老师打开门,请他先行。这位老师没说什么,只朝他轻轻地点点头,微微一笑就离开了。待小王开始面试时不禁吃了一惊,原来刚才和自己交流的那位老师竟然是这次面试的主考官——该校校长。校长则开口就说:"刚才遇到的就是你啊,现在已经很少看到像你这样有礼貌的年轻人了……",小王自然顺利地通过了面试。由此可以看出,为面试做好各方面的准备是必要的,但更重要的是人的自身素质。

8)艺术表达,平等交流

应聘者在与面试官交流时,还应注意运用比较科学的表达方式,较好地运用语言艺术,可以较好地表达自己的思想,同时可以缩短与面试官之间的距离,达到更好的交流效果。在当前就业形势下,招聘单位为了招聘几名员工,可能会先后面试很多应聘者,平淡无奇、枯燥无味的交流,会给面试官一种不舒服的感觉。当然,艺术表达的前提是把自己放到与招聘方平等的位置上,也只有这样,艺术表达才会产生效果。而如果一开始就把自己放到低面试官一等的位置上,则很难说语言会运用得当。

要做到艺术表达、平等交流,具体要做到以下几点。

①要注意语言表达艺术。面试场上,你的语言表达艺术标志着你的成熟程度和综合素养。对求职应试者来说,掌握语言表达的技巧无疑是重要的。首先,要口齿清晰流利,表情文雅大方。交谈时应注意发音准确,吐字清晰。关键是要注意说话的速度。为了增添语言的魅力,应注意修辞,忌用口头禅,更不能有不文明的语言。其次是语气平和,语调恰当,音量适中。面试时要注意语言、语调、语气的正确运用。自我介绍时,最好多用平缓的叙述语气,不宜使用感叹语气或祈使句。声音过大令人厌烦,声音过小则难以听清,要以每个面试官都能听清你的讲话为原则。再次,语言要含蓄、机智、幽默。说话时除了表达清楚以外,适当的时候可以插进幽默的语言,使双方谈话增加轻松愉快的气氛,也会展示自己的优雅气质和从容风度。但使用也要适度,若给对方一种"随意调侃"的印象则不好。最后,要注意听者的反应。求职面试更接近于一般的交谈,应随时注意听者的反应。比如,听者心不在焉,可能表示他对自己的这段话没有兴趣,你得设法转移话题;侧耳倾听,可能说明自己音量过小,使对方难于听清;皱眉、摆头可能表示自己言语有不当之处。根据对方的这些反映,就要及时地调整自己的语音、语调、语气、修辞,包括陈述内容。这样才能取得良好的面试效果。

②要注意身体语言的运用技巧。在交流过程中,身体姿势、动作都很重要。首先要让对方感觉到你对他的发言很关注,要表示出你在认真地听,这样他才能愉快专心地与你交谈,并对你产生好感。这时最好是把双手交叉,身体前倾。切忌坐在那儿大大咧咧,如果是坐在椅子上,更忌身体后仰、跷起二郎腿。其次是要让对方感觉到你的热情和自信,关键是要在交谈过程中避免过分紧张和拘谨,面容要尽量带着微笑,动作尽量舒缓、大方。再次,在交谈过程中要

注意适当借助手势来表达意思。如为了让人觉得你对所谈的问题表示有把握,可先将一只手伸向前,掌心向下,然后从左向右做一个大的环绕动作,就好像用手"覆盖"着所要表达的主题;如果想吸引听者的注意力或强调很重要的一点,可以把食指和大拇指捏到一起,以示强调。

③回答问题要注意技巧。首先,回答要把握重点、简洁明了、条理清楚、有理有据。一般情况下回答问题要结论在先,议论在后,先将自己的中心意思表达清楚,然后再做叙述和论证。但回答时要力求言简意赅,否则,长篇大论,会让人不得要领,自己的论点过多,容易把自己绕在问题堆里,造成走题,反倒会将主题冲淡或漏掉。其次,要讲清原委,避免抽象。面试官提问总是想了解一些应试者的具体情况,切不可简单的仅以"是"、"否"作答。针对所提问题的不同,有的需要解释原因,有的需要说明程度。不讲原委、过于抽象地回答,往往不会给主试者留下深刻的印象。再次,要确认提问内容,切忌答非所问。面试中,如果对面试官提出的问题,一时摸不着边际,以至不知从何答起或难以理解对方的含义时,可将问题重复一遍,并先谈自己对这一问题的理解,请教对方以确认内容。对不太明确的问题,一定要搞清楚。这样才会有的放矢,不至于答非所问。第四是要有个人见解,有个人特色。面试官每年要接待应试者若干名,相同的问题要问若干遍,类似的问题也要听若干遍。因此,面试官会有乏味、枯燥之感。只有具有独到的个人见解和个人特色的回答,才能引起对方的兴趣和注意。最后,要做到知之为知之,不知为不知。面试遇到自己不知、不懂、不会的问题时,闪烁其词、默不作声、牵强附会、不懂装懂的做法均不足取,诚恳坦率地承认自己的不足之处,反倒会赢得主试者的信任与好感。

9)克服紧张,稳定情绪

由于面试成功与否关系到求职者的前途,所以大学生面试时往往容易产生紧张情绪。有些大学生可能由于过度紧张导致面试失败。因此必须设法消除过度紧张情绪。这里介绍几种消除过度紧张情绪的技巧,供同学们参考。

①在面试前可阅读一些幽默故事或翻看轻松、有趣的书籍杂志。这样,可以较好地转移注意力,调整情绪。

②在面试过程中要有意识地把握谈话节奏,在进入面试场所见面落座后,可先不急于说话,而应集中精力听完问题,再从容应答。按照常理,人们在精神紧张的时候语速会不自觉地加快,语速过快容易加重紧张情绪,还会给人造成思路不清、表述不明、思维混乱的印象。当然,讲话速度过慢,缺乏激情,气氛沉闷,也会使人生厌。为了避免这一点,一般开始谈话时可以有意识地放慢讲话速度,等自己进入状态后再适当增加语气和语速。这样,既可以稳定自己的紧张情绪,又可以扭转面试沉闷的气氛。

③在回答问题时,目光可以对准提问者的额头。有的人在回答问题时眼睛不知道往哪看。经验表明,魂不守舍、目光不定的人,使人感到不诚实;眼睛下垂的人,给人一种缺乏自信的印象;两眼直盯着提问者,会被误解为向他挑战,给人以桀骜不驯的感觉。如果面试时把目光集中在对方的额头上,既可以给对方以诚恳、自信的印象,也可以鼓起自己的勇气、消除自己的紧张情绪。

④要正确对待面试中的失误。面试交谈中难免因紧张而出现失误。此时,切不可因一时的失误而丧气。要记住,一时失误不等于面试失败,重要的是要战胜自己,不要轻易放弃机会。即使一次面试没有成功,也要分析原因,总结经验,以新的姿态迎接下一次的面试。

10) 实事求是,谦虚稳重

在面试过程中,要坚持做到"知之为知之,不知为不知",切不可凭主观臆想乱说一气。在向面试官介绍自己的经历、学习、表现等时,要做到实事求是,因为任何编造的虚假内容都经不起仔细推敲。

例:小姚是一名普通的通信工程专业本科毕业生,在他递交的自荐信和简历中,都提到自己曾主持、策划并组织过本校一次大型广场联欢晚会活动。面试官就此问题进行提问,想了解他在本次活动中的具体表现及结果,问了他不少细节,而他在一些比较关键的问题上却是吞吞吐吐,例如当时的活动经费使用情况,协助工作的几个人如何分工,等等。经过30多分钟的交谈,面试官基本认定他并不是整个活动的主要策划者和主要负责人,而只是外围的参与者之一。虽然小姚其他方面都还符合单位要求,可由于他的不诚实,最终还是被淘汰掉。

11) 不怕失败,锲而不舍

要明白被用人单位拒绝几乎是多数求职者必然的经历,求职失败是最终求职成功的必要组成部分。在面试时,如果感到自己有失败的苗头,也不要轻言放弃,要有不到最后关头誓不罢休的决心。如果真的失败了,也要冷静反思原因。

例:松下电器创始人松下幸之助早年家境贫寒,靠他的收入养家,失业后,全家的生活面临窘境。一次,松下去一家电器公司求职,请求人事部负责人为他安排岗位。人事部主管见他个头瘦小又衣着不整,便推托他说:"现在不缺人,过一个月再来看看吧。"一个月后,松下真的来了,那位负责人又推托说有事,没时间接待他。几天后,松下又来了,那位负责人有点不耐烦地说:"你这种脏兮兮的样子,根本进不了我们公司。"松下回去后借钱买了套衣服,穿戴整齐后又来了。但这位负责人还是不愿录用他:"我们是搞电器的,从你的材料看,你对电器方面的知识了解得太少,不能录用。"两个月以后,松下又来了,说:"我已经下工夫学了不少电器方面的知识,你看哪个方面还有差距,我再一项一项地弥补。"这位人事部负责人盯着松下看了半天,感慨地说:"我干这项工作几十年了,头一次见到你这样来找工作的,真佩服你的这种耐心和韧劲。"就这样,松下终于以自己的实际行动打动了人事部负责人,如愿以偿地进入了这家公司。后来,他经过艰苦不懈的努力,终于成为享誉全球的"企业经营之神"。

以上是求职择业的一些方法和技巧,但是我们必须明白:纯粹依靠技巧去掩盖自己的不足,这种成功也许只是暂时的;而如果因为忽略技巧而使自己的优势得不到充分发挥,那损失更是令人惋惜的。毕业生的求职择业应该是自己综合素质和修养的真实展现。因此,毕业生应该为谋求理想的职业而去多注意修炼自己的基本素质。

四、常见的面试问题解析

面试是通过当面交谈回答对求职应试者进行考核的一种方式,是用人单位选拔人才的常用方式之一。对大多数大学生来说,笔试往往能够应付,但面试由于缺乏经验,常常不知所措。因此,大学生应充分做好面试准备,掌握面试技巧,在面试中适度表现自己,有利于取得求职的成功。

1. 常见面试问答

①谈谈你自己。如你的家庭情况怎样?这是比较随便的问题,面试人常用于消除应试者的紧张心理。

②什么特长、爱好?对这个问题,要据实回答,切不可无中生有,也不要过分谦虚。因为一

个爱好广泛、多才多艺的毕业生将备受用人单位青睐。

③有什么优缺点？这是一个常常被问及并且较难回答的问题，难就难在一般人难以对自己有一个客观地评价。如实讲述自己的优缺点，并不会减少自己的录用机会，回答问题时的态度比回答的内容更重要，若与相关工作紧密联系则效果更佳。

④为什么来本公司应聘？说出这家公司吸引你的地方，比如说发展前景看好、规模较大，对业务内容感兴趣，待遇福利较好等长处，表达你想到本公司的工作热忱。

⑤为何选择这份工作？可以分析自己的兴趣、专长所在，说明自己所学专业，工作经历以及对这项工作的期待和理想。

⑥对这项工作了解多少？事先搜集公司有关资料，做到心中有数，回答时也较有思想准备，尽量根据自己所搜集的资料详细地回答，但也不要胡乱猜想，否则，只能给人不诚实的印象。

⑦你的目标及前途如何打算？可就进入该公司后如何实现自己的目标与前途为重点，表达自己明确的人生目标和努力上进的精神，也显示对公司的期望和热忱。

⑧可以加班吗？"视情形而定"或告诉可以加班的限度。

⑨你希望在何处上班？最好考虑三四个想去的地方，让对方有考虑的余地。

⑩何时可以正式上班？根据自己的情况具体回答，不要支支吾吾，如果必须延迟上班的，日期必须说清楚。

⑪你希望的待遇是多少？必须先估计，了解一下就业市场的薪资行情，提出一个较合理适中的数字。可尝试下面的说法"可不可告诉我贵公司对这个职位所提供的薪资范围，我考虑之后即刻答复您"或"我愿意接受贵公司起薪标准"。

⑫除了应聘本公司工作之外，是否也应聘其他工作？如果该公司知道你到别家公司应聘不同职种的工作，可能认为你的去向不稳定，对待工作并非全心全意。

⑬学生时代最投入的是什么事情？此问题的目的是看你的行动是否带有目的性，是否能客观评判自身的行动，因而不能仅回答"很努力的学过外语"，更重要的是应说明为了什么目的学习且有什么样的收获。

⑭在最近的新闻里，最为感兴趣的是什么？企业通过你选择的话题、你的意见和观点加以测试，借此了解你平时对社会问题的关注程度和所持有的倾向。

⑮你受过挫折吗？又是如何渡过难关？挫折和失败的经验，绝非不好的要素，步入社会，挫折和失败是随之而来的，至今没有挫折经验的人对企业来说，反而感到不安。企业渴望了解你是如何跨越挫折的。

⑯你想怎样走完你的人生？五年后希望干些什么工作？企业往往认为在公司工作，就是在人生中能将自己定位，能够自力更生，毕业生努力进行就业活动过程中，难免出现自己忘记最终目标的情况。因此，应试前对该问题要作深刻思考。

⑰有没有使用过本公司的产品？这是测试你对公司抱有多少热情的问题，也就是说，应试前要熟悉面试企业的产品，总结一下总体印象是很有必要的。

⑱当你听说这份工作必须具备严格的条件之后，你联想到些什么？这是考察对你而言什么样的工作会使你感到严格。其中也包括考察你究竟是否能接受本公司的严格工作管理的意图。这样提问是判断你和企业要求是否相符合，务必进行坦白地回答。

⑲如果你是面试官，你会录用自己吗？回答当然"会录用"。企业主要想测试你的自信。

但是仅此一句话缺乏说服力,应注意陈述自己的特长和优势,同时说明录用的理由。

⑳现在请你将此商品推销给我。企业想听的并非是你流畅的语言,而是判断你是否客观看待商品的优点以及看你是否具备向对方有效传递信息的能力和从容应对的能力。

下面是面试中应试者常见的提问。

①关于我的情况,你还需要我提供些什么?
②关于这个职务的规范?
③目前公司员工最大的困扰是什么?
④能带我在公司转转吗?
⑤能向我介绍一下这个职位的上一任吗?
⑥公司有对优秀员工的奖励制度吗?
⑦能告诉我有多少空间允许我自由安排工作计划?
⑧公司对优秀员工的主要衡量标准是什么?
⑨公司能在工作中为员工提供哪些支持?
⑩不同部门的目标是什么?

2. 求职面试小心语言陷阱

(1)巧用实例,展示一个与众不同的你

语言作为主观意识和客观反映的产物,具有较强的实效性与灵活性。在日常生活中,你也许习惯于抽象概述,但是,如果在面谈对答时你也依然不假思索地运用这种方法,恐怕就难以达到预期效果。这是因为抽象概述及过多的使用空洞的形容词,只会使招聘者感到单调、乏味,难以对你产生兴趣。

为了向招聘者描述一个与众不同的你,进而获得应聘成功,你必须记住:不要概述,展示时要用事实来说明你所具有的能力、素质、技能,你的信仰、优缺点、好恶以及你如何处理人际关系,如何解决问题,如何胜任新工作等。你可以通过"事实"、"相关的细节"、"举例"、"轶事"、"具体做法陈述"等等,让对方了解你。这样做,你才可能使自己变成一个"个性突出"、"富有情趣"、"充满活力"的活生生的人,一个招聘者很容易从众多毫无特色的候选人中记住的人。

下面你可以亲自体会一下"概述"与"展示"的不同之处。例如,回答这样一个典型的问题:你的两个最主要的长处是什么?

甲(采用简单的"概述"手段):认真负责。

乙(运用展示手段):认真并具有责任感。首先,我以认真为荣。当我接受任务或做一项工作时,我总是竭尽全力去做好。事实上,在我很小的时候,父母就经常向我灌输认真为本的生活态度。他们常常对我说:"只要认为值得做的,就应该全力以赴、认真地做好。"在我见习初期,经理曾让我负责收发,那是一项极为简单的工作,但我却做得一丝不苟。每天,我早早来到办公室,把当天的信件分理归类:"急件"、"非急件"、"期刊类"及"其他",并且井然有序地放在有关人的桌上。有时碰到"急件",我会附上相关的有参考价值的材料,以便对经理及其他人有帮助,大家对此赞不绝口,见习期满后,我立即被任命为经理助理。

我的第二个长处是具有责任感。凡是我答应的事,我一定会做到,不管有多难。事实上,朋友们都说,我是他们最信得过的朋友。

不管你是否喜欢乙的回答,你不会不承认乙的回答比甲的回答更有趣、更富有魅力。这其中的奥妙如同商品推销术一样,光说商品好还不行,还要具体地说出商品的优越性及特性等,否则,再好的商品也难以打动顾客。

然而"实例法"也容易使人步入误区:似乎有事例就是与众不同,于是乎,所有的回答都被打上了"具体实例"的外包装,其结果是过分地强调了应聘者的技巧,从而忽略了个人真实而独特的思想内涵。

走出误区的最好办法就是灵活地运用"实例法"。例如,在回答"你最不喜欢什么样的人?"时,可采用抽象概述:"我不喜欢那些只喜欢谈论自己的人;那些损人利己的人;那些口是心非的人;那些斤斤计较的人;那些不能控制自己的人。"这样回答提纲挈领、简洁有力。其次,即使采用"实例法",也不能一味的偏重"实例"而忽略其他。如在回答个人第一长处时,可用"实例"来充分描述以增强感染力;而谈到第二个优点时则可借用"朋友们"的评价来画龙点睛。尽管前后说法迥异,却相得益彰。

(2)个性鲜明,展示一个过目不忘的你

"山不在高,有仙则名;水不在深,有龙则灵。"个性鲜明的面试应答,往往容易给招聘者留下深刻的印象。

要突出个性,首先就应该用事实来说话。其次,要实事求是,怎么想(做)就怎么说(当然,除一些敏感性问题需有适度的分寸之外)。例如,当你被问到:"你喜欢出差吗?"你可以直率地回答:"坦白地说,我不喜欢。因为从一地到另一地去推销商品并不是一件惬意的事,但我知道,出差是商品活动的一个重要组成部分,也是推销员的主要工作之一。所以说,我不会在意出差的艰辛,反而会以此为荣,因为我非常喜欢推销工作,我想这一点更重要。"又如,主持面谈的经理问你:"如果我们接收你,你会干多久呢?"如果你这样回答:"没人愿意把一生中最宝贵和有限的时光花在不停地寻找工作当中;也不会有人甘愿把他(她)所喜爱的东西轻易放弃。就拿这份工作来说,如果它能使我学以致用,更多地发挥我的潜力,而我也能从中获取到更多的新知识与技能,并且也能得到相应的回报,那么我没有理由不专心致志地对待我所热爱的工作。"这样,你所表现出的机敏、坦诚与个性一定是招聘者较为欣赏的,并令招聘者过目不忘。

(3)审时度势,成就一个如愿以偿的你

面谈中的审时度势主要表现在以下几个方面。

①掌握好回答问题的时间,做到心中有数,有的放矢。在有限的面谈时间里,要得体、有效地展示自己,不要漫无边际或反复陈述,过多的拖延时间。

②一种无奈的眼神、一个会意的微笑、一种下意识地看表动作,演绎出的都是招聘者不同的心态。在对答中要善于破译出对方的心理,从而迅速而准确地调整自己的对策。必要时"投其所好"或"草草收场"都不失为一种应急之策。

例如,一位没有相关经验的女教师,在应聘一家贸易公司总经理秘书一职时,是这样描述她的资格条件的:我是上海对外学院外语系毕业的,有两年的教学经历,在英语听、说、读、写、译中,尤其擅长口译,曾做过半年的兼职翻译,其间受到外商的称赞。去年,我曾参加为期两个月的秘书培训班,并获得了速记、打字、电脑操作等项的结业证书,成绩优良……事后,这位女教师讲:"当时我还有很多话要说,但我看到对面墙上的挂钟指向11点20分时,我立即意识到不能多说了。"女教师的机敏,终于使她如愿以偿。

(4)扬长避短,展示一个完美的你

在某公司应聘部门招聘面谈中曾有这样一段对话:

问:"你不认为做这项工作年轻了些吗?"

答:"我快23岁了。事实上,下个月我就23周岁了,尽管我没有相关的工作经历,但我却有两年的领导学校学生会的工作经验。1992年初,我被推选为该年度的校学生会主席,之后,又连任一年。你们可以想象,管理组织3 000多名学生,并非易事,没有一定的领导才能和领导艺术,是无法胜任的。所以,我认为,年龄固然能说明一定的问题,但个人的素质和能力更为重要。因为这正是一个部门经理所不可缺少的。"

这是一种典型的扬长避短式的回答。回答者极力宣扬个人的长处,并把自己的长处同应聘的工作有机地结合起来,意在变不利为有利。

这里,也许你会问:如果真的遇到自己根本不懂的问题,或勉为其难的事情时,那该怎么办呢?

这的确是值得认真考虑的问题。世人都有其短处,应聘者当然也不例外。再成熟的应聘者,由于其学历、知识、见识与经历等方面的原因,总会遇到有所不知或根本不懂的问题,这里,你要勇敢地承认:"对不起,我不会",同时做出必要而合理的解释。尽管你没有扬长避短,但是你的诚实、坦率却能为你化"短"为"长"。

(5)巧用"补白",还一个远离尴尬的你

在外语面谈中,常常会出现这样的情况:招聘者提出某个你意料之外的问题,由于问题来得突然,再加上你的外语并不十分出色,往往会措手不及,陷于尴尬的境地。

其实,在这种情况下,有许多办法能帮助你缓解紧张与调整思路,那就是"补白法"。所谓"补白",就是用一个或一些没有实际意义,但又必不可少的词、短语或句子,来连接上下文,继续你的回答。例如:"噢"、"好"、"不错"、"我想"、"我认为"、"我想念"、"有时"、"这个问题很有趣"、"这个问题本身就极富挑战性",等等。

(6)虚实并用,塑造一个真实而全面的你

孙子在《孙子兵法》中的"虚实篇"里曾专门论述过军事活动中的"虚"与"实"。在战斗中,敌我双方为了隐藏各自真实的作战意图,往往采取一些虚虚实实的做法。"虚"中有"实","实"中有"虚",以此来麻痹对方,达到出其不意、克敌制胜的目的。古往今来,无论是《三国演义》中诸葛亮的"空城计",还是解放战争期间石家庄保卫战中我军的"虚实战略",无不说明了巧妙地运用"虚"与"实"在军事战役中所起的重要作用。现代应聘犹如用兵,"谋"定方略,方能百战百胜。而"谋"中的一个重要策略便是"虚实并用法",尽管面谈中的回答并非敌我斗智,但是,有效而适度地运用"虚"与"实",常常会起到强化自身价值和赢得对方好感的作用。

当问到"你的工作动力是什么?"时,有这样一类以"虚"带"实"式的回答可以参考。如,"我的动力主要来自以下几个方面:首先是工作本身,即我是否对工作感兴趣,是否能发挥自己的特长,是否能胜任,是否能学到新知识与技能,以及是否能得到进一步的自我发展。其次是自我价值的承认问题,即我是否能得到别人的相信与尊重,是否有进一步晋升的机会。最后是结果,即我是否能得到较高的工资和待遇等。"

面谈是求职应聘中的一个重要环节,而在面谈中招聘者最希望看到的是一个"真实"而"全面"的你。显然,诚实是最好的策略。所以说,"虚"在现实中一定要运用得当。虚要虚得合理,而且虚中要有实,切不可乱用"虚"招,否则弄巧成拙。

(7)巧用"激将",成就一个梦想成真的你

为了争取主动,应聘者在回答问题时还可以采用适度激将法。即先入为主,"刺激"对方,

给对方造成一定的压力,从而达到自己预期的目的。如对"请你谈谈你想要的月薪好吗?"这一类关键性的问题你可以用"适度激将法"来回答。

例一:"我知道贵公司是一家赢利较多的大公司,它一定会善待一名优秀的秘书,所以我想,我的月薪大概不会少于 1 800 元人民币吧!"

例二:"我认为自己各方面的条件都符合所聘部门经理的要求,而且据我了解,该业务部门是贵公司的主要支柱之一,而作为该部门的主要领导者无疑将肩负重任。所以我想从 4 800 元人民币起薪。"

从上面两个例子中不难发现,运用激将法一定要适度,要抓住"火候",针对对方的特点及客观条件。同时,语言一定要委婉缓和,不能太露太直,只有这样,才能达到理想效果。

【案例解析】

从"三顾茅庐"看追随人才

"滚滚长江东逝水,浪花淘尽英雄……"电视连续剧《三国演义》的歌声,仍然激荡在我们的心中。追随历史兴亡的轨迹、无数鲜活的人物向我们走来,拭去历史的尘埃,掩卷沉思,我们得出这样一个结论:得人才者得天下;失人才者失天下。人才的竞争,导演了几千年威武雄壮的话剧。

"卧龙、凤雏,得一人可安天下。"有人说,魏、蜀、吴三国鼎立,实际上是人才的鼎立,这话很有些道理。

东汉建安四年(公元 199 年),刘备攻打曹操失败,投奔荆州刘表,流亡到新野。他听徐庶说诸葛亮很有才能,隐居在隆中,便亲自前去请诸葛亮出山相助。刘备兄弟三人,一连去了三次,最后一次才被接见。诸葛亮在隆中与刘备畅谈天下形势,未出茅庐,三分天下,指出刘备可能成功的道路,这就是有名的"隆中对"。此后,刘备在诸葛亮的辛勤策划下,在西南地区稳住了脚跟,建立了蜀国,形成了魏、蜀、吴三国鼎立的局面。

多少年来,刘备"三顾茅庐"一直被传为佳话,刘备求贤若渴令人敬仰,但人们却往往忽视了可与"三顾茅庐"相媲美的另一段故事,那就是刘备挥泪送徐庶,在痛失人才时,爱才、惜才溢于言表。

刘、关、张自桃园结义,经过伐黄巾、伐董卓,经历大小数百战,仍颠沛流离,无立锥之地。后幸得徐庶,方才扭转形势,重创曹军,得到喘息之机。此时的徐庶,对于刘备是何等重要!然而,曹操为了断其臂膀,挖刘备的"墙角",把徐庶的母亲抓起来,以此要挟,徐庶又是一个大孝子,焉能不弃刘备而去。徐庶走,刘备失去了一个运筹帷幄的军师,而曹操却多了一个超一流的谋士,其意义不言而喻。但刘备的可爱之处也正是在这里,苦留不住,他毅然为徐庶送行。临别,刘备捶胸大呼:"军师去矣!"徐庶走远了,刘备又令人砍掉前面林木,因为它挡住了刘备看徐庶的视线,其情景让人感动。

和刘备相比,我们往往少一点真情。没有人才盼人才,盼来人才冷落人才,等到人才要"流动"了,又千方百计阻挠,这哪有一点尊重人才的样子?

 思考:人才的标准是什么?你是否具备一个人才的标准?

五、就业指导实训

(1)实训项目:面试模拟

高度的针对性、逼真性是情景模拟面试的突出特点。这些特点使得情景模拟面试不仅可以对应试者简单的能力与素质进行评价,同时也可用于测评复杂的能力与素质,即对应试者的素质进行全面测评。应试者处理问题的合理性、科学性及其他的组织协调能力是招考单位对应试者作出评定的主要依据。

(2)实训目的

①培养学习人员招聘工作的能力。

②训练应聘的能力与心理素质。

(3)实训内容

快速阅读关于你所扮演角色的描述,然后认真考虑你怎样去扮演那个角色。你将与其他两个人合作,因为你们三个角色的行为是相互影响的。进入角色前,请不要和其他两个应试者讨论即席表演的事。请运用想象力使表演持续10分钟。

「角色一」图书推销员

你是个大三的学生,想多挣点钱养活自己,一直不让家里寄钱。这个月内你要尽可能多地卖出手头上的图书,否则就将发生"经济危机"。你刚才在党委办公室推销,办公室主任任凭你怎样介绍书的内容,他就是不肯买。现在你正进入人事科。

「角色二」人事科科长

你是人事科的科长,刚才你已注意到一位年轻人似乎在党委办公室推销书,你现在正急于拟定一个人事考核计划,需要参考有关资料。你想买一些参考资料,但又怕上当受骗,你知道党办主任走过来的目的。你一直很反感别人觉得你没有主见。

「角色三」党委办公室主任

你认为大学生推销书是"不务正业",只想自己多挣点钱。他们只是想一个劲儿地说服别人买他的书,而根本不考虑买书人的意愿与实际用途。因此,你对大学生推销书的行为感到恼火。你现在注意到那位大学生走进了人事科的办公室,你意识到这位大学生马上会利用你同事想买书的心理推销。你决定去人事科阻挠这个推销员,但又意识到你的行为过于明显,会使人事科长不高兴,认为你的好意是多余的,并会产生你认为他无能的错觉。

注意:要点参考

「角色一」对人事科科长尽量诚恳而有礼貌;避免党办情形的再度发生,注意强求意识不要太浓;防止党办主任的不良干扰(党办主任一旦过来,即解释说,该书对党办的人可能不一定适合,但对人事科的工作人员则不然)。

「角色二」应尽量鉴别好书的内容,看其实用价值如何;最好在党办主任说话劝阻前作出买还是不买的决定;党办主任一旦开口,你又想买则应表明你的观点,说该书不适合党办是正确的,但对你还是颇有用的。

「角色三」装着不是故意来阻挠大学生的;委婉表述你的意见;掌握火候,注意不要惹恼了人事科科长和大学生。

(4)模拟技巧指导

为了能够从数以千计的应聘者队伍中脱颖而出,应试者需要注意以下几点。

1)沉着应对,准确把握

情景模拟面试的内容一般可以在现实生活中找到样板或原形,两者之间存在着高度的相似性。不同的只是情景模拟面试因有明确的时间限制及面试官员的参与而使气氛比平时更为紧张。而且,应试者的表现状况将对他的事业或其他方面产生影响,出于利害关系的考虑,应试者往往会感受到一种巨大的心理压力。处理不好的话,将会使应试者心慌意乱,感到无从下手,从而导致失败。因此,在情景模拟面试中,应试者心理与情绪的调节与控制是非常重要的。为了准确地感知模拟情景中的事物及其本质,并提出切实可行的解决办法,应试者一定要使自己的心情保持稳定,沉着地去应对所面临的问题。

2)敢于创新

情景模拟面试以考察应试者的全面素质为目的,它所考察的内容不仅包括简单的能力资格与素质条件,而且还包括创新等复杂的能力与素质。因此,考生在情景模拟面试中,不能仅限于简单地演示平常工作中的方法,而应对事物进行灵活处理,以平时的经验为基础,根据情景模拟中的条件和线索进行大胆创新,探索新的解决问题的思路与方法。这种突破常规的做法和勇气,往往会给面试官留下深刻的印象。

3)循规操作

情景模拟面试中,有些内容的应答是不允许应试者创新的。如公文处理及机关事务处理等,他们的处理原则及程序都有明确规定,而不可自作聪明地擅自更改某些规则。

(5)考核方式

①各公司提供招聘计划书。

②每个人提供应聘提纲或讲演稿。

③评估各公司招聘的组织状况的好坏,并以前来应聘者的人数作为重要的衡量指标。

④评价每个人的表现,特别是受到其他公司聘任的次数。

⑤由教师作出统计与综合评估。

【任务小结】

通过本任务的学习,使学生了解面试前必须做哪些准备,面试中应掌握的面试技巧,面试后如何做好后续工作,达到成功面试,找到一份适合自己的工作。

附 录

附录 E　创业计划书范例

一、企业概况

1. 公司

上海盛旦科技股份有限公司秉承"Tech application 应用科技"的经营理念，努力将高科技实用化，满足大众需要。公司目前拥有的一次性打印电池技术由复旦大学化学系研究开发，拥有完全的知识产权并已申请专利。

在一次性打印电池技术的基础上首先推出了"闪电贴（Flashtip）"，一次性超薄手机电池系列产品，填补了一次性手机电池市场的空白。目前手机已经成了人们生活中不可或缺的消费品之一，但关键时刻电量不足、突然断电的现象常常给人们带来很多尴尬，"闪电贴（Flashtip）"系列一次性超薄手机电池正是针对这一市场空白而推出的最新产品。

2. 市场

"闪电贴（Flashtip）"的目标群体主要定位于出差的商务人士、旅游群体以及往来商旅等，一张 1 mm 厚、面积与传统电池板相仿的产品将提供约为 12 小时的电池电量，只需将其贴于现有电池表面即可电力十足，轻便而快捷，其较高的性价比，其他普通消费者也可以接受。

在区域市场上，初期以国内市场为主，先大中城市后小城市，同时在适当的时间进入国际市场，利用全球化的市场需求获得规模竞争优势。

3. 生产与营销

盛旦准备在上海张江高科技园区设立加工基地，初期成本为 1.2 元/贴（大小类似普通手机电池，厚度为 1mm，待机时间 12 小时），售价 5 元/贴，随着生产规模扩大成本不断降低。由于其市场容量巨大而且目前尚处于空白状态，因此市场前景巨大。

由于"闪电贴（Flashtip）"属于快速消费品的范畴，所以在营销上采用大规模铺货的方式，占领便利店、超市、书报亭等主要的销售渠道，在市场上采取先立足上海，后逐渐有计划分步骤地推向全国。第一年 37 万片，第二年 45 万片，第三年开始销售额和利润都会大幅上升。

4. 投资与财务

公司成立初期需资金 720 万元，其中风险投资 520 万元，盛旦公司投资（管理层和化学所投资）100 万元，流动资金贷款 100 万元。用于固定资产投资 155 万元，流动资金 565 万元。

股本规模及结构定为：公司注册资本 800 万元人民币。其中，外来风险投资入股 520 万元（62.5%）；盛旦专利技术入股 180 万元（22.5%）；资金入股 100 万元（12.5%）。

5. 组织与人力资源

公司初期成立时采用直线型的组织结构,由总经理直接向董事会负责;三到五年后随着新产品的推出开始采用事业部型组织结构。公司初期创业团队主要来自复旦大学管理学院,成员各司其职,都具有相关领域的专业知识和动作经验,且优势互补。

二、项目背景

1. 产业背景

目前在中国已拥有超过2.5亿的手机用户,中国每年生产、销售的手机电池(包括随手机销售的)高达8 000万块,在手机配套市场不断发展的背景下,手机断电应急处理方案的市场依然没有得到有效地开发。在手机电池市场中,明显存在一个一次性手机电池的空白市场(见图1),而且该市场同样具有巨大需求潜力,包括应急和简便使用等。

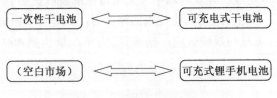

图1 手机电池空白市场

"闪电贴(Flashtip)"这一独具匠心的高科技成果,正好填补了目前一次性应急手机电池技术的空白,其1mm的厚度、5g的质量、0.42元/小时的性价比都是一种新的突破,完全能提供应急手机通话的功能,它"即买即贴,即贴即用"的产品特性更为商务人士、旅游爱好者等人外出使用手机提供了极大的便利。

2. 产品概述

(1)产品介绍

1)外观

该电池开头如一薄片,具体尺寸厚度(包括电池本身加粘纸厚度)约为1mm,面积与传统电池板相仿。

2)性能

我们经过多次实验后推出了一次性高能纳米手机电池——"闪电贴",其持续待机时间约为12小时。这样的一次性电池不仅可以满足消费者临时应急的需要,更有可能成为手机使用者的备用电池,从而取代过去"一机二板"的情况。

经测算,"闪电贴"的自放电律与传统碱性干电池相当,保质期可以长达三年。

(2)成本估计

"闪电贴"技术含量高,但主要集中在电解液的配制上,其原料和生产设备比较普通,下文中将详细叙述。更为重要的是,利用这种打印方法可以将电极和电池打印到各种基底上,大大简化了电池生产工艺,降低了生产成本。

一万只"闪电贴"(每只长宽同诺基亚8210电池板,厚1mm)的生产成本如表1所示。

表 1　生产成本表　　　　　　　　　　单位:元

原料	4 270	工资	1 020
动力	60	折旧	1 050
修理	50	管理	2 100
税金	0		
其他(如包装)	2 000	总计	12 000

(注:原料成本=纳米锌+二氧化锰+隔膜原料+铜基底+铝基底+其他)

(其中纳米锌的市价为 500 元/kg,二氧化锰为 120/kg,隔膜材料约为 40 元/m^2,铜为 27 元/kg,铝为 16 元/kg。随后按照产品体积与密度,推算其使用量,加权平均得出单位成本。公司成立初期享受高新技术企业在开发区两年免交所得税的税收优惠)

总之,根据原料市价、人工、以及其他费用估计,一片"闪电贴"的成本大约为 1.2 元,而且随着生产规模扩大,具有明显的规模效应。据测算,当年产量达到 400 万片时,成本明显降到了每贴 0.9 元人民币。

3. 研究与开发

(1)产品层次

1)核心利益

及时、轻便的手机电量补充。

2)有形产品

粘纸型一次性超薄纳米手机电池"闪电贴"。

3)期望产品

可充电式的超薄手机电池。

4)扩张产品

可以直接代替现有电池的"闪电贴"。

5)潜在产品

可以应用于各种领域的超薄电池。

(2)短期目标

研发部已开发出一次性超薄纳米电池,其中比较成熟的技术是应用到手机上的"闪电贴"。等市场进一步打开,获得充分反馈之后,拟将该技术延伸到其他轻便电器领域,比如手表、计算机器、照相机等。

(3)中长期目标

公司研发部还在进一步研究超薄打印镍锌电池(循环充放电池),如果获得阶段性成功还将继续进行超薄锂电池项目,产品开发前景将不可限量。

三、市场机会

1. 目标市场

本产品市场定位为一次性手机电池板应急市场这一市场利基。基于前期的市场调研,对目标市场分析如下。

①出差、旅游人士。
②平时临时应急的顾客。
③潜在顾客。

2. 顾客购买准则

前期调研显示,"闪电贴"的价值主要在于以下两方面。

（1）应急功能

85%以上的手机使用者曾经遭遇过手机突然没电的尴尬,这都使得大量手机使用的群体有着强烈的愿望去购买具有临时应急性能的"闪电贴"。可以说,"闪电贴"很好地弥补了市场的空白,这是一个巨大的潜在消费市场。

（2）使用便捷

在短期的外出中,"闪电贴"的电量完全可以替代笨重的充电器,这也将很好地满足消费者的潜在需求。

3. 销售策略

主要采取零售的方式,前期通过便利店和书报亭两大销售网点接近最终消费者。从消费者便利角度出发,考虑该分销渠道巨大的客流量和众多的网点。此外,前期安排多种促销活动,使消费者更快地了解"闪电贴"的性能及其使用方法等。图2所示为销售策略图。

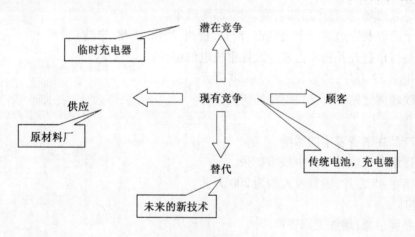

图2 销售策略图

四、公司战略

1. 公司概述

上海盛旦科技股份公司是一家机关报税的科技发展公司。于2004年4月成立于上海,注册资金800万元,公司总部设在张江高科技园区。

公司拥有自主开发的超薄打印电池技术,并以此技术为核心生产一种新型的一次性超薄纳米手机电池,通过制造和销售电池达到赢利的目的。

公司秉承"推陈出新,精益求精"的精神,坚持以先进的科技配合优质的服务,在满足客户需求的同时不断地完善自己。

2. 总体战略

(1) 公司使命

向社会提供优质的一次性手机电池产品,服务社会,发展自己。

(2) 公司宗旨

盛旦以 Tech application(应用科技)作为企业宗旨,公司力图将新的科技成果实用化,以方便生活,造福社会。推出可靠的产品,并在应用的过程中将之不断完善,缩短科技产业化的时间周期是盛旦努力的方向。

用我们的技术、经验和知识高质效地为客户提供满意的产品,不断满足用户需求,持续提升产品品质,创造良好的商业和社会价值;为股东提供稳定增长的利润;为员工提供发展的平台与空间。

3. 发展战略

(1) 初期(1~3 年)

主要产品为一次性超薄纳米手机电池,产品定位是作为现有手机电池的补充,占领一次性手机电池这个新市场,建立自己的品牌,积累无形资产,收回初期投资,准备扩大生产规模,开始准备研制开发新产品。

1) 第一年

①产品导入市场,提高产品知名度,树立品牌形象。

②进入上海以及周边的五个大城市(南京、杭州、苏州、温州、宁波)。

③在这些城市打开并初步占领一次性手机电池市场。

④累计销量 37 万片,销售收入约为 180 万元。

⑤进行喷超薄锂钴氧可充式电池的研究工作。

2) 第二年

①扩大产品在消费者中的影响。

②市场逐渐向全国其他大中城市扩张。

③累计销量 45 万片,销售收入约为 200 万元。

3) 第三年

①提升品牌形象,增加无形资产。

②增加设备,扩大生产规模。

③年销量达到 135 万片,销售收入达到 600 万元。

④拓展新市场,主定位全国各主要城市,东部地区基本覆盖到中小城市。

(2) 中期(4~6 年)

①一次性超薄电池产品基本成熟,重点完善电池型号。

②进一步完善和健全一次性手机电池的生产和销售网络,市场逐步向全国其他中小城市和乡村发展,保持每年开拓一定数量的新市场。

③生产喷墨超薄锂钴氧可充式手机电池,产品导入市场,利用一次性电池建立的品牌和销售网络进行推广。

④一次性手机电池市场占有率达到 40%~60%,占据主导地位,同时可充式手机电池市场占有率达到 4%~6%。

(3) 长期(7~10年)

利用公司超薄手机电池的技术优势,开发手机电池领域以及超薄电池领域的相关产品,拓展市场空间,扩大市场占有率,成为手机电池以及超薄电池领域的领先者。

1) 纵向延伸

立足手机电池领域,推出一次性手机电池、可充式超薄手机电池、太阳能可充式超薄手机电池等一系列产品,占据国内手机电池市场的主导地位。

2) 横向延伸

依靠对超薄喷墨打印电池技术的研究,进入超薄电池领域,进行微机械,微电子领域使用的超薄电池的生产。

公司将以高科技参与国际竞争,适时进入相应的国际市场。

五、市场营销

1. 销售策略与目标

主要采取零售的方式,前期通过街头便利店和超市两大销售网点接近最终消费者。主要还是考虑到消费者的便利,其巨大的客流量和众多的网点都将极大地满足"闪电贴"消费者的基本需求。同时建立战略联盟,在手机销售网点赠送试用品。

销售方式上,前期考虑多种促销活动,目的是使消费者更快地了解"闪电贴"的性能及其使用方法等。

"闪电贴"作为一种新产品进入市场,针对传统电池板的缺点以及应用中所出现的不便,希望以其独特的性能和优异的品质吸引目标顾客的目光,从而在市场上占据一定份额。根据对手机行业的分析以及公司理念,制订短、中、长期三种销售目标(见表2),更长远的还可以涉足海外市场,比如比较邻近的东南亚市场。

表2 销售目标

短期销售目标	通过营销手段树立品牌	通过"买一送一"、"抵用券"、"有奖销售"等方法让大家了解我们的产品
		各类主题活动
中期销售目标	以质取胜	产品的品质介绍,让当地消费者对"闪电贴"产生产品的忠诚度
长期销售目标	涉足高档手机电池市场	通过"闪电贴"的市场探路,逐步过渡到高档手机电池的竞争市场中去

2. 价格策略

价格策略上采用撇脂定价法。

①"闪电贴"属高科技产品,技术含量相当高,并且我们追求高品质来满足顾客,这正是撇脂定价的依据与基础。同时,作为一种高科技产品,较高的定价也有助于在顾客心目中树立高品质的形象以及品牌效应。

②尽管"闪电贴"的生产成本不是很高(初期每贴1.2元人民币),但还要考虑到先期所投入的研发成本,以及今后进行的研发活动所需成本。成本方面还要考虑到初期进入市场,首先要做的就是新建销售渠道,培训、激励销售人员等,这方面的成本不低。表3为"闪电贴"定价清单。

③作为一种全新产品进入市场,可能会在销售成本以及消费者教育上花费较多,而且一旦成功之后,就有可能出现模仿者,会直接影响到市场份额,所以作为 first mover,一定要先一步达到平衡点,然后有足够的资金来支持之后的研发工作。

表3 "闪电贴"定价清单   单位:元

规格	成本		零售定价	批发定价
	生产成本	销售成本(包括给分销商20%的折扣以及推广费用等)	100%	80%
单片装	1.2	1.8	5	4
10片装	10	15	40	32

3. 分销策略

分销网络及最终销售点示意图如下。

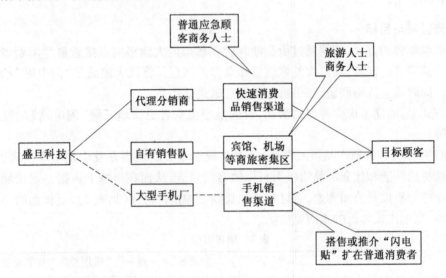

图4 销售点示意图

注:虚线部分为可能的战略联盟伙伴,需进一步洽谈。

(1)战略联盟

除了图中一些常规渠道(实线表示)以外,针对目前国内手机运营的特点,制订了一套预期的战略联盟计划,如图中下方虚线所示。现在国内手机市场,国产手机和进口手机各分天下,外国品牌手机如 Nokia、Moto、Sony-Erixsson、Samsung 等,国内品牌如波导,厦新等。我们可以尝试和这些厂商建立战略联盟的关系,选取其中的一家或多家,在出售手机的同时,赠送一片"闪电贴",以提高产品知名度。所以"闪电贴"的赠送活动很有可能得到他们的接受,开展进一步的合作。后期则可以利用他们的手机零售网点进行"闪电贴"的销售。

预计第一年送出"闪电贴"10万片左右。

(2)传统渠道

"闪电贴"主要理念就是方便、应急,所以选择合适的销售点很重要,一定要让需要的顾客能够及时买到。结合以上对移动电话市场及其分销渠道的分析,初期进入市场的时候,为了新产品尽快投放市场,扩大销路,可组织自己的推销队伍或者委托关系良好的分销商,推介新产品和收集用户意见。

1) 与手机分销商联系,订立买卖合用协议

在销售手机的同时推广本产品,适当的给予广告补贴等。

2) 与一些大卖场、超市、连锁店等建立长期合作伙伴关系

在货架上陈列产品,事实上很多个体消费者在购买电池时非常简单方便,无需复杂地说明介绍,那么现存的一些便利店,超市等都将成为极其重要的销售网点。

3) 在大型百货商店做推广

由于大型百货商店客流量大,而且密集,所以在产品投放初期可以在百货商店做大型推广活动,使顾客对该商品的了解和认知更加深入,比如针对上海,可以选择市中心人流密集,有影响力的大型百货商店,如港汇广场,百盛等,具体活动中,可用形式多样的互动,帮助大家进一步了解产品。

(3) 自有销售队伍

另外,为了谋求长期发展以及达到更好的销售效果,将建立及培养自己的销售队伍。自有销售队伍主要负责以下几方面的销售工作。

1) 与高级宾馆联系,建立合作关系

考虑到目标顾客中,一部分是商旅人士,且上海旅馆业也日渐发达,可以分别与高级宾馆联系,在大堂里设置专门销售的小设施或在宾馆下属的超市里销售。一般三星以上的宾馆里每个房间都有一本房间服务的目录,并且附有针线包等应急用品,可以和宾馆联系在房间服务里加上"闪电贴",与宾馆建立起长期合作关系,主要针对商旅人士。

2) 和包括机场、旅游景点、外贸商店等商旅比较密集的地方开展点对点式销售

目标客户也是来往的商旅等流动人口。

3) 四处出击,寻找所有可能的便利销售形式,主要针对本地顾客

4. 促销策略

(1) 短期的促销策略

考虑到初期资金不足,所以我们在开始的一至三年导入期内的促销方式将避开昂贵的电视、报纸等宣传方式,而通过更加有针对性的宣传方式进行促销。具体促销方式有派送活动、户外广告、大型露天推广活动。

(2) 长期的促销策略

公司成功站稳脚跟,有了稳定资金的支持后,我们将逐步扩大宣传的力度和范围,努力让"闪电贴"这一品牌深入人心。采用的手段有电视广告、杂志、flash 动画大赛及赞助演唱大会等。另外,针对年轻消费群体,可以参与赞助演唱会等。

六、生产管理

1. 厂址选择与布局

(1) 选址

生产基地定在张江高科技工业区,这样选址主要出于以下三点理由。

1) 投资成本适中

2) 地理位置优越,交通便利

3) 工业化基础佳

(2)厂区总平面布置

厂房及办公占地面积约为20亩,根据产品专业化进行平面布置(见图5),大体上分为五部分。

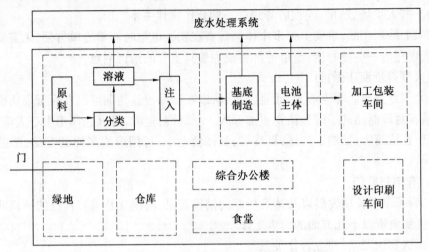

图5 厂区平面布置图

2. 生产工艺流程

(1)主要工艺流程

将所需制备电池的正极或负极纳米活性物质与分散剂、聚合物黏结剂、表面流行性剂、深剂、稳定剂和无机添加剂以一定的配比混合均匀,制成均相溶液,然后将溶液注入喷墨打印机的墨盒内,用于制作电池的正极或负极。

将高分子聚合物、溶剂、稳定剂和无机添加剂以一定配比混合均匀,制得电池所需的隔膜均相溶液,将该溶液注入喷墨打印机的墨盒内,用于制作电池隔膜。

随后使用打印机打印出全电池,最后加工包装即可,具体流程如下。

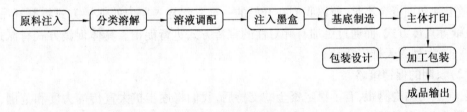

图6 工艺流程图

(2)生产设备与人员安排

表4 主要设备表

设备名称	数量	单价/元	总价/元
打印机	10	20 000	200 000
拌粉机	2	50 000	100 000
原料搅拌	2	50 000	100 000
原料注入机	1	50 000	50 000

续表4

设备名称	数量	单价/元	总价/元
基底调配机	1	50 000	50 000
印刷设备	1	100 000	100 000
包装设备	1	150 000	150 000
办公设备	若干	100 000	100 000
污水处理	1	500 000	500 000
其他设备	若干	200 000	200 000
总计			1 550 000

表5 生产人员安排表

设备	人员	设备	人员
打印机	5	包装设备	5
拌粉机	2	运输人员	3
原料搅拌机	2	污水处理	3
原料注入机	1	办公设备(管理人员)	6
基底调配机	1	辅助人员(餐厅,门卫等)	5
印刷设备	5	包装设备	5
总结			43

3. 产品包装与储运

(1)包装

本产品出厂包装原则是安全、轻便。每个单片包装的"闪电贴"正面为电池主体和绝缘保护层,保护层上可印有各种图案,将根据消费者偏好进行设计;电池背面则是光滑不干胶表面和金属触角涂层,上面附有纸片保持其绝缘性与黏性。

单片产品的外包装采用透明塑料薄膜,成本低,质量小,符合产品定位。

(2)储运

对如今的生产企业而言,从原料的采购到正式生产,再到成品投放市场,整个物流过程的高效与否直接关系到企业的运营成本和利润空间。决定采用外包形式,即聘请专业物流公司进行设计实施,提供后勤保证。

(3)原料采购

"闪电贴"的生产原料主要是纳米锌、二氧化锰、分散剂、聚合物黏结剂、表面活性剂、溶剂、稳定剂和无机添加剂,此外还需要一些包装用的黏合剂、不干胶纸和塑料薄膜。这些原料可以很方便地从市场上采购,而且来源多样,可以保证生产供给。原料的运送则由第三方物流提供。

(4)厂内生产

采用日本"精益生产模式"的原理,杜绝一切浪费。及时根据订单的现有和预测情况编制物料计划,尽量降低无交库存;生产采取订单拉动模式,而非原料拉动模式;让每个员工都参与质量管理,对于计划执行过程中的信息或者出现问题进行高效的处理,决策要迅速,执行要有力。

(5)产品投放

(本环节在"市场营销"的分销部分已有说细阐述,不再赘述)。

七、投资分析

1. 股本结构与规模

公司注册资本800万,股本结构和规模如表6所示。

表6 股本结构与规模表

股本规模 \ 股本来源	风险投资	盛旦公司	
		技术入股	资金入股
金额/万元	520	180	100
比例/%	62.5	22.5	12.5

股本结构中,盛旦公司技术及资金入股占总股本的32%,其余65%的注册资金我们希望能引进一家或几家风险投资公司参股。22.5%的技术入股比例虽略高于常规的20%界限,但从目前国内各高科技企业股本现状看,仍符合国家政策,具有可操作性。

2. 资金来源与运用

公司成立初期共筹集资金720万元,其中风险投资520万元,盛旦公司投资100万元,短期借款100万元(金融机构一年期借款,利率5.85%),用做流动资金;在公司运营2、3、4年,我们将在此基础上增加100万元至200万元的短期借款,以此改善现金流动状况并达到比较合理的资产负债比。

资金主要用于购建生产性固定资产(155万元),以及生产中所需的直接原材料、直接人工、制造费用及其他各类期间费用等(565万元),明细如下。

购置固定资产155万元　　　　流动资金155万元
原材料60万元　　　　　　　厂房租金30万元
水电费用10万元　　　　　　人员工资40万元
第一年初期市场调研和市场开拓150万元。

3. 未来五年费用列支预算

水电费用每年增长8%,人员年工资每年增长10%,第一年初期市场调研和市场开拓150万元左右,第二年为157.5万元;其后每年销售费用为销售额的20%,研发费用为每年销售额的5%(见表7)。

表7　资金运用表　　　　　　　　　　　　　　　　　　单位:万元

	第一年	第二年	第三年	第四年	第五年
固定资产折旧	15.5	15.5	15.5	15.5	15.5
厂房租金	30	30	30	30	30
水电费	10	10.8	11.7	12.6	13.6
管理人员工资	40	44	48.4	52.2	58.6
市场开拓	150	157.5	45	341.04	910
研发费用	9.4	11.3	28.9	85.3	227.5

八、财务分析

1. 主要财务假设

公司设在上海市浦东张江高科技园区,经有关部门认定为高新技术企业,享受"两年免征所得税"的税收优惠政策,即在公司成立自盈利起两年免征所得税,正常税率为15%。

考虑到目前通货膨胀的经济形势,公司的存货控制采用后进先出的方法。机器设备使用寿命为10年,期末无残值,按直线折旧法计算,公司自盈利之年起以净利润的30%分红。

2. 损益表

表8 损益表　　　　　　　　　　　　　　　　　　单位:万元

	第一年	第二年	第三年	第四年	第五年
一、产品销售收入	187.50	225.00	577.50	1705.20	4550.00
减:销售成本	45.00	54.00	165.00	487.20	1560.00
二、产品销售利润	142.50	171.00	412.50	1218.00	2990.00
减:销售费用	150.00	157.50	45.00	341.04	910.00
管理费用	40.00	55.25.00	77.27	81.08	286.10
财务费用	5.85	5.85	11.70	11.70	0.00
三、利润总额	-53.35	-47.60	278.53	784.19	1793.90
减:所得税	0.00	0.00	0.00	0.00	269.09
四、净利润	-53.35	-47.60	278.53	784.19	1524.82

注:公司成立的前四年免征所得税,第五年所得税率为15%。

3. 现金流量表

表9 现金流量表　　　　　　　　　　　　　　　　单位:万元

	第一年	第二年	第三年	第四年	第五年
一、经营活动产生的现金流量			317.71	879.56	1524.82
会计利润	(53.35)	(47.60)	22.20	64.44	214.56
加:应付账款增加额	9.00	1.80	15.50	15.50	15.50
折旧	15.50	15.50	18.00	18.00	18.00
摊销	18.00	18.00	11.70	11.70	0.00
财务费用	5.85	5.85	19.69	60.41	136.15
减:应收账款增加额	9.38	1.88	365.43	928.79	1636.73
经营活动产生的现金流量净额	(14.38)	(8.33)			
二、投资活动产生的现金流量					
购建固定资产所支付的现金	155.00				
投资活动产生的现金流量净额	(155.00)				

续表9

	第一年	第二年	第三年	第四年	第五年
三、筹资活动产生的现金流量					
吸收权益性投资所收到的现金	620.00	0.00	0.00	0.00	0.00
借款所收到的现金	100.00	100.00	200.00	200.00	0.00
现金流入小计	720.00	100.00	200.00	200.00	0.00
偿还借款所支付的现金		100.00	100.00	200.00	200.00
偿付利息所支持的现金	5.85	5.85	11.70	11.70	0.00
偿付股利所支付的现金	0.00	0.00	83.56	235.26	457.44
现金流出小计	(5.85)	(105.85)	(207.01)	(475.57)	(657.44)
筹资活动产生的现金流量净额	714.15	(5.85)	3.58	(275.57)	(657.44)
四、现金及现金等价物净增加额	544.78	(14.18)	358.41	653.22	979.28

4. 资产负债表

表10 资产负债表 单位:万元

	第一年	第二年	第三年	第四年	第五年
资产					
流动资产					
货币资金	54.78	530.60	889.01	1542.23	2521.51
应收账款	9.38	11.25	30.94	91.35	227.50
存货	53.35	100.95	100.95	100.95	100.95
流动资产合计	607.50	642.80	1020.90	1734.53	2849.96
固定资产					
固定资产原值	155.00	155.00	155.00	155.00	155.00
减:累计折旧	15.50	31.00	46.50	62.00	77.50
固定资产净值	139.50	124.00	108.50	93.00	77.50
无形资产	180.00	180.00	180.00	180.00	180.00
减:累计摊销	18.00	36.00	54.00	72.00	90.00
无形资产净值	162.00	144.00	126.00	108.00	90.00
资产合计	909.00	9108.00	1255.40	1935.53	3017.46
负债及权益					
流动负债					
应付账款	9.00	10.80	33.00	97.44	312.00
短期借款	100.00	10.00	200.00	200.00	0.00
负债合计	109.00	110.80	233.00	297.44	312.00
所有者权益					
实收资本	800.00	800.00	800.00	800.00	800.00
盈余公积	0.00	0.00	0.00	0.00	0.00
未分配利润	0.00	0.00	222.40	838.09	1905.46
年所有者权益总计	800.00	800.00	1022.40	1638.09	2705.46
负债及所有者权益总计	909.00	9108.00	1255.40	1935.53	3017.46

注:无形资产按10年摊销,无残值。

九、管理体系

1. 公司性质
有限责任公司。

2. 组织形式
公司初期拟采取直线制的组织形式,如图7所示。

图7 公司初期组织形式图

公司目前组织结构图如图8所示。

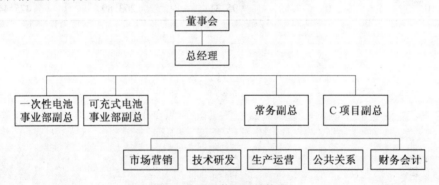

图8 公司目前组织结构图

公司三年后的组织结构为产品专门化+直线职能。

3. 公司管理
上海盛旦科技服务有限公司拥有来自复旦大学管理学院的一流管理团队。他们精通专业知识,并且在工业生产、市场营销、财务管理、人务资源等各种岗位上具有丰富的经验和先进的管理理念。以下是盛旦公司管理层简介。

表11 盛旦公司管理层简介

职位	人员	介绍
总经理,财务部经理	程天	具有多个项目管理经验,曾独立筹办一家小型饮料企业

①组织具有专业素质的营销队伍,建立方便及时的销售网络。
②提高研发费用,强化产品的技术化优势。
③和一些知名手机生产商建立合作关系。

十、风险资本的退出

风险资金退出的成功与否关键取决于公司的业绩和发展前景。

1. 撤出方式

(1)外二板市场上市

本公司属于有发展前景和增长潜力的中小型高新技术企业,可考虑在香港二板市场上市或内地中小企业上市。

(2)重组出卖公司

潜在的投资人应以行业投资者为主,包括手机供应商以及手机配件供应商,并以在持续经营过程中与投资者的产品互补、分红作为投资人获得的主要利益。此外,经营达到稳定时的股权转让是投资人退出的主要方式,退出的定价可采用简单的市盈率法进行计算,即以退出时的年度净利润乘以市盈率(私募市场一般为5~6倍)计算出企业价值并作为转让基价。

(3)剩余利润分红

预计公司从第二年开始盈利,根据每年利润差异进行利润分配,平均分配比例34%,五年分配股利。表12为股利分配增长表。

表12 股利分配增长表 单位:万元

第一年	第二年	第三年	第四年	第五年
0	0	95.31	263.89	475.44

参考文献

[1] 吕贵兴.创业机会选择与评价的比较分析[J].潍坊学院学报,2008,8(5):45.

[2] 布鲁斯 R.巴林杰创业计划[M].北京:机械工业出版社,2009.

[3] 威廉·沙门.创业必读[M].北京:时代文艺出版社,2003.

[4] 王培俊.职业规划与创业体验[M].北京:高等教育出版社,2011.

[5] 马莹.就业指导与创业教育[M].北京:立信会计出版社,2006.

[6] 李时椿.创业管理[M].北京:清华大学出版社,2010.

[7] 龚荒.创业管理:过程·理论·实务[M].北京:清华大学出版社;北京交通大学出版社 2011.

[8] 张彦军,杜峰.大学生就业指导与实战[M].北京:北京工业大学出版社,2011.

[9] 王伯庆.2011年中国大学生就业报告[M].北京:社会科学文献出版社,2011.

[10] 刘洪杰.就业·创业.北京[M].北京:机械工业出版社,2010.

[11] 杨文婷,陈子文,赵砚芬.大学生就业指导与职业生涯规划[M].北京:清华大学出版社,2008.

[12] 柯东林,段永发,徐自警.高职高专毕业就业指导[M].武汉:华中师范大学出版社,2008.

[13] 刘春静,刘传琴.大学生就业指导与职业生涯规划[M].长春:东北师范大学出版社.